▶ 教育部人文社会科学青年基金项目“中医药技术秘密保护制度研究”（14YJC820053）

中医药技术秘密保护制度研究

王艳翚◎著

知识产权出版社
全国百佳图书出版单位
—北京—

图书在版编目（CIP）数据

中医药技术秘密保护制度研究/王艳翚著．—北京：知识产权出版社，2021.5
ISBN 978－7－5130－7447－6

Ⅰ.①中… Ⅱ.①王… Ⅲ.①中国医药学—保密法—研究—中国 Ⅳ.①D923.404

中国版本图书馆 CIP 数据核字（2021）第 047263 号

内容提要

在中医药传统知识体系中，技术秘密制度相较于专利的高审查标准及公开化要求，在保护特质上具有独特的优势。然而来自于制度推行所面临的外部及内部因素的制约，中医药技术秘密的适用空间日益被压缩。确立中医药技术秘密保护，需要解决的是该领域法律保护手段选择上的冲突、制度的保密要求与国家药品监管规制之间的矛盾以及制度自身在保护效用上的天然不足。本书以此为纲，分别从宏观的制度保护目标的确立、微观的制度设计两个层面，探求上述问题之解决，在此基础上，探索多重策略保护中医药的法律制度之协调，并对中医药技术秘密保护制度的应用和发展进行分析。

责任编辑：韩　冰　　**责任校对**：潘凤越
封面设计：博华创意·张　冀　　**责任印制**：孙婷婷

中医药技术秘密保护制度研究
王艳翚　著

出版发行：知识产权出版社有限责任公司　　网　　址：http://www.ipph.cn
社　　址：北京市海淀区气象路 50 号院　　邮　　编：100081
责编电话：010－82000860 转 8126　　责编邮箱：hanbing@cnipr.com
发行电话：010－82000860 转 8101/8102　　发行传真：010－82000893/82005070/82000270
印　　刷：北京九州迅驰传媒文化有限公司　　经　　销：各大网上书店、新华书店及相关专业书店
开　　本：720mm×1000mm　1/16　　印　　张：17.5
版　　次：2021 年 5 月第 1 版　　印　　次：2021 年 5 月第 1 次印刷
字　　数：260 千字　　定　　价：88.00 元
ISBN 978-7-5130-7447-6

前　言

基于传统知识和非物质文化遗产的边缘化地位及保护方式上的局限，将中医药完全纳入前两者的范畴，有使其进一步滑入成为西医的“补充性”医疗手段的危险。作为在理论和实践上与西医并行的医学科学，中医药的保护和发展应符合自身的特质，而不应一味遵循西医西药的模式。现代社会普遍主张优先运用知识产权制度保护中医药，其中技术秘密保护相较于专利具有天然的优势。然而，在中医药技术秘密的现实运行中，它却面临着来自保护思路上及政策导向上的制约。机制的建立和完善，需要首先审视现有规定的矛盾和不足，在此基础上寻求对既有制度的整合与协调，才能反映出中医药法律保护体系的内在要求。这是克服障碍的务实之举。

以此为目标，本书展开了对中医药技术秘密的探索，尝试借助于比较分析法、价值分析法及规范分析法，研究中医药技术秘密保护制度的建构及运行。在立足于中医药的特质及其保护要求的前提下，本书分析了知识产权框架下中医药的保护现状、中医药技术秘密制度的价值合理性，以及实践操作中遇到的制约因素，以此为纲，尝试重塑中医药技术秘密的保护目标，探索多重策略保护中医药知识和技术的制度协调，并对中医药技术秘密保护制度的应用和发展进行了分析。

本书的基本思路是：需求研究（保护现状→正当性论证）→现状分析（适用空间→现实阻碍）→研究结论（制度建构和运作）。对中医药技术秘密研究的开展，应以首先划分其保护对象和保护类别为前提。鉴于中医药资源的多样性和它在中华医药史上占据的统领性地位，将其完全等同于“原住民知识”“传统知识”或简单划归到“非物质文化遗产”行列，都是有失偏颇的。中医药的法律保护客体涵盖了中医、中药两个领域，以及有形和无形两种表现形态；而中医与中药之间，无论在理论指导抑或技术操作层面，都存在着密切的关联，这就决定并影响了该领域法律保护的复杂性。客体的多元化，需要保护手段的交叉性，单一法无法穷尽其保护主题，它需要谋求一种以私权利为基础的综合保护机制。其中，公法保护主要以中药材保护和中医传承为对象，公权力机关需要从中发挥引导功能和统领性作用，这不是一个单纯受经济规律支配的领域，而应该带有计划性的行政色彩。相应地，中医医疗机构的设置、中医人才的培养等中医药传统知识的外延性领域也关涉其中，而私法保护着重专注于中医药知识产权制度的完善。在现阶段，有关中医药的知识产权保护，学界需要探讨的已不再是应否保护的问题，而是如何保护和如何完善的问题。中医药的知识产权法律保护体系是一个有序的逻辑结构，对其内部构成及类型的分析是开展研究的基础，中医药技术秘密保护制度于其中发挥着补充性、辅助性的作用。而有关技术秘密保护的法理依据，不必过分纠缠于合同理论、侵权理论，抑或反不正当竞争理论的论争，其法律规制的现实多样性反映了自身理论基础的多元化。

在这个过程中，明确保护的价值取向是解决问题的前提。制度的移植或接受要以价值认同为基础，用中医思维来解决中医问题是进行制度设计时需秉承的基本观念。如果中医药的发展就是要吸收西药学，用国外对西药的研发标准改造中医，将会使以辨证论治为基础、整体治疗为药理的中医药理论陷入矛盾甚至倒退的困境，进而背离保护的基本方向。因此无论何种研究选择，都应以保持中医药的独立性为要件。

在中医药知识产权法律保护体系中，专利制度始终是理论研究和实践操作的重心。但鉴于中医药客体的保护要求与专利设计之间的不适应，专利制度在中医药领域的引入加速了中医与中药的分离，专利呈现出对中医保护不能的状态。即便是对于有条件获得专利保护的中药产品或技术，从当前的保护现状来看，其效果也并不能令人满意。因此，在专利制度之外寻求其他保护手段做补充成为研究的方向。而现有制度条件下，中药品种保护制度实施的不力，加之其他专有性制度无论在制度设计或是实施条件上所呈现出的争议，都为中医药技术秘密保护制度的引入提供了现实基础。

基于中医药自身的发展规律及保护中医药知识和技术的现实需要，本书对中医药技术秘密的构成要素、保护范围、生成过程进行了探讨，并与中药专利相对照，对中医药技术秘密的价值体系及保护的法理基础进行了论证，以寻求秘密保护方式与维护公共利益之间的冲突的解决方法。中医药技术秘密保护制度并非新制度，其历史由来已久，只是近年来随着中医药的现代化和国际化发展目标的确立，它在该领域的适用空间受到压缩，日益被边缘化。选择中医药技术秘密保护制度，需要克服的是制度推行所面临的外部和内部因素的制约，这主要表现为法律保护手段选择上的矛盾、制度的保密要求与国家药品管理规制上的矛盾，以及保密制度自身在保护效用上的天然不足。其中，有关如何协调该领域的公法保护与私法保护手段，使中医药技术信息从国家秘密回归到商业秘密领域，以及如何协调保密制度与中药的标准化要求，并有效处理信息公开与信息自由之间的冲突，是本书关注的焦点。

针对中医药技术秘密保护制度在实施过程中所面临的上述制约，本书从宏观的制度保护目标的确立、微观的制度设计与协调等方面，探求了解决问题的思路和方案。此外，重新审视我国的中医药现代化、国际化发展目标的定位，也有助于为中医药技术秘密保护制度的确立和完善进一步拓展空间。在此基础上，本书尝试运用利益分享理论来进一步研究中医药技术秘密的许可和转让，以求实现技术秘密信息的局部共享，并避免对其进行破坏性开发。中医药技术秘密的价值源于其与公共利益的协调，保护的终极目的在于推进中医药知识和技术的应用，发挥其价值。这是一个以增加中医药的利用量为目标的过程，是扩张其制度合理性、完善中医药技术秘密保护制度的重要环节，也是对中医药技术秘密保护目标的实践和回归。

目　录

第1章　导　论

1.1　研究背景

1.1.1　中医药保护与知识产权制度的契合

在讨论中医药的法律保护时，有一个内容不能回避，就是中医药传统知识与知识产权制度的兼容问题。虽然存在主体、客体适格方面的争议，但是在现有的法律架构内优先考虑对传统知识进行“知识产权”式保护，已成为学界普遍共识。作为现代知识产权的保护对象，中医药是一个复杂的统一体，它既有文化和生物学价值，又是重要的医学和商业资源。

中医药的应用和发展是一个复杂的过程，涉及各方面的利益，知识产权法[1]于其中起到了积极的作用。它通过赋予知识产品的权利个体以法定权利，从而保证其创造获得足够的回报，已成为驱动新药研发的动力。

保护中医药的目标是促进和推动中医药的传播和应用，维护公众的健康利益，而非单纯获取经济利益，对经济利益的追求需要服从推动中医药发展这一宗旨。而知识产权的立法正是公益与私利权衡和调节之后的产物，在这一点上，二者实现了统一，知识产权法的价值在于体现了私人利益与人权保护的二元要求。在将中医药知识纳入知识

[1] 本书中提到的知识产权法并不特指专门立法，而是指知识产权法律保护体系及相应的法律规范。

产权法体系的过程中，如何在保持创新动力的同时，推动知识的传播和应用，实现个体经济利益追求与中医药知识的公共传播之间的平衡，是中医药法律保护体系所面临的新挑战。

1.1.2 中医药法律保护体系的研究目标

中医药的法律保护涉及三个基本问题：一是保护的客体，即中医药的范围；二是保护的主体；三是保护的内容。其中，作为保护客体的中医药资源属于一个广义的范畴，它涵盖了中医与中药两个领域。与西医与西药的泾渭分明不同，中医与中药无论在理论研究还是行医实践中都不可分割，二者之间存在很大程度的跨越性，彼此间没有截然的界限。一个优秀的中医师，首先是一个优秀的中药师，应通晓中药材的性质、主治及功能。在中医基础理论的应用过程中，由于中药承载了性质、功效、临床应用等基础信息，使得它不再是单纯的自然之物，而成为知识和技术的重要载体，因此必须有完备的保护性措施来保障对中医理论及中药资源的有效开发和利用。鉴于中医药理论体系与传统的知识产权体系分属不同的技术思维，不易达到很好的融合和沟通，如果只是把知识产权的垄断性保护，特别是将专利保护作为中医药保护方式的唯一方式，反而有背离中医药特质的危险。这就需要扩张其他制度在中医药领域的应用，而这正是界定中医药法律保护客体的目标所在。

在主体的界定上，权利主体不能完全等同于保护主体，后者还包括中医药行政管理机关，带有国家行政性，而权利主体则主要牵涉私法意义上的知识产权权利人。作为传统知识的一种，中医药知识带有明显的承继性。同时，它又有别于私法制度对垄断性私权利的张扬，其应用和发展需要由多人实践和完成。这是一个知识不断被创造和累积的过程，行医者于其中起到了积极的作用，其往往既是创造者又是传承者和应用者，这就使得中医药知识带有了一定程度的公开和共享特征。

相应地，就中医药传统知识保护的内容而言，应该考虑建立一种协调性的制度安排，使多元主体之间有条件开展合作。事实上，如何合理选择和分配中医药知识产权的权利类型和权利结构，才能实现保护中医药的最优化，正是困扰该领域研究的最大症结所在。需要明确的是，这个过程应首先以尊重权利主体的知识产权为基础。中医药知识传承的群体性特征没有消弭私权利存在的空间，纯私法意义上的独立产权在中医药知识产品当中并不少见，多数物化了的中医药知识完全具备知识产权所要求的私权利维护的特点，因此对中医药法律保护系统的研究，应以梳理和明确中医药知识产权的私法类型为出发点。

1.1.3 中医药的技术秘密保护

与其他保护对象相类似，中医药知识产权法律体系也是围绕着专利制度而构建，中药专利是现代中药获得知识产权保护的重要类型。但是与西药相比，我国中药专利申请的授权率非常低，这主要是由于其难以达到法定的可专利化标准。许多中药产品特别是中成药复方源于古代经方、验方的沿袭，制剂大多属于传统常规技术，其变化多集中于配方的替换或加减上，技术改进的跨度不大；加之过于强调临床经验，缺乏明确的用法用量标准而不能为现代科学理念所认同，从而丧失了新颖性、创造性或实用性的特征。中药复方经过配伍后，成分复杂，化学结构不清，只能通过制备方法表述权利要求，而专利保护范围很难确定，因而使得后期专利侵权的认定十分困难。即使已被授予专利权的中成药产品，其技术垄断优势也不明显，随时可能被更高水平的研究成果所取代。

相比较而言，技术秘密在中医药法律保护领域则具有明显的优势。中医药领域中的技术秘密与专利，采取的是两种截然相反的制度设计，不同于专利的公开化要求及对新颖性、创造性和实用性的高审查标准，技术秘密赋予权利人更为软性的选择。它将限制信息的流动作为对个体利益维护的方式，客观上同样具有促进公共利益的作用。事实上，鉴于技术秘密对技术信息的保密功能，它更符合中医药的保护主题。许多中医药产品因配方和生产工艺复杂，产品的组分难以分析，往往无法达到可专利化的要求，却容易在专利申请程序中，因公开了配方或工艺而蒙受利益损失。相比较而言，技术秘密的获取无须额外的行政审批手续，只要保护主题具有秘密性、经济价值性，并为当事人采取保密措施，即可获得法律的认可。这种权利获得的便利成为吸引中医药企业愿意选择技术秘密保护的理由。

以此为起点，本书尝试以现有的保护制度为对照，选择中医药技术秘密为研究对象，探寻该制度在中医药领域的适用空间。鉴于中医药保护对象的多样性和复杂性，传统的知识产权保护手段尚不能覆盖其全部技术成果，不少成果有赖于借助技术秘密来获得维护。随着科技发展，信息社会向传统知识产权提出了挑战，传统知识产权制度面临滞胀之势，以技术秘密保护制度保护智力成果的范围还有进一步拓展的趋向。

1.2 研究意义

1.2.1 理论价值

首先，为中医药技术秘密保护的正当性提供论证理路。对技术秘密的合理性进行法理分析是研究中医药技术秘密制度的理论基础。自技术秘密（商业秘密）被视作知识产权的类型而获得保护以来，始终是赞誉与责难并存，至今仍有学者对其价值存有质疑，关涉其合理性的争论仍在继续。本书对中医药技术秘密保护制度进行研究，除肯定其原有的维护正当竞争秩序和既有商业道德的价值，还尝试从中医药自身的发展规律和保护要求的角度，探讨中医药技术秘密保护制度设置的必要性。而最后从利益分享角度分析中医药技术秘密保护制度对促进信息公开的价值，不仅有助于巩固技术秘密保护制度的价值体系，也为该制度的进一步完善拓展了空间。

其次，证成我国中医药技术秘密保护制度建构的目标。无论依据哪种学说，对技术秘密保护制度的正当性论证，于其实践效果而言皆殊途同归，都是基于该制度的有效建构与发展。对中医药知识产权的保护是我国知识产权领域研究的弱项，由于起步较晚，关于中医药技术秘密保护制度的专项著述尚属空白，对这一问题的探讨对于填补该领域的研究空白具有探索性的作用。本书将着重研究中医药技术秘密制度原理，期望为确立我国完善的中医药技术秘密保护制度提供知识背景。

最后，深化对中医药知识产权保护体系的理解。中医药资源的多元化决定了其保护方式的多层次，中西医关系的实际力量对比也为中医药在我国获得的政策性保护提供了注解。但是任何法律制度的发展都需要以树立精准的立法理念为先导，否则只能事与愿违。本书对中医药技术秘密保护制度的研究，建立在与现有保护制度相比照的前提下，尤其是通过考察中药的专利化瓶颈，促使人们对以专利法为唯一选择的保护定位进行反思，从而为我国创建完整的中医药法律保护体系进行探索。

1.2.2 实际应用价值

首先，对中医药技术秘密的法律规制进行补充。目前我国尚无专门的商业秘密法，对技术秘密的保护散见于民商法、经济法、刑法、诉讼法等部门法之中。由于立法环境或立法理念的差异，相关法规彼此多有交错乃至矛盾之处，有必要进行梳理。本书的研究立足中医药领域，就该领域的技术秘密保护制度进行考察，以期完善相应的法律规制，同时以管窥豹，希冀对我国技术秘密保护制度的建立和完善有所助益。

其次，推进中医药的私法保护制度的适用。中医药在疾病诊断与治疗方面具有自身的独特优势。中医几千年的发展历史也印证了其自身的科学性，但是传统的知识产权类型却使其遭遇了保护的尴尬。而现代社会知识产权保护方式的新发展又为其提供了契机，中医药技术秘密具备了获得保护的依据，但是现实中中医药技术秘密保护制度还面临着来自政策和法律的制约。本书的研究将对其制度内容及构成进行分析，这对于克服现有的实施障碍具有积极意义。

最后，实现中医药多元保护方式的整合。本书的研究选取中医药私法保护体系的一个片段——技术秘密进行考察，正是基于该制度对中医药保护的积极效果。在中医药法律保护体系中，技术秘密保护制度可以有效补充专利保护的不足，具有维持和拓展的空间。本书对中医药技术秘密保护制度的研究，尝试在克服和解决其运行中面临的制约因素的前提下，探讨多重策略的制度设计，以期实现技术秘密保护制度与其他类型知识产权保护制度之间的整合与协调。

1.3 文献综述

1.3.1 国内外研究述评

1.3.1.1 中医药传统知识的保护路径研究

当前学界对于中医药的法律保护主张主要包括三类：一是把中医视作“传统医学”的一种，主张按照保护非物质文化遗产的方式来保护中医药知识，如蔡建鹰、陈佳（2008），刘景超、李具双、徐江雁（2010）等。二是主张将中医药纳入公法保护体系，追求以行政法为基础的保护方式，如杨明（2006），王旭东（2009），刘云甫（2009），董作军、黄文龙（2008）等。这种观点认为基于中医药知识传播的群体性特征，其产权界定和实施离不开公权力的干预。三是主张将中医药优先纳入私法保护范畴，实现与知识产权法的对接，如古津贤（2007），肖诗鹰、刘铜华（2008），丁丽瑛（2009），周方（2011），杨建斌（2011），徐家力（2012），张冬（2012）等。这种观点认为应着重运用专利制度实现对中医药的覆盖性保护，这是中医药现代化的基本目标。

马治国（2008）认为，对中医药知识的存废问题的争论是一种巨大的悲哀。现实生活中，中医药知识内容的大部分被作为一种无形而无确定权利主体的对象，没有被纳入现代法律保护制度的视野之中。因适用传统的知识产权制度无法达到预期的目标，只有制定系统的、专门针对中医药传统知识传承、发展的法律制度，才能从根本上保护中医药传统知识，使其得以在适宜的规范下发展和传播。蔡建鹰、陈佳（2008）认为，中国对非物质文化遗产的定义中很重要的一条是关于“自然界和宇宙的民间传统知识和实践”，中医应该属于这个范畴。中医药领域包含大量的实践观察方法、知识体系、中药炮制工艺、组方理论等非物质文化遗产，所形成的一整套系统的理论体系和实践技能具有极强的民族认同感与发展的可持续性，申报世界文化遗产应是国家和民族发展战略的构成部分。刘景超、李具双、徐江雁（2010）等认为，中医药非物质文化遗产是活态的遗产，注重的是可传承性，特别是技能、技术和知识传承，要深入挖掘其中的“非物质”因素和“活态”特征。而传承人掌握并承载着非物质文化遗产的知识和技艺，他们既是非物质文化遗产的活宝，又是非物质文化遗产的传递者，要重视中医药传承人的主体地位，这是保护中医药的关键环节。徐辉鸿（2008），周安平、龙冠中（2010），佟玉权（2011）等则分别以传承人的保护机制、传承人的种类、传承环境的建设为视角，探讨了对包括中医在内的我国非物质文化遗产传承人制度的建设问题。

与上述研究的结论相似，有学者认为，鉴于中医药在现代社会的弱势地位，应优先考虑运用公法手段推进其价值的提升。如王旭东（2009）认为，中医理论与西医理论有着本质上的不同，必须要建立特殊的法律保护制度才能促进其发展。刘云甫（2009）认为中医药保护并不是要把中医药作为历史遗产来敬奉，而是要在实践中运用和创新，现实国情决定了政府必须在中医药保护中发挥主导和推动作用，既不能缺位，又不能越位或错位。学者杨明（2006）则从传统知识的角度分析了公法保护的必要性。他认为，传统知识更强调对人类社会生存和发展的维护，对传统知识的保护不是重在赋予特定主体以垄断地位进而获取经济利益，而是应带有更强的公共属性，任何基于传统知识而产生的权利不得与传统社区的实践和价值观相冲突。另外，还有学者从中医药标准化建设的角度阐述了政府行政管理的必要性（王志伟、赵丽娟，2008）。

除此之外，更多的学者则是通过以专利法为代表的私法保护体系，分析了中医药知识产权制度对保护中医药的必要性。丁丽瑛（2009）、周方（2011）、张海燕（2012）等同样赞同设置专门立法或特别权利保护制度来保护中医药资源，但又强调专门法对知识产权保护方式的倚重：中医药保护法既要“全面保护中医药传统知识的各项内容”，也需符合其自身的特点，以“较好地与现行知识产权制度衔接”。张冬在其专著《中药国际化的专利法研究》中，重点阐述了中药专利涉及的审查认定、技术原理、国内外法律条约应用等问题，论证了中药专利化的法律症结，并试图揭示中药知识产权保护的最佳解决路径。

相比国内学者，国外有关中医药的保护尚无专门论述，而是将其作为“传统知识”的一类，与“遗传资源”“民间文学艺术”一并考察。其中多数西方学者主张知识产权法的适用，如 Geertrui Van Overwalle（2005），Aleksei Kelli、Tonis Mets（2010），Silke von Lewinski 等（2011）；而对于传统知识丰富的发展中国家的学者，主张运用专门法进行保护则是第一选择，如 Karin Timmermans（2003）、Chidi Oguamanam（2008）、Chamundeeswari Kuppuswamy（2009）等。

1.3.1.2 技术秘密原理分析

有关技术秘密原理的专门分析，比较早的论著见于松永芳雄（宋永林、高少萍译，1983）及温旭（1992）的著作中。其中，前者着重分析了技术秘密的国际转让及对技术秘密的评价及估算；后者则立足国内，探讨了权利人对技术秘密的维持及改进。除此之外，学界对技术秘密制度的分析，多是将其纳入商业秘密范畴中一并展开。

学者张玉瑞（1994）、孔祥俊（1999）、吕鹤云（2000）、张耕（2006）等以宏观视角分析并对比了商业秘密的财产说、合同说、侵权说、反不正当竞争说等诸种保护理论，并在此基础上对商业秘密的构成要件进行了详细阐释。白云飞、巴志成（1997），顾民（1998），许海峰（2004），吴寿仁（2008）着重从企业视角考察了商业秘密的保护，即如何以合同法、劳动合同法等形式约束和规范企业雇员的行为，保障其保密义务及竞业禁止义务的行使。苏虎超、王建领（1999），孙鸥（2000），蔡建文（2000），朱妙春（2004），翁国民（2006），齐爱民、李仪（2008），王冰、王博（2008）等则是以商业秘密的审判实务为考察体系，借助案例详解了商业秘密的侵权及救济方式；赵天红（2007）、周铭川（2008）还对商业秘密犯罪做了研究。此外，还有学者对国外商业秘密的立法实践进行了比较，如唐海滨（1999）、李明德（2000）、戴永盛（2005）、黄武双（2007、2008）、祝磊（2008）等介绍了以美国为代表的英美法系的商业秘密立法；郑璇玉（2009）则另辟蹊径，对商业秘密权、商业秘密适用的法律原则做了阐述。

上述研究对于本研究的开展具有指导性的意义。综观上述研究成果可以看出，我国学者对技术秘密（商业秘密）的研究重心集中于两个层面：一是企业商业秘密的管理，二是商业秘密侵权及救济。相比之下，对保护技术秘密的法理分析较少，特别是有关技术秘密的价值、技术秘密对效率及公平的促进，多是点到即止。学者冯晓青（2003、2006）在该领域做了开拓性的探索，对商业秘密保护中的公共利益予以了重点关注。此后，李扬（2003）、谢晓尧（2005）、谢可训（2011）、沈强（2011）也分别在其专著中探讨了商业秘密对诚实信用、公平竞争的商业道德的维护。国外学者中，伊东光晴（郑海东译，1999）研究了专利与商业秘密对现代社会的重要性；Ekkehard Hofmanna、Georg von Wangenheim（2003）从成本—收益分析的角度探讨了商业秘密策略的适用；罗伯特 P. 墨杰斯等（齐筠等译，2003）分析了商业秘密对竞争的促进；Harun Bulut、Gian Carlo Moschini（2005），威廉 M. 兰德斯、理查德 A. 波斯纳（金海军译，2005），Elisabetta Ottoz、Franco Cugno（2011）对商业秘密的价值做了经济学的研究；Georges S. Shemdoe（2009），彭道顿、李雪菁（谢琳译，2010），Timothy A. Lemper（2012）则从更宏观的角度分析了连同技术秘密在内的整个知识产权体系的价值和运用；而 Michael P. Simpson（2005）反其道而行之，以商业秘密与公共利益的冲突为基点，认为当前商业秘密保护主义走到了另一个极端，它限制了公共利益的分享并最终破坏未来创新，法律应该对其适用加以限制；相比之下，David S. Levine（2007）采取了比较温和的态度，在肯定了商业秘密价值的前提下，出于维护公共社会价值的考虑，提出了对商业秘密的适当披露原则。此外，还有学者如 Marisa Anne Pagnattaro（2012）以中国为对象，介绍了中国的商业秘密立法和实践；Elizabeth A. Rowe（2005）、Mark R. Haligan（2008）等以美国为对象，分别研究了竞业禁止协议的效力、商业秘密立法的完善等内容。

1.3.1.3 传统知识的技术秘密保护

由于传统医学、药物知识与其他类别的传统知识如民间文学艺术、农作物知识等具有共性，迄今为止，国内外学术界大多将中医药纳入传统知识范畴，统一加以考察。

对传统知识的知识产权保护有积极手段与消极手段之分。消极手段体现为建立数据库，以及对《生物多样性公约》确立的来源地公开、知情同意和惠益分享原则的践行；积极手段则是对现有知识产权类型的运用，其中，著作权、商标权、地理标志权在各自领域有其特定的适用对象，彼此之间不存在过多交涉，而专利与技术秘密的覆盖面存在一定交叉，因此有关中医药专利与技术秘密的保护方法的选择成了该领域的关注重点。

蔡仲德（1999），陈凤龙、吴丽（2000），郑永峰（2002），梅智胜、黄璐琦、肖诗鹰（2006），华鹰（2007），田晓玲（2007）等众学者对中医药专利的申请、审查及认定困难做出了分析，主张修改现有的专利法规，降低可专利化的标准，以满足中药专利申请特别是中成药专利申请的条件；对此也有学者持反对意见，如严永和（2006），白岩、李曼玲、刘盈（2007），董国锋、刘平、李俊德等（2012）认为，与其削足适履寻求专利法的修改，不如考虑其他保护方式，专利不是唯一的选择。而且即便达到了专利法的要求，申请专利保护也不一定就是最适宜的保护手段；中医药知识产权保护应强调综合性，其中技术秘密可以成为一种选择。

对于技术秘密对中医药的保护价值，学者们普遍予以肯定。如郑成思先生（2006）认为，中医药作为我国具有原创性的知识产权，其发展面临着严重不利：中医药名称的“去中国化”现象使之存在被混淆来源的危险；中药缺乏知识产权保护，使我国中药出口贸易的高附加值大多流向国外竞争对手；而真正体现中医药特色的中药复方也难以通过专利制度得到有效保护，因此有必要对中药复方采取技术秘密保护或其他特殊保护。袁红梅（2011）认为，从中医药本身的技术特点来看，有些药品生产工艺复杂、技术性强，从产品很难应用反向工程倒推出其配方或工艺，对于具有这种特点的药品来说，技术秘密保护将发挥重要作用。鉴于很多中药方剂不具备申请专利的条件，应鼓励家传秘方的法律保护，企业可购买相应的秘方使之产业化，并将其作为企业的技术秘密。张建武（2011）指出，技术秘密作为中医药的保护方式被广泛运用，国内多数中药企业的中药产品配方都有涉及技术秘密的内容，云南白药、片仔癀等配方更是上升到国家秘密保护的层次。黄水清（2004）则细化了中医秘方的来源和种类，并提出应成立中医秘方保密机构和研究筛选中心，以促进中医药的研究和开发。

当然，有学者对此持谨慎意见。如李高峡（2004）认为，对中医药行业企业来说，是否公开技术秘密或者公开多少，对此判断起来并不容易，因此对知名产品特别是经典复方的技术秘密保护要慎重，因为在大家都在研究的情况下，先申请专利者拥有知识产权是科研投入获得回报的一种合理手段。臧小丽（2004）认为传统医药知识经过千百年的流传和发展大多早已公开，且多数医药知识特别是土著民的各种秘传、医术不具有营利的性质，因而难以达到技术秘密的保护标准。

国外学者中，Gelvina Rodriguez Stevenson（2000）则反驳了上述观点。她认为商业价值是一个相对概念，传统（医药）知识完全可以满足具备商业价值这个条件。尽管存在缺陷，但是商业秘密（技术秘密）在保护传统知识上具有更大的优势，虽然它不是唯一的保护手段；同时她还得出了商业秘密有助于知识的局部共享并避免破坏性开发的结论。在此基础上，Deepa Varadarajan（2011）进一步分析了商业秘密（技术秘密）对传统知识公开和共享的价值。她提出将商业秘密纳入知识产权法律体系有助于"信息公开"目标的实现，它可以避免传统知识持有人对保密手段的过度投资，并且鼓励将信息披露给更有助于提升其价值的主体。此外，Grethel Aguilar（2001），Winston P. Nagan、Eduardo J. Mordujovich、Judit K. Otvos（2010）等也对技术秘密对保护传统知识的价值予以了肯定。

上述研究成果为本研究的开展提供了丰富的理论积淀，也是本书研究的起点。从现有的研究结论可以看出，有关技术秘密对保护传统知识的积极意义，学界普遍持肯定态度，但是并没有对此做出更进一步的探讨。

1.3.2 研究领域尚未解决的问题及原因

国外对传统药物领域的研究均是将其归入植物药的范畴，因而专利制度多能满足其保护需求。但中药不同于植物药之处在于它多以复方药为主，是强调依照中医理论予以配伍而成的方剂，对这种多味药材的配伍，技术秘密制度显现出了其保护的优势。从技术特征来看，中医药技术秘密还可以涵盖很多种类，包括中成药配方、中药的制配生产工艺、中医的诊疗方法等都可以纳入其保护范畴。

在我国，对中药知识产权保护的研究多以宏观战略研究居多，并且多是从中药专利层面分析知识产权法律制度，相比之下，对有关中医药技术秘密的研究不深。而有关技术秘密制度的法理分析，也多是沉浸于对侵权说、合同说、反不正当竞争说等的对比和争论中，对中医药技术秘密保护制度的建构缺乏必要的探讨和解说。

1.4 研究方法、理论框架及主要创新点

1.4.1 研究方法及路线

本书将综合采用价值分析法、逻辑和语义分析法、实证分析法、比较分析法、历史分析法、规范分析法等方法进行研究。

本书将主要运用逻辑和语义分析与文献研究相结合的方法，对中医药的法律保护目标和范畴开展研究。中医药知识产权体系是一种有序的逻辑结构，对其内部构成和类型的分析是研究开展的起点。

本书将主要运用历史分析与比较分析相结合的方法，研究中医药技术秘密制度的适用空间和历史沿革。通过对相关法规的梳理，理清

现有的中医药技术秘密保护法律规制体系，为课题的后续研究做铺垫。

本书将主要运用价值分析与理论分析相结合的方法，研究中医药技术秘密保护的正当性及法理基础。通过对中医药技术秘密价值体系的分析，探寻其保护的必要性与合理性。

本书将主要运用规范分析与实证分析相结合的方法，分析我国中医药技术秘密保护的现状及制约因素，并在此基础上着重研究相应的改进手段，探求对中医药技术秘密保护的制度设计和方案选择。

本书的研究路线如图1.1所示。

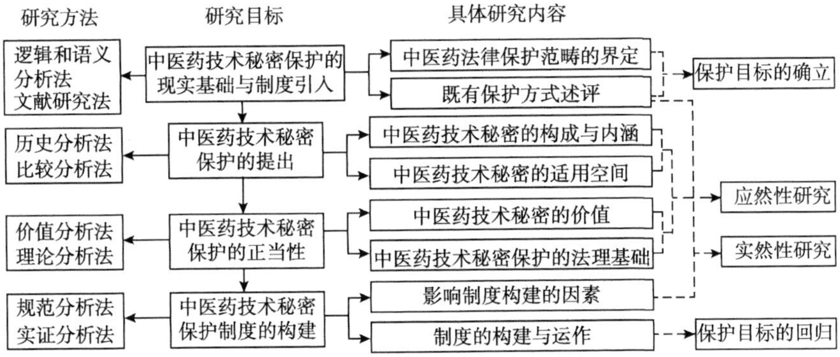

图1.1 本书的研究路线

1.4.2 理论框架及主要内容

本书主要开展了对以下问题的研究：

第一，从法律对中医药保护目标的确立为出发点，通过对“传统医药”“非物质文化遗产”等概念的比较，释解中医药的本质及内涵。其主要观点是法律对中医药的定位不应过分强调其传统特征，也不应简单将其归入非物质文化遗产行列。中医药究其根本是一门医学科学，其价值在于动态的应用，而非静态的修复和保存。中医药的传统性源于其产生的年代和历史背景，但这并不意味着它在现代社会中必将式微或者被西医、西药所取代，法律应正视其价值，并给予其积极的保护。从中医药的法律保护范畴看，可以将其大致分为中医药理论、中医药技术两大类。保护客体的不同，决定了保护手段和所适用法律有所区别，这也就解答了在对中医药的保护路径上究竟是适用公法还是私法的问题。客体的多元化要求保护手段的多样性，中医药的保护需要的是公法与私法并存的综合性保护机制，在这其中，专利法无疑发挥着决定性和统领性的作用。

第二，从专利法对中医药保护的角度，探讨了以专利为代表的现代知识产权制度对中医药的保护现状。当前中医药法律保护体系中，专利占据了其中的主导地位。但是由于可专利化主题及专利标准的限制，该领域有条件获得专利保护的仅限于部分中药，其专利授权率偏低。而在既有的中药专利中，无论产品专利、方法专利还是用途专利，其保护效果都并不十分理想。除了专利，我国特有的中药品种保护制度及《生物多样性公约》也被视为中医药法律保护体系的组成部分，然而现实中它们的保护作用也十分有限。中药品种保护体系为弥补专利之不足而创设，其意图是将专利无法覆盖的中药产品纳入保护体系。应该承认，该制度的出现是正视中药专利保护的不足而做出的务实之举，但其适用却面临着运用行政手段替代私法保护，以及无法与专利制度有效对接的指责。近年来，中医药理论界有关修改甚至废除中药品种保护制度的呼声日渐高涨，唯有做出与专利制度有效互补的设计，中药品种保护制度对中药的保护效果才能充分呈现。而作为国际公约的《生物多样性公约》的局限性，除保护对象的有限、保护手段的消极，最大的问题在于它仅具有示范性，这种回应性制度的缺乏使公约发挥的是一种宣示性而非强制性的效果。

第三，从技术秘密在中医药领域的适用空间角度，探讨了中医药技术秘密的历史演进与法律属性、中医药技术秘密的构成与分类等静态指标，以及中医药技术秘密的生成与存在等动态发展过程。根据保护对象的不同，中医药技术秘密可以分为中药类和中医类两种，具体可划分为中药材炮制加工、中药方剂、中药制药技术及中医诊疗技术等。鉴于中医药资源的多样性及中医药隐性知识的存在，中医药技术秘密的类型呈现出一定的分层，其中有一部分具备财产权的特征，属于知识产权的组成部分；还有一些技术秘密则不同程度地呈现出人格属性的特征，其中一些技术信息不能完全脱离对人身的依附，因此需要区别对待。从中医药技术秘密的发展历程看，上述技术秘密的形式呈现出动态的转化特性：技术秘密的价值不是一成不变的，会随着时间的推移而面临技术陈旧的可能，为了维持技术秘密的价值，权利人有动力对其进行技术的改进，这种改进同时为中医药从隐性知识向显性知识的转化提供了空间和可能。

第四，从对中医药技术秘密保护制度进行价值分析的角度，研究了技术秘密于中医药保护的正当性和驱动力所在。作为商业秘密的组成类型之一，技术秘密的价值在于对社会公共利益的维护。虽然选择了与专利截然不同的保护手段，技术秘密与专利在促进社会公共利益的增量上，却发挥着同样重要的作用，这就为技术秘密保护的正当性提供了依据：唯有增进社会福利，技术秘密制度才能被法律所认可。TRIPS已明确了技术秘密的财产权地位，从财产权角度出发，技术秘密在中医药领域的应用和发展印证了其技术私权化的历程，但该制度归根到底来自于法律的创设。在现代社会的规模化生产条件下，法律对中医药技术秘密的保护，既源于对中医药的科学性的尊重，也源于对国家政治、经济及文化安全的维护。

第五，以现行法律的规制、中医药发展过程中的政策导向，以及技术秘密实施过程中自身存在的不足为切入点，探讨了中医药技术秘密保护制度构建过程中遇到的阻碍因素。就外部法制及政策环境而言，由于目前我国尚无专门的商业秘密法，对中医药技术秘密的保护仅散见于民商法、合同法、反不正当竞争法及药品管理法、中药品种保护条例等法律条文中，统一性立法的缺乏加上上述法律文件在技术秘密保护思路上的矛盾，使制约中医药技术秘密保护制度适用的因素具体外化为信息披露与信息保密、国家秘密设置与商业秘密设置、中药的标准化与技术保密保护要求之间的冲突。与此同时，国家在中医药政策上确立的“现代化”“国际化”的发展目标也进一步影响了技术秘密保护制度功能的发挥。就技术秘密内部的设计而言，中医药技术秘密特别是其中涉及隐性知识的技术信息以人为载体、必须由人加以掌握和运用的特性，使其较大程度地受制于人力因素的制约，人才流动对秘密信息的保留和保护会产生影响。

第六，从制度构建的角度，在法律、政策及企业内部管理领域分别探讨了中医药技术秘密保护制度的建立与运作。本书尝试通过宏观层面上对中医药技术秘密的保护目标的梳理和审视，微观层面上对中医药技术秘密保护制度与其他知识产权制度的协调，以及中医药技术秘密的救济手段的完善，探寻中医药技术秘密保护制度的建构，从而为中医药技术秘密的适用寻求必要的空间。作为制度合理性的扩张，中医药技术秘密的许可和转让为该制度的发展提供了新的促动力，而利益分享理论在该领域的引入，则进一步有助于实现技术秘密保护制度中个体利益与公共利益的协调，这也是对中医药技术秘密保护目标的实践和回归。

针对以上六个问题，本书第 2 ~ 6 章展开了论述。此外，有关本书的研究背景、研究意义、国内外研究现状、结构安排及主要内容等作为第 1 章进行介绍。本书第 7 章为结论与展望，对全书的研究成果进行了总结，并对后续需要开展的研究做出展望。

1.4.3 研究问题的创新性

本书的创新点主要有以下几点：

第一，本书选择以中医药技术秘密为研究坐标，是对该问题研究的起步性尝试。对有关技术秘密保护制度适用于中医药的保护效果，学界普遍予以肯定，但对它的研究往往被对中药专利的关注所取代。本书聚焦于此，尝试弥补现有研究的不足。

目前我国尚无对中医药技术秘密的专门论说，本书期待本研究能为我国中医药私法保护体系的成型及完善做一点努力。从该领域的研究现状来看，学界当前对技术秘密的关注多是集中在企业对技术秘密的管理及对技术秘密侵权的研究上，而对中医药领域中技术秘密存在的正当性和制度建构缺乏深入解说。本书选择中医药技术秘密为研究对象，在对比它与其他领域的技术秘密不同之处的基础上，对中医药技术秘密的内涵、价值、适用空间，以及制度的构建和运作展开论证，以期弥补相关研究的弱项。

第二，有关技术秘密的保护范式，本书突破《反不正当竞争法》中的仅规范其权利生成的外部要素的思路，提出产权式的保护方法，主张应围绕技术秘密自身权利范围的界定，构建其保护制度。

借助对中医药技术秘密法律属性的分析，本书提出中医药技术秘密包含财产权属性和人格权属性两种，涉及显性知识和隐性知识两个维度，相应地，其保护措施应横跨公法和私法两个领域。本书尝试利用多重制度协同保护的思路，突破以往用非物质文化遗产形式机械地框束中医药保护路径的思路，综合运用防御性策略和进攻性策略，分别借助权利规则和义务规则、契约机制和传承人机制，实现对中医药技术秘密保护的覆盖。

对中医药技术秘密的保护，究其根本应成为社会群体的自觉行为，它需要谋求一种以私权利为基础的保护机制。跳出仅用公法保护的单一思路，寻求私法的确权式保护与公法保护的协调，是本书解决问题的思路。

第三，本书尝试引入利益分享理论，探讨中医药技术秘密的移转，通过对中医药技术秘密许可和转让契约的运作之分析，扩张和延伸中医药技术秘密保护制度的合理性，以进一步协调权利人的个体利益与公共利益之间的配置，实现二者的有效平衡。

中医药的价值在于利用而非静态持有，其价值彰显需要在动态的流通中实现，只有权利人充分实施其知识产品，才能体现对资源的充分利用，实现“物尽其用”的财产法理念。这一方面有助于保证权利人对私权利的有效行使，进而促进中医药技术的革新；另一方面对于引导我国以更积极的姿态关注中医药法律保护制度的发展、实现中医药开发合作中的利益双赢具有积极意义。

本书选择以中医药技术秘密为研究对象，希冀在现有的法律框架下实现对中医药法律保护手段的有效整合。本书并不寻求对中医药技术秘密所涉问题进行“全景式”研究，而只对其中涉及的基础理论问题、支撑技术秘密保护制度建构的法理基础进行分析和论证。期望以此为基础，为进一步研究中医药私法保护的权利构造、实现相关保护制度的协调与整合，提供可资利用的参考。

第 2 章　中医药技术秘密保护的现实基础与制度引入

2.1　中医药法律保护目标的界定

2.1.1　中医药的本质和特征

世界卫生组织在 2002—2005 年的传统医学战略中，把中医归入“传统医学”（Traditional Medicine），使其成为“补充”“替代”和“非常规医学”的代名词❶。由此，中医属于传统医学、中医药知识属于传统知识的观点被学界普及。

依照世界知识产权组织最初的界定，所谓传统知识，是指基于传统之上的文学、艺术或者科学作品、表演、发明、科学发现、设计、商标、名称和符号、未被透露的信息和所有其他一些在工业、科学、文学或艺术领域，由智力活动产生的创新和创造。它包括农业知识、科学知识、医药学知识、与生物多样性有关的知识、民间文学艺术作品、语言要素、未固定的文化财产等内容。可见，这是一个广义的概念，对其中所谓的“传统”一词，世界知识产权组织将它解释为一种代代相传的知识体系、创造物、革新及文化表达，它通常附属于特定人群或地区，并且随着环境的演变而持续发展[1]。

❶ 参见《世界卫生组织传统医学战略 2002—2005》，第 1 页。《世界卫生组织传统医学战略 2014—2023》延续了对“传统和补充医学”（T&CM）概念的表达。

2.1.1.1　中医药与传统医药：对传统知识的解读

如同“民间文学艺术”（Folklore）一词在很多国家的语境中带有负面的含义，“是一种与低等、劣等民族相关的具有消极含义的古语”[2]，它“收集和保存的是一些死东西，而非不断演进和发展的文化”[3]，“传统”也是一个带有时态性的概念，从一定意义上说，传统知识意味着“过去时”[4]。传统知识本身仍非一个被精确定义的概念，与之类同的概念有“本土知识”（Native Knowledge）、“乡土知识”（Indigenous Knowledge）、“土著知识”（Aboriginal Knowledge）、“原住民知识”（Tribe Knowledge）、“农村人知识”（Rural People Knowledge）、“民间知识”（Folk Knowledge）等表达。虽然这些概念多为学者或相关机构出于不同的研究、实践或倡导的需要而给出的不同解释，上述表达在描述对象及寓意上也不完全等同，但从本质上它们都传达出了有关传统知识的基本信息，那就是“传统知识”是一个“区别于在大学、科研院所、企业研发中心开发出的现代科学技术知识的概念”[5]。

借助于科学、技术的发展，现代社会已经建立起一套完整的分析世界的工具、方法，以及相应的哲学、价值准则，并逐渐为全球认同。相对于传统知识，现代科学技术知识已经在当今社会占据了霸权性的、垄断性的地位。站在现代科技知识的视角，传统知识被视为当地居民生产生活方式的集合表达，它与现代科技分属于不同的知识体系，并且不可避免地会接受符合现代科技知识的价值准则和评价指标的审视。这样，“传统”就成为“现代社会”的反义词，相对于现代而言，“乡土”“土著”“部落”等词汇本身就暗含着“落后”“原始”和“非开化”的意思[5]。这种二元论的思维至今仍是行之有效并广为接受的描述方法。相应地，以西方世界为主导的现代社会的发展模式因而被认为是先进的并值得效仿，而传统则成为“一种应该被抛弃、消除，而不是应该被发扬的东西”[6]。虽然国际社会逐渐意识到单一认识论的弊端及多元文化并存的必要性，许多研究人员也努力论证传统知识并非“原始”和“落后”的代名词，但由于传统知识的概念通常是在非本土环境下由传统社区之外的人界定的，而使用传统知识的人多为本地居民，面对以现代科学技术为基础建立起来的国际经济、政治和社会秩序，传统知识使用者连同传统知识本身都无法完全摆脱被轻视的地位。

世界知识产权组织近年来竭力强调对传统知识的革新，希冀维持其“可持续发展”，以保持传统知识在现代社会中旺盛的生命力，但是这种解释同时预示着“传统”对社会主流的偏离。与现代知识相比，传统知识摆脱不了被主流文化边缘化的处境，它只能居于“替代性”“补充性”的地位。此背景下中医药知识被置于传统医药知识之列，事实上就已经在与西医的对比中居于下位，中医被理解成“补充性”“替代性”医学则是必然结果了❶。

但是中医药对中国的影响绝非“替代性医学”一词所能涵盖，中医几千年的发展历程也印证了它是与西医完全比肩的医学体系，其在疾病治疗和养生方面所积累的理论及实践，是西医这种对抗式诊疗系统所不能比拟的。中医药的发展遵循着自身的规律，这种规律在现代社会中应当被延续，而不能为西医、西药所阻隔。实践证明，受制于西医思维的框束，用国外对西药的研发标准改造中医药，仅以提取单体活性成分为科研导向，将会使以辨证论治为基础、整体治疗为药理的中医药陷入矛盾甚至倒退的困境，进而背离中医药保护的基本理念，只有用中医的思维解决中医的问题才是保护中医药应秉承的观念。而近年来有关“传统知识”概念的界定，世界知识产权组织也做了一些调整，逐渐缩小了它所涵盖的类别，认为其范围可以参照政策目标而加以解释[7]，由此，过于强调中医药知识的“传统性”特质就显得没有必要了❷。

---

❶ “中医药”的概念有广义和狭义之分，广义的中医药包括汉族医药及藏医、蒙医、傣医、苗医等少数民族医药，狭义的中医药仅指汉族医药。本书取狭义解释。

❷ 唐广良、董炳和两位学者认为，与当今世界占据主流的现代知识相比，传统知识难以获得足够的竞争力，这种非主流文化在中国集中体现为少数族群的文化和知识，中原汉文化不应位列其中。笔者赞同这种观点。虽然另有学者反对该主张，认为这会导致对中原文化的漠视，但深究作者原意，应不是反对保护汉文化，而是试图强调对上述知识的去传统化。具体阐述见唐广良、董炳和《知识产权的国际保护》，知识产权出版社，2002 年版。

2.1.1.2　中医药与非物质文化遗产：私法保护体系的补充

对中医药保护问题的研究，很多时候还会涉及非物质文化遗产保护问题，二者存在一定程度的同质性。所谓非物质文化遗产，是指为社区、群体及某些情况下的个人视为其文化遗产组成部分的各种社会实践、观念表述、表达形式、知识、技能及相关的工具、实物、工艺品和文化空间等[8]。它包括作为非物质文化遗产媒介的语言在内的口头传统和表达形式；表演艺术；社会风俗、礼仪、节庆活动；涉及自然界和宇宙的知识和实践及传统手工艺等。从定义上看，传统知识与非物质文化遗产具有一定的重合性，前者可以视为后者的组成部分，对传统知识的保护可以归入对非物质文化遗产的保护范畴中去。也正是基于这个原因，有学者提出用非物质文化遗产体系实现对中医药资源的覆盖性保护，笔者认为这种主张值得商榷。

非物质文化遗产与传统知识一样，带有浓重的遗产性特征。现代社会之所以强调对非物质文化遗产的保护，正是希望能够延续其生命力，避免其灭失、失传的风险。而中医药的实质基础在于它的活态发展，它不可能脱离行医者和患者而独立存在。作为一门医学科学，中医药的价值需要在应用过程中借助实践操作发挥出来，而不应简单地被视为某种文化遗留物凝固在历史的时空点上。当前中医药遇到的发展困境，关键不在于自身理论的缺陷，而是源于外部政策的导向：西医的压倒性推进严重挤压了中医药的发展空间。因此调整中医药政策、建立符合中医药特质的保护制度才是解决问题的关键。在这个过程中，首先需要确立的是正确的保护理念、承认中医药原本所具备的科学价值而非局部人群或地区的补充性医疗措施，将是一个前置命题。否则若将其简单化地归入非物质文化遗产的行列，则对中医药的保护将不可避免地回归到“化石化”“遗产化”的惯性思维中去，这样的做法只会使中医药的发展渐行渐远。

我国于2011年2月颁布了《中华人民共和国非物质文化遗产保护法》，从部门法的性质上说，这部法律属于行政法，它授权国务院文化遗产保护部门统领全国范围内非物质文化遗产的保护和保存工作，从而为我国的非物质文化遗产保护体系的创立明确了立法思路，即非物质文化遗产应当遵循以公法保护为主导的法律架构。应该说这是符合非物质文化遗产特点而做出的选择，但是将其完全移植到中医药保护体系中却存在理论和现实的困难。

2006 年 5 月，国务院公布了第一批国家级非物质文化遗产名录，传统医药被列入其中，涵盖了中医生命与疾病认知方法、中医诊法、中药炮制技术、针灸、中医药文化等九个项目。至此，中医走上了申遗之路，这一度成为国家中医药发展战略中的一个重要任务。2008 年 10 月，在向联合国教科文组织（UNESCO）报送“非物质文化遗产代表作”项目时，“中医”作为我国所申报的 35 个项目中的“首选项”被列入其中，然而在 2009 年我国又主动撤回了该申请。

在有关中医申遗问题上，学术界一直存有争议，其中一个最尖锐的批评是有关中医药属性的定位问题，即中医药究竟是“科学”还是“文化遗产”[9]？科学是在不断批判、否定现在的基础上发展的，通常谓之“向前看”；而文化遗产则是“向后看”，它更偏重的是保存某些“永恒的魅力”，而非发展或更新。这种定位上的矛盾会影响中医药的发展走向。而在国际上，我国对中医申遗的处理办法也受到了指责，批评主要集中在这类申遗缺乏具体的可操作性问题上。2008 年，在我国的申报文件提交后不久，时任 UNESCO 非物质文化遗产部主任的 Ceeile Duvelle 先生即来信指出，非物质文化遗产须具有明确的物化形态，而“中医”作为一个庞大的知识体系，没有具体的形态特征，所以不易获得认可[10]。

鉴于在申遗问题上面临的上述争议，我国基本上已经搁置了把中医作为一个整体的知识体系来统一申请的做法，而是选择其中更具具体形态特征的内容进行分类操作。在这其中，对中医传承人的认定属于既符合中医教育特质，又能与非物质文化遗产保护思路相契合的部分。2008 年 6 月，国务院在国家级非物质文化遗产名录中公布了第一批传统医药的传承人名单，至今已有30人获此称号❶。

在中医药领域中，“传承人”并不是一个明确的概念，只是一种约定俗成的表达。其认定包含两个环节，一是“传”，二是“承”。它要求接受者首先以传习的方式，通过学习知识和技艺来领悟其中的内涵，即所谓的“承”；然后是接受者在传习过程中寻求机会不断予以创新，从而赋予所学习的知识或技术更为丰富的内涵并将其延续下去，即所谓的“传”[11]。

传承机制是中医教育体系中的一个重要环节。作为知识和技术的承载者和传递者，传承人掌握并实践着相关的信息，成为中医药保持活态性并得以代代相传的关键。因此，承认并重视传承人的主体地位是保护中医药的重要举措。在这个问题上，《中华人民共和国非物质文化遗产保护法》做出了良好的示范。它运用公法的力量，在传承人的普查、认定和名录的建立等方面发挥了积极的作用；同时通过提供经济补助或扶持的手段对传承行为进行引导，可以说，就传承机制而言，这种由公权力介入的行政管理是非常必要的。

2.1.1.3　中医药概念释义：辨证论治及复方药的基本理念

中医药体系是包含理、法、方、药在内的一个整体。它涵盖中医与中药两大领域，涉及中医药学的基本概念、基本原理和基本方法，是以整体观念为主导思想，以精气、阴阳、五行学说为哲学基础和思维方法，以脏腑经络及精气血津液为生理病理学基础，以辨证论治为诊疗特点的医学理论和技术体系[12]。

作为东方医学的代表，中医无论从创制、发展的历史，还是自身理论和技术的构成上，与西医、西药都有着不同甚至截然相反的选择。近年来有关中医与西医的差异对比，以及中医、中药的学术定位、社会价值及发展走向，我国理论界和实务界都进行了多方位的探

❶ 详见国家级非物质文化遗产项目代表性传承人名单，http://www.ihchina.cn/show/feiyiweb/html/com.tjopen.define.pojo.feiyiwangzhan.ChuanChengRen.chuanchengrenMore.html，最后访问日期：2020.9.3。

讨，其间观点争鸣，甚至不乏质疑或反对中医药存在的声音。有人依据中医药的发展史得出结论，认为中医药理论诞生于两千多年前，现代西医、西药理论产生于当今世界，两者之间存在着明显的时间跨距，一个是旧的，一个是新的，而旧的总是落后于新的。笔者认为这种观点显然有些偏激。中医药从时间维度上看，的确带有传统科学理论的特征，其中某些陈述方式存在有异于时代的表达；但从空间维度上看，它又有着西方医学所不具备的价值和实用性，特定的文化母体赋予了中医药从哲学观念到具体医药学理论的独特性，唯有同时考虑时间和空间的差异，中西医的对比才有说服力[13]。

中医药理论体系中有诸如阴阳五行、辨证论治、整体观、天人相应等哲学渊源，有人据此认为中医学不是现代意义上的自然科学，而属于朴素的自然哲学。诚然，古典中医学的理论思维是符合古代哲学思维形式的，而且至今也没有完全脱离这种哲理框架，中医因而有“哲医”之称，但是任何自然科学都不可能也不应该脱离哲学思维的支配，中医与哲学相关并不意味着中医应被纳入哲学范畴[14]。如果说两千多年前的中医药领域还存在着自然哲学体系的话，那么这个体系早已走上了不断解体的道路。自然哲学的痕迹在不断淡化，代之以实实在在的医学科学内容，“而它合理的核心，即符合医疗实践的辩证的思想得到了继承和发扬”[15]。

在质疑中医药的声音中，还有一种说法是“任何事物只有一个真相，其他的都是表象”，由此提出质疑：既然中医实践是对疾病的诊断和治疗过程，为何面对同一种疾病时会产生中西医两种截然不同的描述？实际上，这正是疾病表现的复杂性和不同的研究方法所导致的，类似的例子在科学史上并不鲜见。如同量子力学中，既有薛定谔传统的微分方程描述，又有海森堡的矩阵方法描述，中医与西医对同一种疾病运用不同的思维进行诊断，虽然方法不同、描述不同，但其实说的是同一个东西[16]。正所谓真理只有一个，而通向真理的道路却不止一条。

在发展脉络上，中医与西医的一个突出区别在于医药不分家。西方医学史中，西医与西药走的是两条并行不交叉的道路；而在中国古代，医学是一个独立的行业，药学则不是，自古以来就只有“医家”的概念，没有所谓的“药家”。中医学有的是不同的学派，却从不按知识分家[17]。中医药知识是一个整体，其脏腑、经络、方剂等诸种理论相辅相成，这就注定了中药与西药在指导治疗的基本理念上的差异。中药需要通过中医的辨证论治实现对人体的功能性调理，进而产生对“证”的治疗效应，若脱离了中医理论的指导，药物也就不成其为中药了。

中医诊疗疾病强调“辨证论治”。辨证论治可以上溯至张仲景的《伤寒杂病论》，它以研究人体认识生命活动规律的方法及个体化诊疗为体系，通过四诊——望、闻、问、切，尽可能全面地搜集病者的临床表象，然后将其作为一个集合进行分析，并判断概括为某种性质的“证”。在此基础上，再组织另一个集合——方剂，对作为“证”表现的上述集合进行调治，以此发挥中药的治疗作用[18]。

辨证论治是中医理论和临床实践的宝贵总结和科学概括，它树立了最基本的中医药临证准则，至今无法为其他医学理论和方法所取代。所谓“辨证”，是指运用四诊、八纲（阴阳、虚实、表里、寒热）等方法，对病人进行具体的个性化分析，辨别人体各种不同的证候，从脏腑经络学说和整体观念出发，分析病人的体质特点和对疾病的反应；同时结合发病的时令、地区、环境差异等因素，研究其病因（风、寒、暑、湿、燥、火）、病机（阴阳气血等的失调）的普遍性及特殊性，进而做出确切诊断。所谓“论治”则是辨证的结果，它根据病情，确定标本缓急的治疗原则，以“方证对应”作为基本思路选择恰当的治疗方法。中医的治疗以使用方剂为主要手段，它按照“君臣佐使”的原则进行配伍，以“调节平衡、扶正祛邪”作为遣方用药的原则，在人体内发挥综合效用。

相应地，方剂学的分类也遵循并体现着“方证对应”的原理，形成了方剂分类体系与辨证论治体系互为表里的严密关系。与西药可以对病因、病理直接发挥特异性的治疗作用不同，中药是通过若干中介环节，调动和发挥机体内在的自主调节功能，对人体服用的药物或药物的作用效应进行转化，由此产生出新的效应，最后再呈现为治疗功效，其药效是非特异性的[19]。中药方剂以复方为主，复方的物质基础是方内各药，在辨证论治指导下，各组分之间经过配伍，相互之间能够产生化学反应，从而使方剂的功能发挥“整体大于部分之和”的效果。方剂的整体功效之所以不同于方内各药的功效或其相加和，就在于其“君臣佐使”的结构和“七情合和”的相互作用，这是其发挥整体功效的载体❶。

有学者总结中医对中药的贡献突出表现在两个方面：一是建立了庞大的方药体系，二是创立和形成了方药的上述功效原理。这种功效原理是中医医学原理的药学化，是中药作为“中医之药”的内在规律的体现，也成为中医在药学上从事创新的优势[20]。反之，如果抛却中医的辨证论治和整体观的指导，简单割裂中药与中医的联系，把中药仅仅视为“天然药物”，无视甚至否定“方证对应”的规律，或许有助于较为迅速地研发出新药，但这类新药充其量只是一类西药化了的中药，即便它可以成为现代中药研发的一种思路，也不应是中药发展的主流方向。

事实上，中药的去中医化趋势已成为中医药发展过程中一个值得警醒的现象。这种研究把西药的技术标准视作“现代标准”或“国际规范”，要求中药的药效评价也遵循该标准和规范。但是，不是所有的药物都可以完全用西药的方式进行表达，这种做法否定了其他医学的合理成分，其结果只能是动摇中医药存在的合理性，使中医在与西医的对比中败下阵来，最终沦为“芸芸另类医学中的一员”[21]。

应该说，在西方医学逐渐占据压倒性优势地位的今天，作为两大异质的医学体系，中医与西医的相遇会不可避免地产生碰撞甚至冲突，但这并非非此即彼的选择。以西医的视角参照，直至否定中医的科学性，本身就不是严谨的科学态度。中医擅长整体、西医长于局部，用重视细节和实体的西医分析还原方法来研究重视整体和关系的中医，实际上是以西医之长攻中医之短，结果“只能显出中医细节研

❶ 中药方剂中每个药物的地位也是不同的，这是中医组方的一个特点。如桂枝汤与桂枝加桂汤，药物完全相同，只是桂枝用量有别，因而产生了不同的治疗效果。

究的不足，却无法继承和发展中医整体调节的优势”[22]。去除中医发展之路上的障碍，不在中西医是否可以通约，而在于观念的变更和制度的调整。

2.1.2　中医药的法律保护目标及范畴

有学者总结，文化价值、基础理论、临床实践是组成中医药学体系的三大板块[23]，三者之间相互促进、不可分割。其中中医的文化价值包括天人合一、治未病、以人为本等观点，体现了中医作为医学科学与人文文化的交融[24]，它渗透进中医药的理论及实践操作中，指导并影响着基础理论和临床技术的发展，而文化背景和现实临床的结合，又催生出独特的中医药基础理论；与此同时，临床技术则以个体或群体的操作，实践着中医药的基础理论，并进一步补充和强化着中医药的文化体系。

2.1.2.1　对中医药理论的认定和保护

通常所说的中医理论，是一个泛化了的概念，统指中医药学中的理性认识。它大致可分解成四个层次[25]。最高层次是被认定为中国传统文化主要内容之一的阴阳五行学说和整体观。它们起源于古代医家的朴素自然观和哲学认识，并作为主导性观念和认识方法渗入中医学。在发展过程中，该理论逐渐脱离了纯粹自然哲学的框架，与具体的医学学术内容融合为一体，又衍生出了辨证论治等基础理论概念。第二层次包含了脏象、经络、气血津液等内容，它们构建了中医理论的核心。第三层次是具体的概念或术语，大多与病因、病机、治法及“证”相关联。最低层次是一些带有经验陈述性质的论述，例如对各类体征或症状意义的表述、对各种药物功能的认识等。

在科技发展的历史长河中，医学的发展同其他自然科学一样，是循序渐进的。医学知识不断地被获取，并在此基础上形成医学理论，新的主张不断出现，以继承、修正或否定着旧的见解，中医药理论同样如此。中医药理论体系在汉代张仲景以前已基本形成，后世又分化形成诸多流派及学说，他们主要围绕着以《内经》等为代表的中医经典著作所创立的体系发展而来。在发展过程中，中医药理论始终面临着“总结”与“前进”的双重任务[15]，既要继承古典中医学的精粹，又要在这个基础上变革和创新，摆脱理论上的保守和封闭，与现代医学同步发展。

近些年的中医研究多是将中医学分割为中医、中药、养生保健等各自传习运行的体系，其直接后果是中医药的核心文化价值被肢解，中医沦为一门低水平、经验性的医疗保健技能[26]。从这个意义上说，对中医药的保护同时意味着对中医文化价值的保护和尊重[25]，这种保护需要将其纳入法律体系中才能获得效率，而保护的前提是对中医药科学性的认定。

判断某种事物是否具有科学性与判断某种理论是否为科学理论是不同的两回事，需要采用两种不同的标准[27]：前者属于一般的泛化判断，它需要用特定的科学原理来检验该事物是否与之符合；后者是对科学理论的检验，检验的标准是实践。对于中医药是否科学的争论，属于对后者的判断，即中医药的理论是否为科学理论。医学理论的检验实践有三种：临床防治、医学实验、群体调查。受历史条件的限制，中医药的发展及验证方法主要为临床实践。由于人类医学史上真正规范化的医学实验也不过一二百年的历史，而且现有的实验水平仍然有着一定的局限，很多中医药的问题至今无法纳入实验研究❶。

知识是人类的共同财富，但并不是所有的知识都应该被任何人任意地使用。在知识的创造和保存过程中，创造者和传承者承担了巨大的人力和物力支出。为了促进技术创新和社会进步，上述行为理应受到鼓励，法律为此有必要对这种创造和保存行为予以承认并保护，其有力的保护方式就是赋予特定当事人对该知识的法定支配权。中医药理论在性质上属于知识范畴，在保护手段上，我国对中医药理论知识的保护是将其列入传统知识的领域予以主张的。但该主张时至今日仍

❶ 近几十年来，很多学者对中医基础理论的实验研究进行过探索，有关阴阳、经络及“证”的本质等研究甚至被列为部级或国家级的重点课题，但大多处于久攻不下、胶着不前的状态。

缺乏制度化和系统化，目前比较有操作性的建议主要是运用现代知识产权制度实施保护措施。

需要说明的是，专利法对中医药理论的保护并非针对该理论（信息）自身，而是保护当事人对信息的支配权。作为行医者世代相传的知识结晶，中医药理论是在前人知识的基础上不断累积、传承而来，其中有一定比例的理论知识早已经以书面或者其他形式对外公开。对于这种已经进入公有领域的知识，依照专利法，它们已经成为公共知识，任何人不能再主张支配权。

在上述“公有知识”的判断问题上，有学者持保留态度，认为现有知识产权制度的公有领域理论是站在发达国家维护既有利益的基础上划定的，其标准对发展中国家不公平，它会使“那些渴望把这些公有领域物品转化为私有知识财产的发达国家的企业家轻而易举地把它们抓在手中”[28]，因此主张改变现有的公有知识划分标准。笔者认为这种主张很难实现。寻求中医药的知识产权保护应以尊重和接受知识产权的基本制度规则为前提，不能以某项原则或制度有可能增加他人利益或减损自身利益为由简单地予以否定，否则就会打破专利法所精心维护的利益平衡状态，破坏专利法存在的根基。对于已经呈公开状态的中医药理论，公有知识的不可逆转是一个基本规则，尝试将其重新纳入私权控制的范围，或者对这类知识的使用进行事后追讨，都不应被提倡。反过来，即使有法律认可了这类知识的法定专有，这种主张也不具有可操作性。因为“任何法律都不可能将信息从知晓者的头脑中清除”[29]，物权法中处置侵犯有形财产的返还措施在知识产权领域显然无法适用[30]，人们无法像追讨有形财产一样追讨中医药知识。

2.1.2.2　对中医药技术体系的认定和保护

中医药的技术体系包含了技术知识、实践操作和经验等几个层次。其中技术知识与理论知识一样，都属于知识信息层面的内容，包括诊法知识、疗法知识、药物知识和方剂知识等。它与中医药理论互有交叉，彼此间并没有截然的界限。但与基础理论不同的是，很多中医药技术信息尚未完全进入公有领域，存在接受私法保护的较大空间。这些技术有的以药物等载体形式对外呈现，成为独立存在的显性知识；有的则在中医行医过程中与行医者的实践操作融为一体，带有明显的人身依附特征或者转化成为带有行医者浓重个人印记的隐性知识。

中医药的技术知识中，最具显性化条件的是中药知识和方剂知识。中医对这类知识的临床实践主要表现为中药配方和方剂的配伍。由于可以离开特定主体而独立存在，这类知识和操作都属于显性知识，它们可以被持有者拥有并成为法律保护的客体。当进入市场被估价并交易时，它们具备了法律意义上的“财产”资格，并有条件与其他生产要素相结合而形成产业。在市场上，经配伍而成的中药方剂及实现工业化生产的中成药就是其有形的外化载体，该载体因承载了技术知识而价值大增。

相比较而言，中医的诊疗方法由于带有比较浓重的人身依附色彩，因而不具备法律意义上的“财产”特征而较难获得专利法的保护。这里有必要明确“财产”一词的含义。专利法所涉及的财产，是指可以在市场上被估价和交易的物品。凡是被绑定于特定主体之上不能脱离主体而存在的事物都不属于财产，如中医的望、闻、问、切的诊法，以及针灸、推拿、气功、火罐、刺血、熏蒸、刮痧等疗法。虽然它们也能够为主体带来财富，但由于不能脱离人体从而在市场上被估价和交易，因而不属于专利法的保护范畴。

当然，中医药技术知识中这种显性与隐性类别的划分是相对的，随着现代科学技术的发展，一些过去被视作隐性知识的技术内容也会逐渐具备显性化的条件和可能❶。当这类知识有条件转化为显性知识之后，就可以获得被专利法保护的资格。

不可否认，中医药的隐性知识在整个中医药知识体系中仍然占有较大比重。中医药的隐性知识与特定个体的智慧、经历密切相连，在

---

❶ 例如现在对中医诊疗方法的研究就有逐渐客观化的趋势。在中医脉诊领域，经过多年的努力，我国在脉象仪的研制、脉图分析方法、脉搏波及脉象形成机理，以及脉象、脉图与病、证关系研究等方面都取得了显著的成果，这些研究对于该类技术实现客观化提供了可能。

个体的行医过程中逐渐转化成为其特有的技能或经验，从而带有了行医者鲜明的个性。

对于这类绑定于特定主体的中医药隐性知识的传播，师徒传承是一种有效的学习方式。尤其是涉及中医的诊法、疗法的隐性知识，其学习依赖于行医者真切的个体体验，师传徒受借助于一对一、手把手的教授学习途径，在临床实践的过程中实现了传播者与学习者之间的互动和呼应。这是一个“从隐性到隐性”的过程，以观察、模仿和亲身实践等形式使这类技术得以传递。由于带有内省性，它需要遵循其自身的发展规律，但这并不意味着这类知识完全没有办法实现市场化。随着中医药技术客观化的发展，中医药隐性知识的逐步显性化，为这类知识获得知识产权保护制度的覆盖提供了契机。

2.2　现有保护制度的不足及问题分析

2.2.1　专利制度保护的局限

在信息高度产业化的今天，法治社会倾向于选择专利制度促进药品领域的创新，无论中药抑或西药，专利化似乎成为不二选择。药品专利顺应信息公开及共享的要求，制度本身渗透出的推动技术扩散的特性使其备受称赞，专利成为技术革新的重要促动力。现代企业特别是药品生产企业，往往以获取专利作为衡量自身实力及判断竞争对手实力的关键指标。然而专利的构成和特征使得它在适用上也面临着一定的局限性，作为现代法治制度的产物，专利在保护那些所谓的“前现代产物”上似乎捉襟见肘，其中中医药就是典型代表。

2.2.1.1　可专利化主题的有限性

如前所述，中医药技术中某些内容只要具备财产特征的主题就可以借助专利制度获得保护，但是专利的保护范围十分有限。中医药知识成果从性质上可以划分为中医药科学理论和中医药技术两部分：科学理论不属于专利法可以直接保护的主题，“一切科学理论本身都不能获得专利，如果授予专利，会阻碍科学技术的发展”[31]；中医药技术涉及中医的诊疗方法、中药的配方及生产加工工艺、中药材的栽培技术、中药饮片的加工炮制技术，以及制药工程技术等内容。受制于法律规范的伦理考量及操作上的技术障碍，其中有关中医的“疾病的诊断和治疗方法”被排除在专利申请范围之外。中医药专利的主题其实只涉及“药”而不覆盖“医”，中医药知识产权的类型以中药专利为主。这就使得中医的诸多技术被认作丧失了现代性而归于传统性、遗产性的“技艺”范畴，中医与中药在面对现代知识产权制度时被实际割裂。

与中医及中药的相辅相成不同，西医与西药的发展遵循着两条并行不交叉的脉络。西药从创制之初就具备产业化的条件和动机，西药的专利化是其产业化的要求和必然结果。作为实验室科学的代表，西药的研发完全适应专利的要求，西药专利以追求和实现技术创新所带来的经济收益为最高目标，而这并不影响西医的公益性发展。肇始于欧美国家的西医学始终带有公益性的成分，它以治病救人、救死扶伤为基本导向，并未受制于西药追求经济收益的产业化目标❶。这种发展轨迹也为西药的专利化清除了道德因素的障碍，西药专利就此得以高度发展。然而上述路径却无法在中医药领域实现复制。与西医、西药的泾渭分明不同，中医与中药无论在理论研究还是行医实践中都不可分割，二者之间存在很大程度的跨越性，彼此间没有截然的界限。中药在药材种植、饮片炮制、成药配伍和用药等各个方面都需遵循中医理论，否则无论在研发还是用药上都可能引发争议甚至产生不良后果❷。

2.2.1.2 中药专利申请之困

从发明专利的角度来看，中药专利的主要类型涉及中药产品、中

---

❶ 这一点在西方发达国家的医疗体系中表现得尤为突出。

❷ 近些年中药在发展历程中所遭遇的诸多障碍、指责也印证了这一点。有学者认为中药专利在申请、侵权认定过程中遇到的困难也常常是与中医理论没有有效衔接的结果。

药生产方法和中药新用途三种。现阶段利用中药知识获得专利的情形在我国主要有三类：一是仿照化学药或者植物药的研究方式，从动物实验做起，偏重于化学成分的研究，以提取的有效物质形成专利；二是利用已知的组方，获得新用途以申请专利；三是改变原组方的剂型以获取专利。但这几种专利形式都带有不同程度的“去中医化”特征[32]，它们实质上是用研发西药的方式来研发中药，即便增加了专利获批的概率，却违背了中药的特点，使其特色和优势渐失。

1. 中药产品专利

中药和西药是西方近代医药学传入我国之后出现的概念。最初的西药指的是由西方引入的药物，现代意义上的西药则扩大为所有人用化学药，它一般由化学合成方法制成，包括有机化学药品、无机化学药品和生物制品等。中药按加工工艺主要分为中药材、中药饮片和中成药❶，其中中成药是中药产品专利的主要类型。中药产品专利有中药单方、中药复方两种，其中以复方为主。中药单方是指仅由一味中药构成的方剂，中药复方则是由多种药味依照中医“理法方药”原则和“君臣佐使”配伍规律组成的方剂。复方是中药的主体和精髓，它取法自然，以植物为主要构成，经过配伍加工作用于人体。与西药多注重外因的作用、强调单一活性化合物对单一靶点的作用相区别，中药复方更注重对人体内在机能的调节，它借助方剂中多种成分的综合作用，以达到对人体多靶点、多向性的治疗效果。

在成分构成上，中药特别是中药复方与西药的差异在于它强调各组分之间的交互影响和综合效果。经配伍后的中药复方的药效成分极其复杂，有时多达几百种甚至上千种，药效多来自于多种活性成分相互之间的协同作用❷，不仅难以分离，甚至难以判断其中确切的有效

❶ 本文所述的中药主要是指中成药，即按配方制成，可以随时取用的中药成品。

❷ 中药药材在制成成品后，利用薄层扫描图可以发现复方药成分出现了一些新峰，而不是等于单味药化学成分的简单加和，因此对复方制剂中指标性成分含量的测定难以有效保证中药的功效。详见袁红梅《中药知识产权法律制度的反思与构建》，北京师范大学出版社，2011年版。

物质❶。

现代社会对中药复方的规模化生产是以中成药的形式实现的，中成药在进入市场前，首先面临的法律问题是保护策略的选择。中药专利化通常是生产厂家的优先考虑，然而在操作中又面临困难。相对于西药专利的成熟和发达，中成药专利的保护力度并不强。

从技术保护的角度分析，保护客体被描述得越精确，专利保护的力度相应就越强。西药的单一化合物的结构使其成分清楚、作用机理明确，专利化是必然选择。西药的上市过程可以简单地表述为：化合物筛选—体外实验—动物实验—临床实验—新药申请—上市。而中药来源于多代行医者的临床实践，可以说是直接从人体实验获得的，其药效确定无疑，但是由于作用机理难以用现代物理或化学语言准确表述，因而往往不易达到可专利化的法定标准。即使获得了专利的中药产品，由于药效物质的不完全确定或复方药味增减的多变性，专利保护也并不绝对。换句话说，它永远有机会留给他人做改进专利[33]，而这正是研究者所担心的：公开并不能换取有效的保护。

（1）中药有效物质及物质群的提取

随着中药现代化、国际化发展目标的确立，我国的中药政策逐渐向西药导向靠拢。特别是近些年，受西方国家植物药开发模式的影响，中药新药的科技研发及行政审批都带有了浓重的西药式管理色彩。对中药的有效单体或有效部位的开发，被视作中药现代化的表征，并逐渐成为中药专利研发的主流❷，其原因在于这种研发方向获取专利的概率相对较高，研发者能有条件获得研发的经济回报。但如前所述，以提取所谓有效物质获取专利的思路有悖于中药的本源，它把以强调整体观为特色的中医药科研带向了以研究细胞学、分子生物

❶ 英国植物药公司 Phytopharm 的研究经验表明，超过五味的中药，无论在工艺和质量控制上都困难重重，更不用说发现确切的药效物质了。

❷ 该方法最早是华裔科学家陈克恢先生采用的，在 20 世纪 20 年代，他从麻黄中分离出了麻黄素。中药单方有效物质提取的成功例子还有青蒿素的提取等。然而遗憾的是，除青蒿素、麻黄素、葛根素等成功典范，中药方剂特别是复方中能成功提取有效物质的情形并不多。

学、基因组学等微观科学为追求的发展路径，虽然这不失为中药研发的一种新思路，但不宜也不应成为中医药发展的主导方向。以提取中药有效物质为目标的研究，实质上是将中药仅视作开发新药的药物原料而非药物本身，中医理论中有关中药的炮制、配伍、用药的机理、规程在这个过程中被忽视、放弃甚至完全否定，中药的研发成为遵照西药学体系指导下进行的活动，最终将不可避免地走向西药化之路。近些年我国现代中药的研发历程已经证明中药的西药化并不算真正成功，这也是为什么只有青蒿素等是从中药成功开发为化学药的少数几个成功例子的原因。

事实上，国外对待中药的态度和视角正是立足于此。鉴于中医药的整体观和辨证论治的诊疗理念很难为西方文化理解和接受，西方国家特别是欧美国家不会依照中医药理论从事新药研发，他们的研究兴趣是从中发现先导化合物，然后再进行西药的专利研发。而在有效单体的发现和提取上，由于西方国家的技术远远超越我国，与他们相比，我国几乎没有技术优势。

与此同时，西药中有关天然药物的研发与我国的中药也不可齐观，以追求有效物质的组成为目标的天然药物研究不能简单地套用在中药的研发中，中药与天然药物有共性的一面，更有特异性的一面。中药是在中药理论指导下应用于临床的，它以药性（四气五味）、归经、功能（解表、温里、滋阴、理气等）、主治及配伍（君、臣、佐、使）等中医属性来标示内涵；天然药物则是将西医学的理论用于临床，它以活性成分（有效单体化合物）来标示，其功效作用则采用如消炎、解热、抗菌、抗病毒等现代医学术语来表述。从药物取材及制剂的制备来看，天然药物是取药用部位的生药，以化学手段提取或分离出活性成分，然后制备成化学制剂，它在性质上仍归于西药；而中药是先取原药材炮制成饮片，再用饮片配药应用于临床。其中，中药饮片的炮制是中药制药技术的独到之处，当今也只有我国才保有该技术[1]。以大黄的使用为例

---

[1] 世界范围内，《中国药典》是收载有中药炮制工艺和饮片质量标准的唯一药典，其他各国包括使用汉方药的日本和使用韩药的韩国都未见有收载同样项目的内容。

（见表2.1）[34]：中医饮片有生大黄、熟大黄、酒大黄、醋大黄、蒸大黄、大黄炭等规格用来入药，而西医处方用的是大黄素、大黄酚、大黄素甲醚等及其衍生物等化学药品。

表2.1　大黄在中西医用药形式和临床用途的差异对比

使用	西医	中医
大黄用药形式	采用生药制成散、酊、浸膏等单味制剂	采用不同规格饮片制成汤、散、丸等复方制剂 生大黄：泻下剂，如峻下热结之“大承气汤”用于大便秘结，如行气逐水之“舟车丸”用于水肿等 酒大黄：理血剂，如泻火通便之“当归龙荟丸”用于上焦火邪上炎，如舒气行瘀之“乌金丸”用于跌损瘀血等
大黄临床用途	大剂量：作泻下剂 小剂量：作健胃剂	醋大黄：消积剂，如消症化瘀之“化症回生丹”用于闭经、症瘕痞块 蒸大黄：清热剂，如清热利咽之“清咽利膈丸”；活血剂，如祛瘀生新之“大黄庶虫丸” 熟大黄：润下剂，如滋润补虚之“清宁片”用于老年便秘 大黄炭：止血剂，如收敛止血之“十灰散”用于内脏出血，如清热止血之“四红丹”

在药物配伍上，天然药物以单味成分为多。即便含两种以上成分的植物药组合也表现出明显的独立性，其配伍的实质并不讲求药味之间的交互作用，而是属于不同药物的简单叠加，其作用部位也多是局部性的、固定的；中药配伍则灵活多变，它重视药味之间的有机融合，经配伍后的中药复方在新理化环境的作用下，原有药味成分会随之变化甚至产生新的成分，进而形成一个内在联系的有机整体以共同作用于人体，从整体上实现治疗效果。

当然，凡药物必有其物质基础，利用技术手段寻找中药的化学成分并进行提取分离，必然有助于对中药作用机理的分析，这也是中医药实现国际化、能为他国理解和接受的基础。但是中药的有效成分受药材基原、种植栽培技术、药物炮制配伍、生产加工工艺、中药剂型等多种可变因素的影响，加上中药疗效更多依赖的是复方中的特定组合结构，而非某种特定的成分，因此以分离有效物质为目的，即便可以找到有效成分，其微量成分的生物活性也会随着分步精制的进行而逐渐减弱甚至消失[35]。可见，寄托于分析复方合煎产生的所谓新成分的想法，“本身就很不踏实”[36]。此外这种研究模式的最大局限还在于，其研究结果并没有对中药方剂的配伍规律形成一个普遍的解释力[36]：它很难推衍到“君臣佐使”“对药”“类方”等方面，因而无法通过化学成分分析方法精确理解中药方剂在制剂学意义上的合理内涵。当分离出的中药有效单体不能替代原复方药物的功效时，即使能够依该提取物得到专利，其市场价值也不大。

有学者认为，对中药有效物质的研究和提取是中药现代化的表现，西药是现代科学的产物，只有走西药研发之路，中药才能从传统医学的范畴中走出来，才有出路。但是取西药之长不能以丧失中药特色为代价，把中药和中药方剂当作天然药物资源来开发，会偏离传统中药的优势和特点。单纯地按西药模式追求“新中药”，与跨国医药巨头相比，我们更多的时候是处在被动赶超和技术跟踪的位置上，“最多就是离原料产地近一点罢了”。而在这个艰难的追赶过程中，中医药自身的优势却逐渐被丢弃。

（2）剂型的改良和新剂型的开发

剂型改良也是目前现代中药研发的一个方向。由于大量中药成方已固定和公开，中药厂家对中成药的革新更多集中在对剂型和给药途径的改良上。这一方面源于中药剂型改良在技术操作上更为简便，另一方面是由于新剂型的开发也更容易申请并获得专利。

中药的剂型改良包括多种类型，在传统丸、散、膏、丹的基础上，改良后的剂型可以分成片剂、颗粒剂、胶囊、注射剂、口服液等多类。近些年，日本和韩国在对我国中药的新剂型开发上取得了巨大的成功❶，这使我国中药企业看到了剂型改良的优势而纷纷效仿。但

❶ 例如日本对小柴胡汤颗粒的开发以及韩国对牛黄清心丸的口服液和微胶囊的开发。

是在发展定位上，中药的剂型改良仍有需慎重之处。就改良技术来看，目前日本和韩国走在我国前列，他们的新药研发体制较我国要成熟得多，无论在技术、设备的先进程度上，还是在资金投入上，我国企业与日韩都有差距。特别是日本，他们对汉方药的剂型研发更是处于技术领先的地位。日本的汉方药与我国的中药同根同源，差别之处在于原料的基源和规格、处方内容、调剂等方面。日本汉方药大多使用颗粒剂，被称为“颗粒剂汉方”。日本对颗粒剂的研究开发已有多年的历史，大部分汉方制剂都有明确的成分标准、药理研究及临床功效数据。虽然日本汉方制剂生产的机械化、自动化，以及先进的工艺技术和严格的质量控制与管理体系使其生产达到了世界一流水平，但其汉方药产品从品质到外观均与我国的中成药存在区别，我们在这样的背景下一味地模仿日韩，实难取得新的超越。

更为重要的是，剂型改良的技术思路仍然是遵循中药“西药化”的路径，它“对中医药知识本身并没有起到激励作用”[35]。剂型改良后获得的中药专利，在一定程度上带有“去中医化”的特征，其研发有使中医药走向“去医存药”的危险。而事实上，日本对汉方药的研发也正是秉承“去医存药”的思路展开的。

日本早在明治维新时期就废除了中医，现今汉方药处方皆由西医开具，中医师没有独立的处方权。而西医仅凭病名诊断治疗，不做辨证加减的做法，有违辨证施治的用药规则，反映到中药用药问题上容易诱发安全隐患，而“小柴胡汤事件”的爆发正是这一弊端的集中体现。它同时表明[37]，如果中医药的研究轻易放弃自身缜密的理论体系与操作实践，而去一味迎合西方标准，不仅难以充分发挥疗效，还有可能引发更大的危机。

近年来日本也意识到了汉方药西药化的弊端，开始逐步强化汉方医学的教育，在汉方药开发上更倾向于对诸如《伤寒杂病论》等中国经方的研究。日本药企认为这些方剂经过几千年的使用，其科学性及实用性早已得到验证，因此他们基本遵照其配伍、剂量比率进行开发，不再做随意更改[38]。

在法律层面，中药剂型改良在我国面临的争议主要是技术创新程度的评价问题。不少中药厂家为求短期内收回投资，在新药开发上倾向于走捷径，对市场上的中药产品仅进行简单的剂型更改就去申请新专利，对新剂型品种较原产品于主治疾病、证候或症状的疗效高低并不太关注。改良后的产品往往并未产生真正的实质创新，无论是否改变了给药途径，药效评价上在药物稳定性、吸收利用、可控性、安全性、有效性或患者顺应性等方面未必能够取得突出的进步或优势，因此，即使申请了新专利，由于这类技术的创新程度通常不高，专利寿命一般也很短。

根据国家知识产权局专利信息服务平台公布的数据（1991—2013 年），在我国的所有 81572 件中药专利产品（不含中药饮片）中，第 3 ~5 年构成了专利维持年限曲线的峰形（自申请日起算维持到 3 ~5 年的专利量分别为 10493 件、14643 件和 5078 件），到第 4 年达到峰值后迅速下降；自第 11 年开始，曲线几乎无起伏地平缓至终点。能够维持到有效期届满（20 年）的发明专利仅有 33 个（见图 2. 1）[39]。而影响中药维持年限的最大因素就是中药专利的质量问题。创新程度不高的现实使中药专利无法保证权利人获得高收益，致使其维持专利的动力不足。

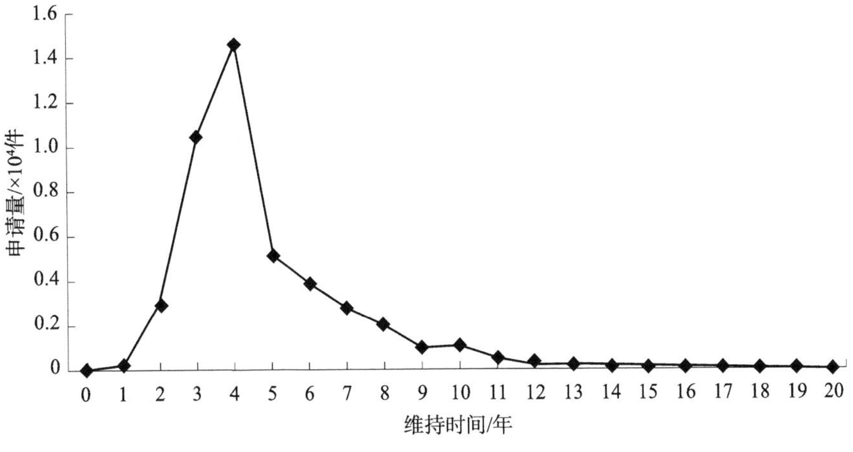

图 2. 1　专利维持年限统计

剂型改良还面临一定的用药安全风险。中药的大分子物质使有些新剂型成为诱发药品产生不良反应的重要原因，特别是对于被视为剂型创新类型之一的中药注射剂，引发的安全问题相对更大。

自 20 世纪 60 年代我国第一种中药注射剂——柴胡注射液创制以来，我国列入国家标准的中药注射剂为 102 种，其中专利产品为 35 种。中药注射剂因给药途径便捷、经济回报高，成为很多中药厂家研发的重点。但是随着中药注射剂引发的药品不良反应事件的增多❶，有关中药是否适合采用注射剂剂型的问题引起了人们的关注。

中药注射剂不良反应主要表现为患者周身或局部性过敏。除去质量控制不严格、储存运输不当、临床不辨证使用等人为因素，一个重要的诱因就是由中药注射剂的物质基础不明确所导致的。复方中药注射剂多是在传统“经方”“验方”的基础上改制而成的。鉴于这些传统方剂经过了多年临床验证，疗效确切，将其研制成注射剂便成为药品生产厂家开发药品新剂型的一条便捷途径。如醒脑静注射液、清开灵注射液都是由传统名方“安宫牛黄丸”改制而成的；生脉注射液来源于“生脉饮”；“脉络宁注射液”是由“四妙勇安汤”化裁改制而成的[40]。但是并非每个经方、验方都适宜改制成注射剂。将某一种口服药处方改成注射剂之后，由于它不像口服药那样保有全部有效成分，而是只保留了其中部分有效成分，其功能主治就有可能较原剂型发生变化。

中药注射剂处方组成以复方居多，有的注射剂的组成药物多达七八种，难以完全避免杂质（如蛋白质、淀粉、黏液质、鞣质等）的存在。由于注射剂是绕过皮肤、黏膜屏障和肝脏的首过作用，直接进入人体并分布到组织和器官中，其生物利用度非常高[41]，一旦掺有过敏源之类的异物，就极易进入人体血液，从而对人体健康产生危害且不易清除❷。

❶ 例如鱼腥草注射液、双黄连注射液、复方丹参注射液等引发的事件。

❷ 例如复方丹参注射液曾经在临床上引起的过敏反应就是因为其药材中含有的鞣质未能除尽，鞣质进入人体后与血浆蛋白的氨基缔合成了更大分子的复合物，从而引起过敏。临床中，有时候因使用者的个体差异，甚至连注射剂中的有效成分，如双黄连注射剂中金银花所含的绿原酸、β－七叶皂苷钠注射液中从婆罗子提取得到的皂苷钠盐，都可能成为致敏源，这些活性成分会刺激某类病患机体进而产生病理性免疫反应。

此外，生产过程中药材原料的基源不同、药用部位及炮制方法的不同都会影响药液的纯度，且引起药物不良反应的物质很难控制，而为了提高有效成分的溶解度和稳定性而加入的助溶剂、稳定剂等添加剂，也容易成为诱发不良反应的因素。一旦出现这种不良反应，有关中药用药安全性的争议就会再次被引发。

因此，以中药注射剂为代表的中药新剂型的研发是一个需审慎的选择。在我国开发的中药注射剂中，其治疗病症还没有细分到各个证型，品种的开发尚缺乏“方证对应”理论的指导，产品虽多，却大多没有形成相应的治疗特色。从制作工艺上看，很少见到新方法、新技术、新工艺的应用，也并未真正体现中医辨证论治的特色与优势，所谓的中药注射剂演变成了天然植物药的注射剂。追求专利化、现代化的中药剂型改良对中医药创新的作用值得商榷。

（3）复方专利申请的技术障碍

作为中药应用的主要形式，复方方剂构成了中药专利申请量的最大部分。复方由两味以上的中药配伍而成，配方是它的一个重要的技术特征。复方配方专利申请通常有三种类型[42]：一是原方基础上的药味增减；二是药味不变前提下的药量增减；三是原有方剂的重新组合。与中药单方相比，中药复方通过合理的配伍，强调多药味的综合作用和整体药效，它集中体现了中医的辨证论证和整体观的治疗理念，较之单方不仅可以强化疾病的治疗效果，而且还可以产生新的治疗作用，是中医用药的精髓。然而在可专利化标准上，对于产品发明需要满足的新颖性、创造性和实用性要求，中药复方有时却难以符合相关条件。

专利审查中，对“新颖性”的认定标准是该发明或者实用新型不属于现有技术，也没有任何人就同样的发明或实用新型于申请日前向专利局提出过申请并记载在申请日以后（含申请日）公布的专利申请文件或者公告的专利文件中。根据我国的《专利审查指南》，对于化学结构不明确的化合物，可以用物理化学参数或制备方法来表征其新颖性，但需要在申请时提供可以与现有产品进行对比的相关参数，如果无法提供，则认为用该物理化学参数表征的化合物丧失新颖性。而对于制备方法专利申请来说，则不仅应对该方法进行对比，还要对产品本身进行审查。但是鉴于大量的中药复方都已记载于前代典籍中并延续至今，通常已丧失新颖性特征，因而无法依据专利法获得保护，即便这些配方已具备广阔的市场价值或早已实现了市场化。专利制度在对中药复方产品的保护上，特别是在其中的“经古方”的保护上近乎无能为力。因此，现代社会对中药复方专利保护的期许只能另辟蹊径，不要求专利去关注已成为公知技术的经古方部分，而是强调对其“创新研究成果部分”的保护。在这个领域内，中药生产厂家的努力表现在对经古方的革新上。一些经方、古方被进行拆解或者“旧药新制”“旧药新用”，就经拆方研究或新制、新用后的成果再申请新专利。然而，由于很多改良后的经古方的配伍仍能在古籍中找到根源[43]，即便是获得了专利，也可能面临欠缺新颖性的质疑和挑战，时常处于专利不稳定的状态。

此外需要说明的是，对中药专利的新颖性之判断，应当只针对产品本身的技术特征，药品用途、给药途径、剂量及使用效果等非产品特征的不同并不能使中药产品获得新颖性[33]。如果申请专利的中药复方产品与现有产品在组合、组分含量等产品本身的技术特征上相同，即使在用途或治疗效果等非产品特征上有所区别，该类中药也不应认定为具有新颖性，不能据此获得产品专利，而只能申请方法专利或用途专利。

在“创造性”的判断上，我国中药复方的专利申请普遍存在创造性偏低的情形[43]。这是因为中药复方采用的制剂技术大多属于大同小异的公知技术，缺乏特征性的理化参数。根据《专利审查指南》，化合物创造性的判断应考虑两个方面：一是化合物的结构，二是化合物的性能。在对中药复方制剂的创造性进行评价时，由于其化学结构难以描述和表达，通常要求证明该化合物的性能。因此申请者需要提供相关药效学对比实验数据或临床对比观察资料，证明该药物对特定疾病的治疗，相对于现有产品取得了突破性的进展或具有突出的临床应用优势。而依照该标准，中药生产厂家如今热衷的剂型改良，其技术创新程度并不高，其所变换剂型的制造方法和制作工艺大多仍属于普通常规方法，而缺乏实质性的进步。剂型的改变虽然有时会有助于提高中药稳定性或生物利用度或者使用上更便捷，但是一般难以产生新的治疗作用，相较于现有产品，大多没有彰显出突出的临床优势，有的剂型改造的药效学实验数据甚至不如原剂型，因此很难满足专利的创造性要求。

中药“实用性”的证明，需要满足两个条件：一是具有工业再现性，能够在工业上制造和使用；二是能够产生积极效果，与某种特定的治疗或药理实用性存在合理的关联。作为中成药的复方制剂有一定的稳定性，其配方中的组分及配比也都具有重复性，因此对满足专利实用性条件而言，一般没有困难，主要问题表现为覆盖范围的有限（中药与其他类型药物的专利授权率比较见图2.2）。例如，根据《专利审查指南》，医生处方就被认为不具有“实用性”而被排除在专利申请之外。

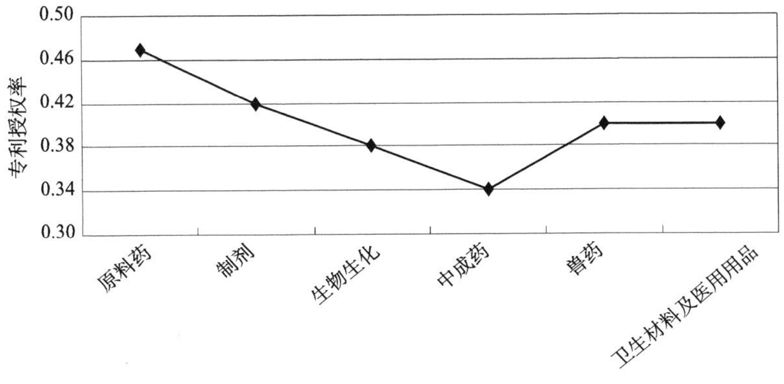

图2.2　中药与其他类型药物的专利授权率比较

数据来源：袁红梅，金泉源. 药品知识产权全攻略［M］. 北京：中国医药科技出版社，2013：118.

个体化诊疗是中医区别于西医的一大特色，医生开具的处方是中医个体化诊疗的表现，因其带有行医者浓厚的主观色彩，一般被认为没有工业实用性而不被授予专利权。但是个体化诊疗并非没有规律可循，特别是当某类病人具有相同的证候时，中医处方的基本药物组成是相似的，这时个体治疗就转变成了群体治疗，患者病情特点的不同会使药方有所增减，但针对某一特定证候的基本药物组成并不会有大的改变。此外，不同于西医处方多表现为诸种独立药物的组合，中医处方中各味中药并非独立使用，而是互相依赖、互相作用，并且一个处方就是一个独立的药物组合，这就意味着每一个中医处方都有成为新复方药物进而获得工业利用的可能[44]。这进一步说明了对中医药的保护不能简单割裂中医与中药之间的关联，专利排除了对中医处方的保护，显示出了其制度效用的局限。

针对中药专利申请难度大的状况，学界有修改专利法、降低专利的三性审查标准、建立适应中医药特点的专利审查制度等相关主张出现[45]。笔者认为，因中药专利化遭遇困难就建议修改专利法的主张，可操作性并不强。专利制度发展至今已高度发达，很难为某一种客体的不适格而轻易修改其认定标准；此外，尽管中医药在中国地位和影响巨大，但在国际上的影响仍然有限，西方国家把中医仅视作替代性医疗手段、把中药视作药用原材料，并没有将其放在与西医、西药平等并举的位置。因此如果把对中医药的保护寄希望于修改国际规则，很多时候带有一厢情愿的色彩；中国的专利制度尚处在学习和借鉴西方的阶段，不可能单独为中医药创制新的专利审查标准，即使创制了新标准，也很难为国际社会普遍认可。要求专利审查标准为中医药做出修改（降低专利的三性审查标准），不仅成本高昂，效果也难以预期，反过来，让中药为适应专利标准而削足适履，同样不可取。综上所述，唯有在现有专利制度基础上寻求其他制度的补充，才更具有现实性。

2. 中药方法专利

中药方法专利主要包括饮片的制备方法、中药提取物的制备方法及中成药的制剂工艺等几种。由于原料是生产方法不可缺少的一部分，中药方法专利的申请是包括了原料及生产过程的一个完整方法[43]，原料和生产过程构成了生产方法的核心内容，具体涵盖了药用资源的栽培养殖、采摘、生产技术、中药炮制、保鲜技术、制药工程技术等多个环节。

在制药领域，与产品专利的宽保护范围相比，一般认为方法专利的保护范围较窄。在根据权利要求的内容确定保护范围时，方法专利仅考虑产品所用方法特征的技术内容，而产品本身并不在保护范围之列。在侵权认定时，方法专利不是以产品作为对比对象，而是直接对比制造产品时所用的方法本身的特征。同时，方法专利的保护效力仅及于用同一种方法生产出的产品，一种方法专利的存在并不影响他人使用其他方法获得由该配方组成的药物。如果其中一种方法获得了专利权，其他人使用另外一种不同的方法来制备由该配方组成的药物，不构成对前一种方法专利权的侵犯。这种弱保护效果使得中药企业难以从方法专利中获取足够的收益。

在中药方法专利申请中，中药炮制技术的专利申请是争议最大的一种类型。炮制又称为炮炙、修治、修事，包括对原料进行的一般修治整理和部分药材的特殊处理。中药材炮制分为净制、切制和炮炙，传统中药饮片炮制技术的应用主要指的是炮炙技术的应用。经过历代行医者的实践摸索，中药炮制已发展成为我国中药制药的一门独特学科，中药的“减毒增效”“以毒攻毒”的功效很多时候正是依赖炮制而实现的。因此，中药炮制的很多技术操作为持有者独家控制而不对外公开，并因此成为该药品获取市场优势的关键所在。

我国在 1995 年发布了《外商投资产业指导目录》，把“传统的中药炮制技术及中成药秘方产品”列为禁止外商投资的产业。此后该目录虽经多次修订，但 2015 年版《外商投资产业指导目录》中仍然保留了对“中药饮片的蒸、炒、炙、煅等炮制技术的应用及中成药保密处方产品的生产”禁止外商投资的规定。2006 年 1 月 10 日原国家食品药品监督管理总局发布了《关于外商投资中药饮片生产企业生产范围有关问题的通知》，要求各地监管部门严格执行国家产业政策，对外商投资企业的准入领域实行严格审查，对已批准的外商投资企业超出生产范围的，也需要进行限制。上述规定意在对我国保有的中药保密配方及中药材加工炮制工艺进行保护，防止技术外泄，而该领域专利制度的适用却使其面临技术被公开的局面。

在中药炮制技术专利申请的过程中，由于不少中药炮制的操作带有技术诀窍的特点，其中有些操作技术的创新程度并不高，难以达到专利要求的创造性标准，因而其申请容易被驳回，但是其申请专利的过程中却使该技术面临着公开无法保密的风险，申请人非但未能从专利申请中获得经济回报，反而有可能对外泄露了技术秘密，致使市场竞争优势不保。因此，学界有关“专利并没有对中药炮制技术提供更多实质意义上的保护”[46]的说法不无道理。

3. 中药用途专利

用途专利是指对产品的新用途给予专利保护。中药新用途专利可以包括新药用资源或中药提取物的医疗用途、已有中药材或提取物的第二医疗用途等，不论是新产品还是已知产品，其新性能的应用都可以纳入专利保护的范围。在中药领域中最常见的是以药物的新适应证申请的用途专利，即所谓的“老药新用”。

中药新用途专利很多时候会涉及中药的药效物质。与西药化合物新治疗用途的发现相比，对中药特别是复方中药的新用途的发现更为困难，主要原因仍在于中药药效物质的作用机理不明，无法像西药一样借助清晰明确的作用机理来发现新治疗用途。再加上难以获取适当的动物模型，中药的药理作用模式始终不能用现代的科学语言来准确加以阐述，这也进一步阻却了中药以药品身份进入西方国家药品市场的机会。

与中药方法专利相同，中药用途专利也属于弱保护，其专利实质不在于中药资源或中药产品本身，而在于对中药性能的应用。因此在这个意义上说，中药用途专利仍属于方法发明，它在保护效力上仅能覆盖中药产品的某一类特殊用途，而不能及于该产品的其他用途。

从申请环节看，中药新用途专利面临的技术困难主要在于证明新用途的实验数据的收集。为通过专利审查，申请人必须提交实验数据详细验证相关中药产品的治疗效果，这些数据不仅包括人体临床实验数据，也要有相关动物实验的有效数据。对于西药来说，其安全性、有效性、可控性的数据采集皆是从做动物实验开始逐渐转向人体实验而得出的，因而不存在数据获取的技术困难。而中药并非实验室科学的演绎结果，它从创制之初就以对“证候”的研究为对象发展而来，没有经过动物实验的操作而是直接以人体为作用对象，中药组方的形成和完善也是借助这种临床实践得以实现的。经过多年的临床检验，许多中药的用途早已明确，然而在专利的法定标准面前，中药用途专利申请却面临着解释不清和无法适应的境遇。缺乏动物实验使许多中药专利申请困难重重，但即使进行了动物实验，鉴于中药的特殊性，某些对人体有效的结果在动物身上却无法重现，甚至可能出现与人体实验相反的结果❶。

2.2.1.3　中药专利侵权认定的困难

鉴于中药产品专利通常只能用方法延及产品的方式加以描述，并且只能用所含的中药材品种及相应的含量为手段限定权利要求，因而会影响中药专利保护的排他效力。

在侵权认定时，权利人需证明侵权人产品的必要技术特征与自己的产品相同或等同，这就需要他首先明确自己产品的技术特征，但这一点对中药专利而言仍然很困难。药品专利的权利要求一般尽可能用产品本身的技术特征来表现，在这方面，西药以化学结构式的方式定义化合物，由于具有明确的化学结构式表达，其产品专利的保护范围能够很清晰地围绕着权利要求来界定，而量化和精确化不是中药企业的强项，中药复方的结构和成分通常无法准确定性和定量。

中药产品在申请专利时注重的是复方的组成，中药复方制剂的必要技术特征表现为该组合物的各种组分。从原料配方的角度可以把它们分为必要组分、选择性必要组分和非必要组分。为缓解后期侵权认定的困难，在中药专利申请阶段，申请人可以借助权利要求书的撰写技巧提高保护的力度，只将必要组分列入权利要求，并对药味和含量进行上位概念处理和尽可能宽范围的概括。但是对于中药复方产品专利的保护范围来说，用来限定权利要求的原料配方之间的关系多变，必要组分、选择性必要组分和非必要组分并不绝对固定，有时必要组

---

❶ 如巴豆对人体有毒，人吃后会腹泻，但用在老鼠身上却有增肥的效果。

分是君药，选择性组分是臣药或佐药，非必要组分为使药，但有时四者皆为必要组分，所以很难准确界定，却由此为他人开发新药提供了更多的信息源。加上我国的中药专利多表现为一个个单独的个案，极少出现为充分开发某一种中药而形成的专利族[44]，因此中药复方专利被他人二次开发的商业风险比较大。

技术上的操作障碍在一定程度上阻却了权利人对自身合法利益的有效维护，侵权的认定成为中药专利保护领域的棘手问题。虽然近些年指纹图谱技术的应用为中药复方成分的测定提供了新的可能，但迄今为止，仍然没有一种真正有效的技术手段能够实现对中药复方成分的准确界定❶。

复方药效物质的难以确定导致中药专利的保护范围最终只能退守到特定制备方法的领域中。中药通常采用提取方法或制备方法来表征，即通过方法定义的方式申请专利❷。而用方法定义的产品无法与已知产品做产品特征比较，只能与之比较制备工艺或方法，由于中药炮制技术的复杂和多变，同一种中药产品的制备工艺可以有不同的变化，往往不止一种，因而其专利保护范围十分有限。中药复方成分复杂，炮制处理后的成药的内在物质会发生复杂的化学反应，即使分析出他人药品与自己药品含有多种相同的化合物，由于中药复方中往往含有几百甚至上千种化合物，并且对于同一种化合物，他人可以从其他途径或其他配方中获得，因此无法证明就一定构成侵权。而一旦制备方法发生了变化，就实际超出了中药专利保护的范围，反而在客观上为他人无偿获取该专利的经济利益提供了便利。

此外，中药材的可替代性特点也是导致专利侵权认定困难的一个重要原因。在我国众多的中药复方方剂中，常用的大约有数百首，辨

---

❶ 需要说明的是，国外对植物化学指纹图谱分析技术的研究比较早，但主要是对单味药材提取物的质控开展研究，其方法并不真正适用于对中药材和中药复方的质量评价。加之中药复方指纹图谱有其复杂性和不确定性，对该领域的研究还有待进一步深入。具体内容可参见黄瑛《中药复方质量控制方法研究进展》，载于《药学实践杂志》，2008 年第 1 期。

❷ 中药复方在《国际专利分类表》中被归入 A61K35/00 大组，属于“含有其有不明结构的原材料或其反应产物的医用配制品”。

证论治的中医用药理念使得流传下来的这几百首成方可以根据患者证候的不同，衍生出多种不同的具有针对性的处方，这正是中医治病的一大特色，因而中药复方配伍中对药材进行替代也是一种很常见的现象。而在现行的专利审查中，中药只是被当作一个个独立的组分，它们之间基于中医理论中的关联是不被考虑的。在这种情况下，当他人对中药专利配方中的个别药味进行加减以调整适用于不同适用证的时候，专利审查机构通常不会认定二者之间存在相似之处❶。同理，对于已经获得专利的中药复方，当他人对该方剂进行加减化裁予以改造的时候，权利人无法据此主张利益：尽管二者之间事实上存在密切的因果关系，正是前一方剂的指引才会产生后一方剂的延伸，然而对前方持有人的权利维护在这个过程中却被忽略了[44]。

专利制度主要保护可商业化的智力成果，它在商业化利用中医药知识和技术方面发挥了促进作用，但却不能有效阻止对中医药知识和技术的不当占有和不当利用。特别是实力雄厚的国外医药公司更是有条件利用中药专利侵权的认定困难，凭借其技术优势对中药产品进行活性物质分离，并以此申请新专利以致取代原专利产品，抢占医药市场。

有学者主张在专利侵权判定时适当引入中医理论，借助中医配伍的基本思路解决类同方问题，但现实是专利审查员不会因为中药迥异于西药的特质而对二者区别对待。当涉及中药专利申请时，即使审查

❶ 以治疗痛经的中药组合物专利为例。该专利由下列中药组成：太子参10~100重量份，黄芪5~100重量份，熟地黄5~100重量份，茯苓10~100重量份，白术5~100重量份，当归10~100重量份，红花10~30重量份，川芎10~100重量份，荔枝核10~100重量份，肉桂10~60重量份，川楝子10~60重量份，远志10~50重量份，菖蒲10~50重量份，炙甘草10~100重量份。将上述中药复方组分进行适当替代，治疗痛经的中药组合物配方可以调整为：党参10~100重量份，山药10~100重量份，白扁豆10~100重量份，茯神10~100重量份，阿胶10~60重量份，白芍10~100重量份，赤芍10~100重量份，玫瑰花10~50重量份，木香10~60重量份，夜交藤10~50重量份，桂枝10~60重量份，柴胡10~60重量份，三棱10~100重量份，炙甘草10~100重量份。上述两个中药复方组合物表面看来大相径庭，但是第二个组合物明显是对第一个组合物功效相近的药物替换，属于在发明人发明成本上搭便车的行为。如果对于组合物的非显而易见性规制不严，就可能助长这种竞争者在发明人的发明成本上搭便车的情形。具体内容参见杨旭杰《社会收益视角中中药组合物专利“三性”的价值评析》，载于《中华中医药杂志》，2011年第5期。

员做出了有针对性的审查调整，该调整措施也不具有普遍性，尤其在面临涉外侵权诉讼时，引入中医理论进行审查的主张更是难以被他国接受。

中医药的技术创新模式与西药的技术创新模式有很大的差异，它主要依靠临床应用得以实现，临床既是中医药知识创造的源泉，也是推动它发展创新的动力。相比之下，现代专利制度对推动中医药自身的技术革新并未发挥突出的作用[32]。受理性至上观念的影响，知识产权重视保护理性技术，推崇“突破前人”“标新立异”。而中医药的临床依赖性使其更尊重和遵循经验，中医药的创新常常不是颠覆性、跨越式的，而是具有渐进性、累积性的特点，这就注定了它对专利制度的种种不适应，专利对中药创新的激励作用没有达到预期。事实上，人们对专利制度本身是否真正有利于技术创新也存在质疑。

在法律制度的发展史中，专利制度与公司制度一样，也曾被视为现代社会市场经济发展的两大支柱之一，理由就在于它被认为有助于激励技术创新：专利因赋予了权利人合法的垄断权而使其能够获取经济上的收益，进而产生继续从事技术创新之探索的意愿[47]。不过，近年来国际范围内的专利危机的频现使其激励技术创新的功能受到了质疑，为此很多经济学领域的研究者试图通过实证研究为其正名，但遗憾的是目前仍没有明确的经济学证据能够证明专利制度在实质上大幅推动并增加了相关领域的创新[48]。而在中医药领域，侵权认定的技术障碍反过来减损了中药专利的激励效应，中药专利的维权困难打击到了中药研发者和生产者的积极性，专利制度逐渐暴露出对中医药保护的不力。

2.2.2 中药品种保护的争议

在中医药法律保护体系中，中药品种保护是一个较为独特的制度。该制度为我国所特有，专为中药成品的生产设置，因其构成和管理的特殊性而为学界关注。它针对中成药采用了分而治之的管理策略，其制度设置具有试图弥补中药专利化不力的动机。然而随着中医药知识产权的发展，中药品种保护在运作中却出现了与中药专利及中药标准混用甚至重叠的事实，其内在功能未得到有效发挥，该制度的去留在理论和实务界都出现了争议。由此，廓清中药品种保护在现有的中医药法律保护体系中的定位就成为一个重要任务。

2.2.2.1　中药品种保护制度的设置

1986 年原卫生部依照《中华人民共和国药品管理法》的规定，要求所有符合条件的各类地方药品标准转为国家药品标准，并对各地的中成药品种开展整顿工作[49]。随着中药成方制剂部颁标准的陆续发布，中药生产领域出现了众多的仿冒者，国内仿制、移植他人名优产品的现象很严重。同一品种被多家企业重复生产，例如，安宫牛黄丸的生产厂家在当时超过了 100 家，复方丹参片有 140 余家企业生产，牛黄解毒片有 150 家企业生产，蛇胆川贝液、鱼腥草注射液的生产企业甚至达到了 190 多家[50]。低水平的仿制严重损害了中成药原研企业的合法权益，挫伤了其研发中药新品种的积极性。

为规范市场，提高中药品种的质量，国务院于 1991 年启动了《中药品种保护条例》（以下简称《条例》）的制定工作，决定对优质中药品种实施行政保护。该条例自 1993 年 1 月 1 日起正式施行，在此之后国务院及国家药品行政主管部门根据不同阶段药品监管工作的需要，又陆续发布了一系列的配套文件，以实现中药品种保护与药品注册、药品生产等各环节的相互协调。2001 年修订的《中华人民共和国药品管理法》在第三十六条中明确了国家实行中药品种保护制度的规定，至此《条例》获得了上位法的承认，国家中药品种保护制度的法规体系基本建立。

《条例》生效后，我国的中药生产企业一直把品种保护作为重要的中成药保护手段。截至 2013 年 4 月，国家共发布了 63 个中药品种保护公告和 35 个中药品种保护延保公告，共颁发了 2996 张中药品种保护证书。其中，共有 10 家企业的 6 个品种申请获得了国家中药品种一级保护；1326 家企业的 1643 个品种申请获得了国家中药品种二级（初次）保护，约占我国中药品种总数的 16.5%；672 家企业的 767 个品种获得了国家中药品种延长保护。

在中药品种保护制度设置之初，药品尚未被纳入可专利化的范围，随着专利法的修订，药品专利被正式确认。在近20年的时间里，我国专利制度得以成型和发展，专利逐渐占据了药品保护的基本类型。无论中药或西药，专利化似乎成为不二的选择，我国的药品管理制度也日渐趋向了以西药管理为模式的思维进路。然而如前所述，相比于西药的专利化顺境，专利在构成和标准上的法定条件使得中药专利的适用面临着较大的局限：中药不同于西药的特质使得它的专利化之路异常艰难，专利授权率非常低；即便申请到了专利，由于技术创新程度偏低，专利寿命普遍比较短，通常只能维持3~5年。

自中医药的保护进入专利法关注的视野中以来，有关其保护路径的论争始终未平息。基于保护客体与保护标准的不完全适格，将中药完全纳入专利制度的保护范围并不能实现保护效用的最大化，在专利基础上尝试其他协调性制度的补充应是务实的选择。有关中药的特殊保护制度，学界提出了诸如建立数据库、专有权等多种主张，但这些建议多数尚处于理论研究阶段，将其付诸实施仍有一定现实难度。相比之下，中药品种保护制度因顺应了中药的保护特质而具有较强的可适用性。该制度把申请保护的中成药根据其功能及实际疗效，分作一级保护品种和二级保护品种两类[1]，其中对于能够证明对某一疾病在治疗效果上取得重大突破性进展或用于预防和治疗特殊疾病的，纳入一级保护品种，保护期内其配方和工艺一律不对外公开，仅限申请人控制和使用；对于能够证明具有显著的临床应用优势，或者对某一主治疾病、证候或症状的疗效优于其他同类品种的，纳入二级保护品种，同品种的生产者的数量被控制在一定范围之内。

作为公法保护手段，中药品种保护从一开始就不拒绝和排斥公权力机关的政策倾斜，而品保制度的发展实际上也离不开政府扶持，其中基本药物制度的建立对品种保护就具有积极的促进作用。

基本药物制度建立的初衷是促进药物的合理使用，保证药物的可负担性和可获得性。它将经过严格遴选的、满足公众最基本健康需要

---

[1] 参见《中药品种保护条例》第5、第6条及《中药品种保护指导原则》第2条。

的必不可少的一类药物纳入目录，在生产、流通、使用、定价、报销、监测评价等环节进行控制和管理。《国家基本药物目录》（以下简称《目录》）（2012 年版）对中成药的数量做了大幅度的增加，由 2009 年版《目录》中的 102 种增加为 205 种，其中列入中药品种保护的有 19 个，独家品种为 15 个。虽然基本药物制度的实施意味着国家对列入《目录》的药品价格实施监管，以控制生产者的利润空间，但是该限制对中药品种尤其是独家品种的影响相对较小。由于采取单独议价，中成药独家品种虽然面临降价压力，但是与西药或者其他非独家中药品种相比，由于没有其他替代产品存在，企业的议价能力相对会更强，降价幅度会小很多。相反，在纳入了《目录》后，这类药品由于没有竞争对手的挤压而获得了更强的市场垄断优势，因而更容易增加新的市场份额。

基本药物制度将专利创新药排除在《目录》之外，对专利之外的中药保护品种并不排斥，生产者通过基层医疗机构的放量使用更易充分获益。加上中药品种保护制度本身就比较倾向于保护独家品种，几乎不考虑五家以上企业共同生产的品种[51]，因此对独家品种来说，进入《目录》的概率比较大。从这个角度来讲，基本药物制度的存在，对中药品种的创新能起到积极作用。随着中药保护品种中的独家品种数量的增加，《目录》中的保护品种的数量也越来越多（见表 2.2）。中药保护品种与国家基本药物制度之间的对接，为其制度发展提供了新契机。

表 2.2　《目录》中的中药品种保护数量统计

企业数量	1	2	3	4	5	6	7
中药保护品种的数量	58	13	3	2	3	2	1

数据来源：根据原国家卫生和计划生育委员会基本药物目录处相关数据整理。

中药品种保护制度的保护范围只覆盖国内的中成药生产，对国外企业生产的中药产品及我国销往国外的中成药，该制度并未将其列入保护的范围。有研究者就此提出质疑，认为该制度的有限保护范围使得其存在的意义不大，加上国外没有类似制度，它无法实现与国外的接轨[52]。而事实上，判断一种制度的优劣不能简单以“先进”与否或者是否“与国际规则接轨”为标准[29]，而是需要以其是否符合立法主体所代表的国家的整体利益为依据。国外有无相关类似制度不能成为该制度合理与否的判断指标，任何离开立法主体所代表的国家利益而追求所谓的客观依据的努力都无法完全实现。作为行政保护手段的一种，中药品种保护制度首先需要体现国家对中医药实施保护的利益和意愿。品种保护制度的制定是正视中药专利效用有限的结果，制度的实施较好地解决了中药生产品种的低水平重复及企业间的无序竞争状态，在一定程度上促进了我国中药产业的现代化、集约化和规模化发展，因而有助于维护我国中药技术优势并促进技术的进步。

鉴于药品与公众生命健康密切相关，世界上每个国家都对药品实施了严格的监管制度。药品监管属于政府义务，而中药品种保护制度的设置，则使得中成药领域又增设了另外一道政府监管的屏障。它要求所有提出保护申请的中成药必须首先达到国家药品标准，同时还要具有超出其他同类品种的突出疗效才予以保护，这等于客观上提高了保护品种的质量标准，具有积极的意义。虽然该制度覆盖范围有限，并且没有创设新的知识产权类型，但是仍然可以看作对中药知识产权保护的有效补充，只是在制度设计及运行过程中不宜僭越私法所规范的领地，而这正是该制度当前面临的问题。

2.2.2.2 中药品种保护制度效用评价

中药品种保护制度的建立，其实质是用行政法的方式对中成药实施的一种保护和监管。它对中成药采取了分而治之的策略，其中一级保护性质上采用的是与专利相对的秘密保护制度，二级保护则属于行政法性质的市场准入。

我国的中药一级保护品种数量不多，主要包括云南白药、漳州片仔癀等几种，这些中药品种普遍具有突出的临床优势，却因专利条件的限制难以获得专利授权，品种保护制度便借助对其相关技术信息的封存以期克服这种保护上的被动。它其实是一种以行政法的外衣来实现对中药技术秘密保护的途径，其合理性内核就在于对技术秘密制度的运用。它在一定意义上赋予了技术秘密以强保护色彩，同时反过来印证了技术秘密对中药保护的价值优势。就鼓励创新而言，中药品种的一级保护与技术秘密制度殊途同归。

作为对中药的专有性保护制度，中药品种保护在保护手段上有一定的跨越性，除以秘密方式保护一级中药品种外，对于二级品种的保护则集中体现了政府的市场监管职能。《条例》的出台最初是出于保护中药成品的配方、工艺和遏制我国中药行业的低水平仿制的目的，以期改善中药企业之间存在的无序竞争。应该说该制度在设置之初带有较明显的权宜色彩，然而其内容设计在一定程度上却顺应了中药特别是中成药的保护之需，在制度运行 20 余年后，它反而呈现出了强烈的适应性。特别是随着 2009 年作为《条例》下位法的《中药品种保护指导原则》（以下简称《指导原则》）的颁布实施，更意味着中药品种保护制度在我国的进一步稳固。

《条例》颁布之前，我国中药行业曾出现大量中成药被仿冒的情形，同一品种有众多厂家生产，导致中成药生产过剩、药品质量下降、中药材原料紧缺，许多传统名贵中成药被仿制得面目全非，严重影响了我国中成药在国际市场的声誉[49]。因此为避免同品种低水平的重复生产、保护中药企业特别是中药原研者的合法权益，中药品种保护制度设置了同品种市场准入的条件，授权二级保护品种的生产厂家一般不超过 10 家。

保护期限上，中药品种的一级保护时间分为 10 年、20 年、30 年三种，二级保护的首保时间为 7 年。一级保护期满可以申请延长保护，期限不超过首保时间。一级品种延长保护期届满后还可以转为申请二级保护，二级保护期满也可以再申请一次延长保护。由于保护时间的这种限制，从发展趋势来看，申请中药品种保护的中药产品总体呈下降之势，从 2002 年的 1668 种下降为 2014 年的 376 种（包括首保品种和续保品种），一批知名产品如六神丸、复方丹参滴丸、湿毒清胶囊等，其保护期限已届满（见图 2.3 和图 2.4）。

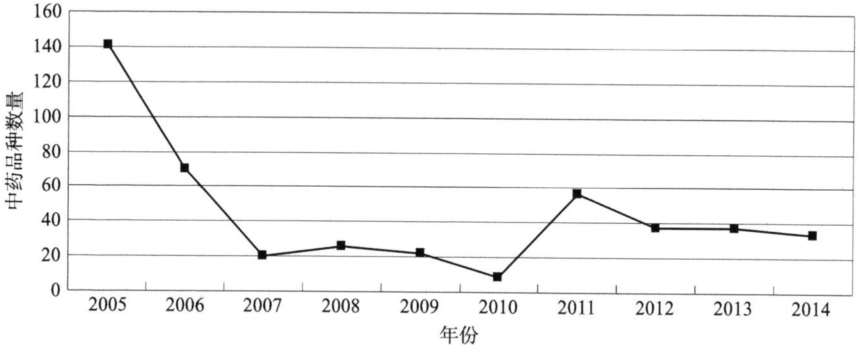

图 2.3　我国中药品种保护首保申请变化趋势（2005—2014 年）

数据来源：根据国家食品药品监督管理总局网站中药保护品种公告，以品种号为统计年限。

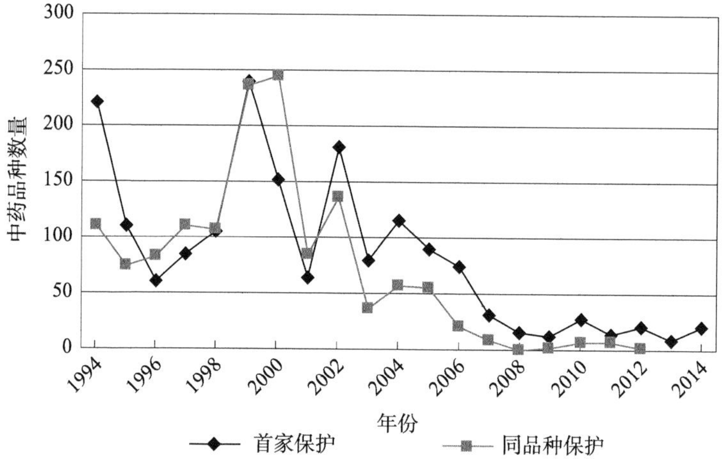

图 2.4　我国中药品种保护数量变化趋势（1994—2014 年）

数据来源：国家食品药品监督管理总局网站中药保护品种公告，以品种号为统计年限。

不同于一级保护的排他性和独占性，中药品种的二级保护对药品的配方和工艺并不予以保密，无论原研者还是其他同业竞争者都有条件申请生产。它依据药品的标准和质量要求把同一品种的生产企业限定在一定数量之内，其他未获批准的企业将丧失该品种的生产资格。对于违反规定擅自仿制中药保护品种的，处罚权归政府行使，被授权生产的企业即中药保护品种证书的持有者，并不具有要求其赔偿经济损失的权利。可见这种保护实质上是以行政授权的方式赋予企业对特定品种的生产权，属于政府针对中药成品上市的一种调节与管理行为，并不涉及该品种所含技术的权利归属问题，更没有创设新类型的知识产权。

作为行政保护手段，中药品种保护制度具有浓重的公法干预色彩。特别是二级保护，它实质上是政府经济规制职能的体现，因此其运作需要从公权力层面实现，这就要求政府需明确其角色定位，有效区分经济规制与行政管理的职能。

在市场经济背景下，政府管理机构兼具市场规制和行政管理的双重职能[53]。在中医药领域，公权力的干预不应代替市场，而是重在弥补和补充私权利保护的不足。当前政府的职能应主要定位在对中药生产进行宏观调控、维护正常有序的生产秩序方面。当行使经济规制职能时，行政主体所面对的是企业等经济性个体，此时的“政府”应具体化为“职能部门”，而不能称为行政机关，否则多重角色和身份的并存容易使其在追求社会利益最大化和追求部门利益、个人利益之间上演持久的冲突[54]。唯有将经济规制从政府的行政管理职能中脱离出来，才能限制公权力的过度扩张，有效克服政府的权力寻租。而有关完善中药品种保护制度的建议也正是遵循此思路展开的，对于能够借助传统知识产权类型如专利制度实现保护的中药品种，品种保护制度不宜再将其纳入其中：只有将专利药与非专利药相分离，对非专利药实施保护才能实现对中药专利效用不足的弥补。

我国政府药品行政机构的配置以专业为划分标准，其动机在于实现药品管理的专业化、提高行政效率。然而在运行过程中部门权力会呈现不断膨胀的趋势，这就使得行政机构的设置容易变得越来越细，彼此间职能交叉、权责不清：一方面，由于部门被赋予过多的资源配置权力，其利益逐渐凌驾于公共利益之上，公共利益大量地被消融在“部门黑洞”之中[55]；另一方面，由于众多干预主体以相对独立的“群”的形式存在，相互之间权力割据、机构重复建设等情形常现。对自身利益的最大化追求使各干预主体缺乏协调配合，在行使行政审批、行政处罚等职权过程中不可避免地产生权力寻租行为[56]。中药品种二级保护的市场准入性质则使行政部门进一步获得了权力寻租的空间，使其有机会利用其职权创造和维护某些企业的既得利益以保障其长期保有垄断高利润，这成为该制度备受批评的原因之一。

2.2.2.3 中药品种保护制度的实施之困

1. 与中药标准的交叠

中药品种保护制度与药品标准的关系非常密切，品种保护的适用伴随着对各类标准的适用，特别是其中的国家药品标准更是中成药申请品种保护的前提。我国的国家药品标准体系非常复杂，包含了《中华人民共和国药典》及增补本、原卫生部颁布标准、原国家食品药品监督管理总局颁布标准、原国家质量技术监督局标准等几个层次，在内容上多有交叉、重叠甚至矛盾之处，加上多部头管理机制的存在，企业在适用上往往无所适从。从这个角度分析，中药企业申请中药品种保护的过程，事实上会逐渐转化为中药标准的适用之争。在这个过程中，由于不同的标准化组织代表的利益不同，权力分割的“部门黑洞”现象会更加突出，彼此间权力内耗，进一步加剧了行政成本过高的恶果，最终导致资源浪费严重。

中药的技术标准通常带有传统产业技术标准的特征，专利数量不高，专利技术的分布也相对集中，最多几件专利即可覆盖一件产品，无法形成如西药一般的“专利堡垒”。在市场竞争中，中药专利权面临的最大考验是自身专利技术的先进性能否经受住市场的检验。而在这方面，由于中药专利的技术先进程度普遍偏低，很多专利流于对原组方的机械加减或剂型的调整，很容易被后续技术取代，而新技术一旦产生，就意味着新的中药标准的制定。

从中药保护品种的质量看，有些获得保护的中成药品种在生产工艺、质量控制和疗效方面并不突出，但由于属于国家药品标准的收载品种，因缺少正确的评价方法也被纳入了保护的范围[57]；相反，对于那些疗效独特、获得社会公认的中成药精品，往往由于其剂型没有达到所谓的“创新”要求而被排除在保护范围之外。可见，品种保护制度在实际运行过程中，于保护中药精品、珍品的目标上并没有达到预期。

此外，在同品种管理问题上，《条例》要求的程序是待原研者首先提出保护申请后，其他生产者必须在法律规定的时间内提出同品种的保护申请，无正当理由逾期未申请的，将被中止药品批准文号的效力❶。笔者认为该规定欠缺法理依据。同品种药品首先是已达到国家标准、获得生产批号的中成药，品种保护制度在这之后却规定该同类药品如果不同时申请品种保护或者申请品种保护未获批的将丧失生产资格，这就等于赋予了品种保护制度以法律溯及力，否定了药品行政部门对生产厂家之前所做的审批结论，从而使中药生产批准程序的效力和权威性丧失。加之药品生产企业与各地药品行政监督管理部门对该问题认识不一[57]，双方各执一词，导致执行过程中对违反规定的处罚力度往往不一致，因而时常引发纠纷。

2. 与专利制度的纠葛

如前所述，在申请中药品种保护的程序中，一个重要的强制性指标是要求所有申请品种必须达到国家药品标准。从标准的内容上来看，中药产品类标准记载的是产品处方、功能与主治等，均涉及中药的核心技术，即使是安全卫生标准、管理标准、术语标准等内容，也都伴有大量的技术内涵，因此中药标准通常绕不过专利或技术秘密。其中由于专利药品通常申请二级保护，因此在适用时容易出现两种制度纠葛不清的情形。

与药品专利制度的保护目标不同，中药品种保护制度意在维护和提高中药产品的安全性和有效性，对专利化条件中的“新颖性”不做任何要求，因此它并不属于权利人私法层面的独占权，而是国家针对中药类产品设置的一种行政保护措施。除一级保护品种之外，它不具有市场独占的性质，也不具有法律上的专有权和财产权特征。获得品种保护证书的厂家具有法定的生产权，该权利不能买卖或转让，亦不

❶ 参见《中药品种保护条例》第 18 条。虽然其后出台的《指导原则》调整了同品种申请的申报资料要求，缓解了逾期申报带来的问题，但该规定仍然有效。

能许可他人生产❶。

与西药对药品质量实施的结果控制模式不同，中药品种保护对中成药的质量判断属于过程控制，需要结合所控成分与药品疗效之间的关联性开展。而在国家标准中，作为中成药关键技术的处方和工艺项目一般都会以具体技术方案的形式进行表述，这就意味着对中药保护品种特别是二级品种的质量控制将伴随着对专利的同时适用。专利权人面对其他生产者就同品种产品的生产要求，不能因生产标准中含有专利内容而予以拒绝。可见，专利权人对该专利实际已经没有了独占权，而必须与其他同业竞争者共同使用。中药品种保护的存在实际否定了中药专利权人对自己专利的排他性权利。

虽然中药标准也可以涉及技术秘密，企业对拥有技术秘密的中成药，可以通过制定独立的企业标准以排除技术性信息的绝对公开，但鉴于中药二级保护并未采用技术秘密的保护方式，因此凡二级保护中涉及的中药标准，多是以专利或公有领域技术方案的形式存在。而这种形式在面对获得专利的中成药品种时，表现出了对专利独占权的抵触，它非但没有缓解中药专利申请的压力，反而进一步引发了生产者在有关专利信息披露、专利许可方式和费用等方面的新问题。

中药品种保护制度并非属于强制性的制度，中药生产厂家没有法定的申请义务，适用与否应由生产者自己选择。然而在运行过程中，由于该制度与既有的中药专利制度之间缺乏有效的衔接，中药生产厂家若不申请品种保护就会面临后期生产的困难。依照《条例》，对于已获得专利的中成药应遵守专利法的规定而不再适用品种保护制度。但在实际操作中，为获得药品生产的行政批号，中药专利权人仍然需要同时提出品种保护申请，否则就有可能因其他企业率先提出申请而使自己丧失该类药品的生产资格❷。这就使得品种保护制度带有了一

❶ 特殊情况下对于临床用药紧缺的中药保护品种，经国家主管部门同意方能由仿制者进行有偿生产，证书持有人此时只可以收取转让该中药品种的处方组成、工艺制法的合理使用费。其使用费的收取属于一种附条件的、非自主的行为，与专利权的自由转让截然不同。

❷ 参见《中药品种保护条例》第18条。

定程度的强制色彩，企业为保住生产资格不得不提出申请，并因此被迫支付大量的费用。这种在专利之外另行申请品种保护的做法，使中药专利申请的意义受到了削减，企业此时往往更看重药品生产批号的获取，相对于中药专利，品种保护申请反而成为其“首选”[58]。在这种情形下，品种保护制度试图弥补中药专利保护不足的作用不仅没有显现出来，反而人为增加了行政审批申请的烦琐程度，品种保护因此失去了“行政保护”的意义，成了生产者的行政“负担”。

3. 与技术秘密保护手段的冲突

技术秘密制度在保护中医药领域具有独特的优势，中药品种保护制度特别是一级保护对秘密保护手段的肯定，正是对该制度积极效果的认可。而把私法性质的中药技术秘密纳入行政法性质的中药一级保护品种，还有着政策权衡的现实需要：中药的一级保护可以提升技术秘密的保护级别，有助于维护企业的信息安全，以避免和克服企业的经济短视或市场流通过程中中药秘密信息的流失，这在一定程度上也是借助公法为中药技术秘密制度的价值予以“正名”。

然而技术秘密保护中医药的正当性并不能有效解释品种保护在手段上对公法的过度依赖。从保护范围来看，中药一级保护品种基本上是对中药国家秘密的回应，已列入国家秘密保护的中成药同时获得了一级保护的待遇❶。而国家秘密从法律性质上属于公权，用公法手段保护并不直接关涉国家安全或国家利益的中药信息，本身就存在着法理上的不合理之处，移植到品种保护制度中同样如此：以行政法手段来保护中药技术秘密，等于排除了技术秘密私法制度的自我调节功能，同样有把私权公法化之嫌。

从当前我国中药一级保护品种的操作实践来看，其保护的直接对象是该品种的生产企业，而且企业对一级保护品种的生产和销售基本上仍是遵循技术秘密的市场运作模式，即中药国家秘密的所有权归属

❶　我国的中药国家秘密主要包括云南白药、片仔癀、雷允上六神丸、安宫牛黄丸、华佗再造丸、龟龄集等几类。2006年原国家食品药品监督管理总局曾公布过一批中成药品种国家秘密技术项目名单，但很快将其收回，包括名单目录也不易再查到。

于国家，其经营由企业负责。在这类中药国家秘密产品的市场流通过程中，国家以私法主体的身份参与其中，其现实角色更类似于民事主体而不是行政主体❶。这种运作看似解决了秘密信息归属与权利行使的矛盾，却与国家秘密的公权理论格格不入。虽然有学者希冀借助“所有权”与“经营权”相分离的经济理论来解释中药国家秘密的归属之困，然而在我国市场经济规制逐步完善的今天，即便国有企业，也不再如过去那般强调所谓的所有权与经营权相分离的说辞，而是被法律明确赋予了独立的财产权，上述说法应用到中药技术信息上就显得不合时宜了。

2.2.3 《生物多样性公约》对保护中医药作用之考量

随着生物技术的进步，世界各国的医药产业对生物资源的依赖日益加深，全球范围内生物资源面临着因破坏性开发所引发的灭失风险。为维护生物资源的可持久利用，1992 年联合国环境规划署通过了《生物多样性公约》(*Convention on Biological Diversity*，CBD)，以期保护生物资源、确认各缔约方对本国国内或本地区内的生物遗传资源的主权。迄今为止，CBD 已为全球 194 个缔约方签署，国际上对生物遗传资源的保护已达成了初步共识。在这之后，国际社会一直致力于高效的生物材料国际保护规则的建立，CBD 逐渐成为国际上处理知识产权与生物多样性关系的纲领性文件[59]。

在保护客体上，CBD 与中医药资源产生了交集。公约所强调的“生物多样性”涵盖了生存于陆地、海洋等环境中的各类植物、动物及微生物物种，中医药可以以此跨入获得国际保护的门槛。但是，源于公约自身在保护对象、保护模式及保护效力上的局限，中医药借助 CBD 寻求国际保护的效用高低值得斟酌。

❶ 国家财产分为公法领域的财产与私法领域的财产两部分。其中所有权不能进入或者尚未进入民事流转的财产为公法领域的财产，进入民事流转的财产为私法领域的财产，但从民法角度说，这些财产为民事主体享有所有权的财产，非为“国家所有”的财产。有关该问题的具体阐述详见尹田《论国家财产的物权法地位》，载于《法学杂志》，2006 年第 3 期。

2.2.3.1 《生物多样性公约》的保护对象：遗传资源与中医药的对比

CBD 在第一条明确其保护目标为“保护生物多样性、持续利用其组成部分，以及公平合理分享由利用遗传资源而产生的惠益”。在第二条中，它给出了作为惠益分享对象的遗传资源的条件：“遗传资源”是指具有实际或潜在价值的遗传材料，“遗传材料”是指来自植物、动物、微生物或其他来源的任何含有遗传功能单位的材料。这种界定，事实上对中医药能够纳入 CBD 的对象做了限制：与中医相关的基础理论和实践操作显然不属于遗传资源的范畴，应被排除在外；只有以生物活体形式出现的中药材才有可能满足遗传资源和遗传材料的成立条件。在学者们随后的理论研究和倡导中，惠益分享的对象往往会做扩大解释，被延伸到了“传统知识”领域，而不仅局限于生物学意义上的“遗传资源”。对有关“传统知识”的惠益分享逐渐为学界广泛提及❶。

在国际公约的有关文件中，“遗传资源”与“传统知识”时常相关联并同时出现。“传统知识”是基于传统所产生和发展的知识构成，或者说是与传统有关的知识体系[3]；而遗传资源则属于一种特定的物质材料，它承载了特定的遗传信息，为某个国家或地区所独有。从构成上看，二者具备区分开来的可能性。2000 年世界知识产权组织（WIPO）成立了“知识产权与遗传资源、传统知识与民间文学艺术政府间委员会”，这表明 WIPO 也认为遗传资源与传统知识的含义是有区别的。但迄今为止，有关传统知识与遗传资源的界定并没有最终的结论，两类客体的具体所指依旧模糊和混乱，有时甚至与“民间文学艺术”混用。在 WIPO 的文件中，对相关概念的表达多是采用列举的方式概括各自的范围与类别，相互之间有交叉和重叠，“传统知识”可以被用来指代包含传统文学艺术表达形式、表演、科学发明、文化

---

❶ 2010 年在 CBD 第十次缔约方大会 COP－10 上签订的《名古屋议定书》承认了对取得与遗传资源相关的传统知识的利益分享。

标记等基于传统的各类智力成果[60]，而“民间文学艺术”（Folklore）在一些场合除了包括民间文学艺术形式，甚至还囊括了基因材料、动植物物种、水域和矿石等形式[30]。

CBD 签署至今，国际上对“遗传资源”“传统知识”等术语的界定始终无法统一。究其原因，在于这些概念中最核心的关键词不在“知识”“技术”或者“文艺”，而在“传统社区”“民族”“民间”等直接关系到权利主体范围的词语上[61]，因此简单地通过语义上予以统一，并不能实现法律层面上对上述概念的有效界定。在国际社会就“是否保护、为什么要保护”——也就是传统文化资源知识产权保护的正当性问题达成一致之前，对这些概念进行准确定义是不可能的[62]。

在保护生物多样性及生物资源名义的统领下，传统知识与遗传资源之间形成了密切的联系，很多遗传资源特别是人工培育的动植物物种资源，都是某些传统知识的物化载体，对传统知识的了解和掌握，通常是获取这些遗传资源的前提。虽然在后续对遗传资源的开发活动中，传统知识未必继续发挥作用，但是作为研发起点的发现及获取遗传资源的行为，却往往是对传统知识予以利用或借鉴而产生的积极结果。传统知识中的医药、农业和生态知识等成分，甚至可能成为某些遗传资源的价值体现[63]，它们是后者存在或发展的必要条件。因此，CBD 也承认传统知识的价值，要求尊重、保持和维持与“生物多样性的保护和持续利用相关”的传统知识，并在此基础上鼓励传统知识的利用者与拥有者之间公平的惠益分享❶。

但是 CBD 所论及的传统知识具有明确的指向。所谓“传统的”知识体系或文化表达通常附属于特定的民族或地区，它们与“地方社区”或“土著民族”相连，其传播具有相对的封闭性和稳定性，因而“传统知识”在这里更多论及的是对于非主流、边缘化的信息。虽然不同的国家或者同一国家的不同机构对传统知识的表达有诸如“土著知识”（Indigenous Knowledge）、“社区知识”（Community Knowl-

❶ 参见《生物多样性公约》第8j 条。

edge)、“土著遗产”（Indigenous Heritage)、“无形文化遗产”（Intangible Cultural Heritage）等术语，但无论哪一种理解或表达，对其非主流地位的承认态度是普遍的，而国际社会保护传统知识的出发点也在于此。“传统”更多的时候被赋予了“封闭”“落后”的意味，与当今世界占据主流的现代知识相比，传统知识难以获得足够的竞争力。作为传统知识拥有者的传统住民的范围，涉及当地的土著、部落成员或者封闭、落后地区的原住民，而工商业生产者及已经融入主流社会的农民或市民并不在其列[64]。

中医药作为传统知识的重要组成部分，理应获得CBD的保护，但CBD并非中医药知识获得国际承认及保护的正式法律依据。中医药知识在CBD中只能以“遗传资源”的形式出现，其在生物遗传学的角度发挥着为新化学物的提取提供实验性材料的作用，因此受保护的范围和场合非常有限。

而且COP－10通过的《名古屋议定书》（以下简称《议定书》）也事实上排除了持有人对传统医药知识的利益主张。《议定书》提到的与遗传资源有关的传统知识限于原住民和地方社区（Indigenous and Local Communities，ILCs）控制之内的知识，ILCs之外的、已经文献化了的传统知识被排除在惠益分享之外。这就对以中医药为代表的传统医药的保护形成了冲击：由于大量中医药知识已经文献化，被国际社会公认为不再具备受保护的条件。虽然我国为争取这些文献知识获得国际保护进行了艰苦的谈判，但由于该议题争议较大，《议定书》的最终文本没有承认对ILCs之外的传统知识的惠益分享[65]。

相应地，CBD只能就中药材中遗传资源的利用实施保护，而对中医的效用全无。虽然中药遗传资源的开发有时并不能脱离中医理论的指导，甚至是借助中医理论才能获取相关遗传信息，但是在事后确认这类知识所发挥的具体作用时，其贡献度很难准确评估。这是因为在现代科技研究过程中，对研究人员有着启发作用的知识一般并不直接体现在技术方案中。要研发者事后明确自己曾利用了哪些技术知识开展了新技术方案的研发，缺乏客观的评判和检验标准，其结果有时只能取决于发明人自己的主观意志，甚至连发明人“都不能确切地指出自己突发的奇想因何而来”[61]。因此，单纯就中医药知识主张惠益分享，由于不具备法律制度所强调的规范和预见功能，因而在实践中很难操作。

由此，在对中医药的利用上，CBD 的保护最终只能落实到对药材的操作上。即便是对中药材的保护，其作用范围也十分有限。CBD 承认各国对本国的生物材料享有主权，这事实上是赋予了遗传资源的国家所有权，因此有关生物资源遗传材料的开发和取得，其决定权都归属于国家。在中药领域，对中药遗传资源的国家所有并不会引发理论上的争议，我国没有出现如其他国家在遗传资源开发中社区、土著之间争夺控制权的情形；操作上也不存在困难，政府管控的模式有助于保证对资源主权的有效控制。但现实的问题有二：一是当前政府尚无专门机构负责对遗传资源开发的管控。国外研发机构对我国遗传资源的利用，即便是愿意主动披露来源且寻求权利人的知情同意，也往往诉求无门。二是对于已实际脱离本国控制的遗传资源的利用，CBD 并无可普遍接受的处理规则。

针对传统知识，现代科学技术研究所采取的利用方式通常不是直接实施其技术方案，而是选择由该技术方案出发来研制没有附属关系的新技术。研发者的做法往往是一旦成功获得遗传资源中的有效物质，就转而研究对该化合物的实验室合成办法，在这之后对新技术方案的利用皆是在实验室合成化合物的基础上推进的，这样研发者就可以摆脱对生物遗传资源的物质依赖。在这种情形下，再论及中药遗传资源对新技术方案的作用，继而以此要求分享利益，显然得不到足够的支持。

最后，CBD 对中医药保护作用的有限性还体现在对衍生物保护的排除上。遗传资源的利用不限于“遗传功能”，还包括物种本身的次生代谢产物和生物化学功能[65]。虽然 CBD 把“遗传资源”定义为具有遗传功能的材料，但对遗传资源的利用却远远超出了“遗传功能”这一项。药物开发中对遗传资源的利用往往就是利用其次生代谢产物即“衍生物”，其中未必含有遗传物质。而由于 CBD 并未论及对遗传资源衍生物的保护，资源利用方可以以此为由拒绝相关的惠益分享主张❶。

2.2.3.2 《生物多样性公约》的保护模式：消极性保护手段的不足

涉及药用植物遗传资源的知识产权包括专利、植物新品种权、著作权等诸种类型，其中专利是进行商业化利用的最主要形式，与遗传资源相关的专利权的获取成为惠益分享的前提。对药用遗传资源的利用最终都将经过技术处理转换为人类的智力信息（Intellectual Information），进而成为专利权保护的客体，这就使得研发者较资源提供者明显处于优势地位。相对于就遗传资源主动申请专利这种积极的保护手段而言，后者提出的惠益分享主张就是一种消极的、被动的保护手段，这是因为能否公平分享受制于多种因素的制约。

可专利化条件否定了当事人就中医药遗传资源或中医药知识直接申请专利的可能性，因此其保护只能选择间接方式，即通过建立事先的防御性机制达到目标。这种间接保护在 CBD 中得到集中体现并最终落实为遗传资源的国家主权、知情同意和惠益分享的三原则。

面对遗传资源的开发利用，各国拥有平等的竞争机会，但经济实力和研发技术的现实差距，使发达国家与发展中国家呈现出分化：资源的利用和开发者多来自于发达国家，资源丰富的发展中国家大多没有足够的实力完成对遗传性信息或衍生物的专利开发，双方在研发上的合作或对抗在一定程度上会演变成国与国之间政治、经济实力的博弈。但任何一个资源拥有国都清楚，刻意阻止他国对本国遗传资源的利用并非明智之举，这不仅是对物质和信息的一种浪费，也同时减损了本国从遗传资源利用中争取更大利益的机会[66]。遗传资源的适当获取被认为是达到公平而合理地分享利益的重要途径，因此选择在平等基础上的惠益分享终是必然选择。

---

❶ 缔约方大会仍然没有对衍生物的利用做出明确的认定。《名古屋议定书》也仅在第2条中对衍生物的概念做了定义，但并没有直接涉及基于衍生物的惠益分享。

但是相对于直接保护，这种间接保护手段缺乏足够的独立性，它必须依附在专利制度上，其权利实现与否取决于后者的实现程度。只有研发者的专利申请获得授权后，惠益分享机制才能启动，反之，专利若被撤销或宣告无效，便不能产生任何利益，惠益分享也将无从谈起。资源利用者（研发者）与资源提供者之间由此形成了一种对抗性的张力：资源提供者通常对利用者的研发行为心存戒备，担心这种研发会破坏自己对遗传资源的控制，或者自己掌握的传统知识被无偿利用，因此多倾向于主张对其专利申请设置强审查标准，专利审查程序中有关“来源披露”制度的规定就体现了他们的这种诉求。但与之相矛盾的是，这种严格的审查制度有时会影响甚至阻碍对相关专利的授权，使后续的惠益分享也成为空谈。

分享利益的另一种尝试是探讨由遗传资源或传统知识的持有人与资源利用者共同申请专利的可能性。这需要明晰和量化资源提供者于新技术方案的贡献值。以发明专利为例，成为共同发明人的要件有二：一是共同发明人之间应当存在合作关系，二是双方对发明方案都有创造性的贡献❶。而中医药领域中，不论对遗传资源还是传统知识的专利开发，都难以满足上述条件。

就合作关系而言，共同发明专利中所谓合作，应表现为发明人之间存在“联合行为”（Joint Behavior），它要求发明人相互之间需了解对方所做的工作[67]。显然，借助文献化了的中医药知识开展研发的情形不在其列。严格意义上说，在对文献化知识的应用情景中实际只有研发者一方存在，并没有所谓的资源提供者❷。至于利用中药遗传资源从事专利研发的情形，主张合作关系的难度则更大。这首先是因

❶ 我国《专利法》和《专利法实施细则》都没有说明共同发明的成立条件，《专利法实施细则》只是在第13条中界定“发明人”必须是对发明的实质性特点做出创造性的贡献的人，但也没有更进一步的说明。学界对共同发明的认定常以美国判例法确定的上述两项原则为参照。

❷ 文献化的知识已进入公有领域，依照公有知识逆转禁止原则，已经没有主体能对其主张主权，合作发明无从谈起。也有学者对此持相反意见，认为这种情况下仍是有资源拥有方存在，对文献的利用是双方之间的间接合作，可以视为最低限度的合作关系。具体阐述见杜瑞芳《传统医药的知识产权保护》，人民法院出版社，2004年版。

为中药遗传资源在我国并没有特定的机构代表主体行使权利，不存在特定社区或人群行使遗传资源所有权的情形。其次，由于该遗传资源在研发过程中所起的作用，仅是为研发者提供所需的物质材料，资源提供者实际并没有在研发活动中担任主体性角色，技术方案的设计和形成都是研发者独立开发的结果，因而资源提供者被认定为共同发明人非常勉强。

就贡献度而言，共同发明要求每一个发明专利人对最终方案的贡献都必须是“创造性”的[68]。只负责组织工作或者为物质条件的利用提供方便或其他辅助工作的人❶，不属于发明者。而由于中医药知识对技术方案的贡献度很难进行客观评估，主张共同发明不具有可操作性，特别是如果后期分离出的药品的使用与遗传资源的使用存在很大不同时，这种贡献度的认定会更小。

技术方案的研发难度使资源利用者通常不会愿意将其全部成果与资源提供者分享，前者在研发过程中所付出的巨大的物质和时间的投入使双方的贡献度存在现实落差，主张共同发明对资源利用者未必公平。正如英国植物药（Phytopharm）公司总裁迪克西反驳“生物海盗”的指责时所说：“探明某种植物可以产生利润但将其转化成产品是件非常费力费钱的事情，成本有时达到 2 亿到 5 亿美元。如果公司不能申请专利保护，就不会下这么大力气，而那些所谓的植物‘所有者’就永远都不会有机会获得这些植物的经济利益”[69]。

事实上，在遗传资源和传统知识保护方面，资源提供国近年来的有些做法受到了批评。他们被认为过分纠缠于遗传资源对专利研发的贡献度，而不论这样做是否可以真正达到预期目标[59]。其国内立法在试图保护本国生物多样性的过程中，错误处理了“知识利用”与“技术进步”之间的关系，从而客观上阻碍了他国生物科技行业获得原料的公平机会。本着遗传资源利益共享的理念，对惠益分享的理解应该是双向的：遗传资源的国家主权并不意味着该国可以垄断其境内所有自然资源的开发与利用，无论资源提供者还是资源利用者都需要

---

❶ 参见《专利法实施细则》第 13 条。

为对方提供享受资源利益的便利。因此，CBD 的三原则甚至可以被视为发展中国家对发达国家所承担的主要义务之一[70]。

2.2.3.3 《生物多样性公约》的实现途径：回应性制度的缺乏

CBD 生效至今，国际社会一直致力于其落实，通过召开缔约方大会，陆续通过了一系列相关决议和国际文件。作为把知识产权与生物多样性保护融合在一起的最为综合化的管制性努力，CBD 逐渐勾勒出该领域较清晰的法律框架。

该公约确立的国家主权、知情同意和惠益分享的三原则为资源利用者与提供者之间分享利益提供了框架性的思路，诸多缔约方后续的相关国内立法或国际双边、多边协议皆是依此思路展开并推进的。但是由于对生物资源的多样性维护属各方主权管辖范围之内，公约只能经由技术协助、提升能力建构等软性机制协助各缔约方履行义务，尚难利用强制性履约机制强制各方达成相关义务[71]。2002 年 COP－4 通过的《伯恩准则》(*The Bonn Guidelines*) 尝试在具体操作层面使各方就惠益分享的途径和行为准则达成一致，但由于它也仅属于指导性规则，其作用还是限于提供示范性合同而已。虽然 2010 年的《名古屋议定书》是具有硬法性质的国际性文件，但由于生效时间不长，成效如何尚待评估❶。

因此，对 CBD 三原则的践行最终还需要 TRIPS、PCT 等有约束力的国际条约与之呼应。以印度、巴西为代表的发展中国家一直没有停止推动在 WTO 体制下修改 TRIPS 的努力，但由于遭到美国及欧盟国家的反对，TRIPS 至今没有为惠益分享的实现制定辅助性举措，建立统一而有效的国际保护机制的目标仍然遥遥无期。在这种背景下，CBD 对遗传资源的保护效力也就无法真正落实。

我国没有制定单独性法律文件来保护遗传资源或传统知识的利用，而是通过修改专利法把对遗传资源的来源披露义务引入了专利审

---

❶ 在获得了超过 50 个缔约方的批准后，《名古屋议定书》已于 2014 年 10 月 12 日生效。

查来操作，专利法规定非合法途径获取遗传资源将导致专利无效❶，对中药遗传资源的保护可以依此获得法律依据。但是据此却无法全面解决中医药的保护问题，因为专利法仅仅是对资源利用者设置披露来源的法定义务，而没有对披露的条件、披露的范围及资源提供者后续的知情同意和惠益分享的操作进行设计。而在该领域，涉及上述细节的专门法的制定被认为几乎是不可缺少的[62]。制定了专门法，就没有必要在专利法中再增加专利申请人违反披露义务的法律责任，专利审查的效率也将不再受影响。但即便我国设置了这类专门法，还是需要再次面对国际范围内缺少 TRIPS 回应性机制的事实。没有强制履约机制的保障，专门法对 CBD 的回应不能发挥足够的效力[62]。由此可见，CBD 的三原则只是从一个侧面促成了中医药资源的国际保护思路的形成，但其柔性的规定并未产生确定性的效果。

在中医药遗传资源和传统知识的惠益分享的实践中，另一种可尝试的途径是契约机制。这是以美国为代表的发达国家极力推崇的一种方式。资源提供者与资源利用者可以用合同自由决定是否需要分享利益及如何分享利益。因符合私法的自治要求并给予了双方平等参与和对话的机会，契约机制被视为最富操作性的手段。双方借助合同可以约定彼此的权利和义务，包括利益的分享方式和分享比例、基于该知识或遗传资源所产生的知识产权的归属等内容，惠益分享的数量及比例的分配标准，以双方当事人的认可为条件。该标准带有一定的主观评判色彩，其结果只要为双方认可即有效，从而使不同个体的利益追求呈现出差异化。

但是，契约机制本身仍有很多问题没有解决。遗传资源利用者与资源提供者之间的信息占有不对称，合同的订立成本偏高及法律知识和谈判技巧的限制，使资源提供者往往无力利用合同来调节对利益的有效分享。更为现实的问题是，在面对中医药资源在大群体范围内的采样时，我国甚至至今都无法确定究竟哪一个主体可以代表国家分享惠益。

---

❶ 参见《专利法》第 5 条。

为克服合同中主体实力差距引发的惠益分享不公，有国家提出借助国内立法，将惠益分享合同纳入专利申请的审查程序中，把对惠益分享做出合理安排作为专利授权的实质条件之一[72]。这一做法对专利审查员的知识背景提出了更高的期待，它要求审查员需运用法律知识对关涉合同效力的证据进行判断。然而审查员通常没有能力分析这些法律事实，其结果有可能徒增专利审查之烦琐程度，于审查效率并无促进。

CBD的发展脉络，昭示了为传统知识和遗传资源设立执行性国际规则的艰难。鉴于中医药的国际影响力有限，笔者认为，首先寻求国内立法的保护应是务实之选。虽然它不能真正解决对中药遗传资源的跨国界“生物海盗”行为，但是对资源利用的惠益分享应仅属于中医药法律保护体系所保护的内容之一，不是也不应是该领域保护制度赖以依据的重心。中医药的知识产权保护需要首先建立以积极性保护制度为基础的制度框架，在寻求国内制度有效维护的基础上，再探索国际性保护机制的构建。在这方面，CBD率先做出了尝试，虽然存在适用局限，但作为一部影响甚广的国际性公约，它仍然体现出了平衡传统持有人与当代利益者之间的关系的努力，同时对下一步如何借助契约实现公平基础上的惠益分享提出了法律期待。

2.2.4 我国中医药法律保护现状忧思

近些年，我国逐渐意识到保护中医药知识成果的重要性，陆续制定了一系列法规和行政政策来维护中医药的生存和传承。但通过前文的分析可以看出，既有制度并没有真正达到预期效果，该领域仍然面临保护难以完全到位的窘境。

2.2.4.1 保护缺位，制度运行受阻

中医药具有完整的理论基础和丰富的临床实践，它在疾病治疗，特别是慢性疑难杂症的治疗及养生保健领域具有独特优势。然而在中医药现代化的过程中，东西方的文化差异使得中医药的理论和实践都很难为其他国家所理解和接受，导致中医药无法完成与现代专利制度

的有效对接。

鉴于理论解释的可接受程度及操作上的便易，实践中对中医药法律保护的研究，更多的是选择以其中的中药为重心，从中药材、中药饮片、中成药等角度出发探讨保护手段的实施。但是中药资源与中医药知识特别是中医理论之间不能截然分开，对中药材的开发也多是基于中医学理论的指导，而当这些理论不能被现代技术语言完全并清楚地表达时，专利对中药的保护就显得力不从心了。

中药专利以中药复方发明为主，但中药复方却是保护难度最大的类型。如前所述，无论在前期专利申请还是后期权利维护和侵权认定上，中药复方专利保护的效果都存在不尽如人意之处。如果以中成药专利国内授权量为考察指标，可以看出我国中药专利授权数量呈逐年下降之势[1]（见图 2.5）。

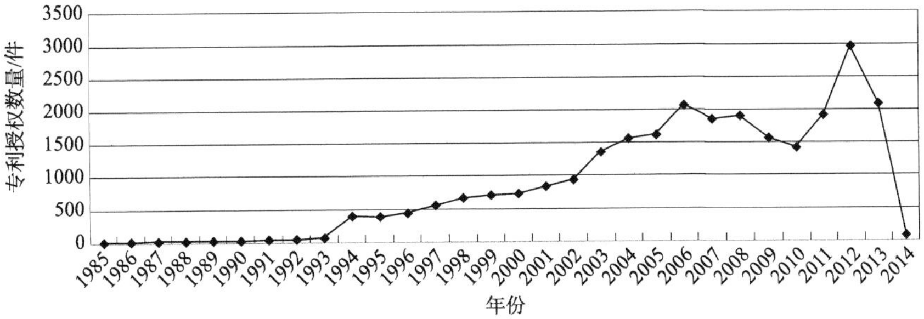

图 2.5　我国中成药发明专利授权数量变化趋势（1985—2014 年）

数据来源：国家知识产权局。

2.2.4.2　保护重叠，既有规制冲突

受到专利冷落的中医药研发继而寻求其他的保护手段，在这方面，中药品种保护制度一定程度上发挥了补充作用。但是如前所述，品种保护制度对专利中成药的扩张适用却混淆了专利药与非专利药在

[1] 与西药相比，中药复方专利的审查通过率明显偏低。在进入实质审查的发明专利中，中药授权量仅为 25%，结案量与授权量的比例为 4∶1。详见张冬《中药国际化的专利法研究》，知识产权出版社，2012 年版。

法律适用上的区别，不仅加重了权利人的成本负担，而且导致两种制度在保护主体和客体上的重叠甚至冲突。

作为确认技术产权归属的法律机制，专利制度对权利主体的要求是明确且有限的，专利权人被限定在必须是对发明点做出实质性贡献的主体范围内。由于在先技术对专利研发的所谓激发、启发或引导作用皆不被视作对专利做出的“实质性贡献”，因而这类主体不能参与分享专利权属。这种在专利权利主体与在先技术主体之间划定分界线的设计是谨慎且有效的，它可以准确处理技术进步与知识利用之间的关系，避免对权利主张的无限化[61]。事实上，鉴于一部分中医药知识已经文献化，中医药领域甚至不存在就该公有知识有所谓的权利人主张产权的情况。但是我国的中药品种保护制度对此却采取了另一种管制办法，它回避了知识产权的权属界定，借助中成药的物质载体，把这类已进入公有领域的中医药知识通过行政准入的方式，确立了权益分配（即中药品种的二级保护），达不到品种保护条件的生产厂家则会丧失对同类中药品种的生产资格。这一规定虽然可以避免中成药市场的同品种重复生产，但也面临着指责。作为中药品种的二级保护客体的中成药，其配方和组成皆属于已进入公有领域的技术信息，在这部分知识上不应再设定权利，凡是符合药品生产审批条件的生产企业都应有同品种的生产资格。但是二级保护的设定却存在否定在先企业的生产权的可能，这不仅使之前的政府行政审批行为归于无效，而且也有法律文件效力上的越位之嫌❶。品种保护制度对中药品种生产资格的管控使专利权人惮于同品种的生产权旁落他人之手，因而在申请专利的同时往往也会申请中药品种保护，并为此支付数额不低的申请及维持费用。

2.2.4.3 保护滞后，创新动力不足

从全球范围来看，新药开发难度不断增加已成为整体趋势，无论

---

❶ 品种保护条例属于行政法规，药品管理法属于法律，前者在效力层次上理应低于后者；我国《药品管理法》中没有中止药品批准文号效力的相应规定，致使品保条例关于中止同品种批准文号效力缺乏法律依据。

中药和西药，新药的开发速度都明显放缓[73]。尽管这些年制药企业为开发新药投入的资金持续上升，但成效却不明显❶。尤其是由于近年来发现全新化合物的可能性越来越小，实现完全的结构创新已越来越难，国外一些实力雄厚的制药企业将包括我国中药在内的传统药物作为研究重点之一，以寻找开发现代新药的可能性[46]。

面对国外企业对我国药材资源和中医药知识的利用，我国的中药企业和研发机构也积极主动地进行新药研发，希望赶在他国之前申请和获取专利。相应地，国家也尝试通过立法推动中医药创新。2010年的《中药品种保护指导原则》就突出强调了对中成药创新的重视，它抬高了申请首次保护、同品种保护及延长保护的门槛，要求所有申请保护的中药品种必须在临床疗效或者药理、毒理、药学等方面具有突破性的进展或明显的改进，否则将不予以保护。

然而，由于中医药知识是一个持续发展的动态体系，并非静止不动的“遗产”，它需要在临床实践中不断汲取经验和吸纳现代科学技术来进行自身的创新。中医药的创新发展是渐进式的和非替代性的，这使得其创新往往不具备法律制度设定的“创造性”条件，因此无法带来所谓“突出的意外效果”。

创新难度的增加和缺乏有力的科技支撑，使很多中药企业无法形成特色产品，研发工作很难推进，不是走中药提取物专利研究的旧路，即遵照西药的研究方法穷追不舍地提取中药成分，就是流于对现有品种的仿制和改制。就我国中药新药的研究进展来看，很多新药的研发过程最后都变成了“按照法规和指导原则如法炮制的过程”[74]，新药上市后其临床价值、市场价值、科研价值并没有真正提高，“新药不新”成为我国药品行业的现实。在国际药品市场中，我国药品企业的对外出口仍是以低端中药材为主，成品中药难以有所作为。

---

❶ 截至2014年，全球每年的新药数量已从过去的五六十个下降至二三十个，详见A. I. Graul、M. Serebrov、E. Cruces等《2014年全球新药研发报告——第二部分：趋势和挑战（V）》，载于《药学进展》，2015年第6期。

2.3 中医药技术秘密保护制度的提出

2.3.1 基于补充现有制度不足之考量

有关中医药法律保护制度的完善，学界提出过不同的主张，大致可归为两类：一是谋求专有制度的建立，尝试在现有知识产权法律框架之外为中医药的保护设立专门制度；二是立足于知识产权体系之内，寄希望于对既有制度的修补或完善。

2.3.1.1 建立中医药专有制度的设想

在纳入法律保护体系之前，中医药知识是以师徒传承的方式存续的，唯有在法律颁布并且能切实有效对其实施保护之时，相关信息才得以进入市场进行估价和交易，从而具有了法律意义上的“财产”内涵。这就是为什么我们需要根据其“原生态、多主体、持有人常为弱势群体等特殊性，制定专门的、保护尚未公开或尚未完全公开的传统知识的法律的原因”[29]，在中医药保护问题上，鉴于权利主体和客体的多样性和多元化，专门法的制定不可或缺。

但是专门法的创制并不意味着一定要为中医药的保护去设置专有权。我国有不少学者曾论及对设立包含中医药在内的“传统知识专有权”的设想，考虑到现有知识产权制度不能实现对传统知识的完整覆盖，在专利法之外为传统知识设计专有权似乎是一种一劳永逸的做法。但是从发展现状看，这种创设专有权的思路恐怕在现阶段推行的困难仍然比较大。

与知识产权理论相同，创设新权利的设想仍然植根于有形物的财产权观念。有形物财产权的设立需要满足三个条件：一是必须要有一个可以界定的利益，二是必须能够排他地占有或控制，三是权利请求要具有正当性[75]。分析当前国际社会对传统知识的保护态度，尚缺乏对上述三个条件的共识，仅就其中有关传统知识保护的正当性问题，各国意见就还没有统一。发展中国家提出的若干针对传统知识保护的专利替代方案，由于在内容上对现代知识产权制度，尤其是专利法上的一些重要原则做出了变通甚至否定，因而很难为国际社会普遍认同。

知识产权制度在其漫长的发展和运行过程中，逐渐通过制度设计在社会群体之间形成并维持住了一种精妙的利益平衡关系，从而推动了技术进步并保证了制度具有可操作性。在这种背景下尝试用新的权利类型打破该平衡，需要面对的恐怕不仅是突破思维惯性的困难，还有正当性的质疑。更为重要的是，新权利类型的创设是否具有可操作性，仍然值得斟酌。事实上，对传统知识保护与否的决策在政治或者政策层面的复杂程度可能远不及其在制度规则建设层面的复杂程度，“我们首要的努力方向应该是研究制定可操作的、能够实现预期目标的制度规则的可行性”[61]。中医药在国际上的影响力与它在我国的地位和影响力不具有可比性，在这种背景下，谋求为中医药设立专门的权利类型很难获得国际上的有力回应。以特别权利模式为中医药传统知识设计新的保护形式，甚至完全抛弃现有知识产权制度的做法，所造成的不仅是法律资源和社会成本的浪费，在全球化浪潮背景下，更会因此失去与外界对话和交流的基础，导致这类主张被进一步边缘化。

在专有制度的设计中，设立传统知识数据库是一个被多次提及的设想❶。该制度致力于将中医药知识特别是尚未公开的中药配方、制作工艺等信息文献化，使之丧失“新颖性”而进入“公有领域”，进而排除他人借助该信息申请专利的机会，达到自我保护的目的。

但是数据库的设想能否实现设定目标还有待检验。该制度的实质是以放弃自身权利的手段来防止他人获取权利，虽然他人依据该信息直接获得专利的概率降低了，但原权利人的技术秘密利益也因此丧失

❶ 中医药领域的数据库建设规划包含甚广，如中医药古代文献数据库、中医药现代期刊数据库、中医药图书文献数据库、中医药引文数据库、中医药术语中外文译释数据库、中医药法规数据库、中药复方数据库、中药单方数据库、中药专利数据库等。上述数据库中一部分在内容上属于对现有文献的归纳整理，是为文献检索需要而设立的。本书所述的数据库不涉及这种类型，而只是针对为既有活态中医药技术信息的文献化或登记的行为。

了，由此付出的代价未免过大；而且建立一个完整而权威的数据库，需要把所有信息包括过去未公开的秘密性技术信息都囊括在内，操作起来本身就有很大的难度；更重要的是，新信息的披露非但未必能有效阻止他人包括国外研发机构对该信息的利用，反倒可能因为被文献化而进一步增加他人获取新技术信息的机会。发达国家应用现代科技的高通量筛选（High Throughput Screening）提取生物资源中的有效信息继而申请专利，反过来可能将传统知识持有人挤出市场❶。

此外，虽然有学者另外提出建立秘密数据库的主张，建议对数据库信息采用不对外公开、有偿使用的手段，但这种设计同样可以预见到其操作上的困难。技术信息持有人在面对这种防御性的分享利益的手段时，更倾向于自己持有该信息并直接借助技术秘密制度获得保护。相对于被动地等待他人对信息开发并以此要求获益，技术秘密制度的保护更为主动、现实和有效。

2.3.1.2 完善现有保护制度的建议

在制度设计层面上，还有一个问题值得思考：建立中医药法律保护制度的道路是应该先从国内立法开始，逐渐发展成为国际规则；还是应该先设立国际规则，然后为建立国内法层面的规则提供框架[76]？笔者认为，要建立一套为国际社会认可并具有可执行条件的中医药法律保护体系，必须以对该知识的利用给予充分的认知和尊重为基础。如前所述，当前时机并不成熟。唯有先对中医药的保护在国内法背景下进行审视，待把握了相关制度的运行效果之后，再考虑就此设计国际性的保护标准，才是正确的选择。

---

❶ 2017年生效的《中华人民共和国中医药法》设置了建立传统知识数据库的规定，但有关该问题，当前学界仍有不少质疑的声音。其具体观点包括：一、传统知识是持续发展的，将其文献化或登记在资料库中，会使知识的适用性随着时间逐渐缩小；二、文献化行为会割裂传统知识得以发展的文化背景，使其失去活力；三、数据库的建立会损害传统知识持有者的知识产权利益等。国际社会对数据库的建立也没有达成一致。在生物多样性公约秘书处主办的传统知识及生物多样性研讨会中，该提议甚至为诸多原住民代表所反对。他们主张暂停所有对传统知识登记的相关立法，认为该登记系统会违反TRIPS及阻碍潜在的医学研究。

在具有域内效力的制度设计上，与前述的防御性策略相比，积极性保护策略的制定应该是一种更有效的做法。其制度安排有两种主张：一是建议专利制度为中医药做出单独的修改，制定专门的中医药专利标准；二是探索其他知识产权制度的适用，实现与专利的协调保护。有关第一种建议，考虑到当今全球范围内各国在政治、经济和科技等方面的实际力量对比，恐难以从制度上落实。即便是对传统知识保护持激进态度的学者，对此也不持乐观态度[77]。相比较而言，尝试在既有专利制度的框架之外，寻求替代性制度做补充，应是一种更为务实的做法。

2.3.2　基于满足中医药法律保护之需求

2.3.2.1　保护路径的选择

从保护路径来看，建立中医药法律保护体系，首先需要解决的是保护路径的选择问题。保护客体的多元化印证了该领域保护手段的交叉性：单一法无法穷尽中医药的保护主题，它需要谋求一种公法与私法并存的综合性保护机制。而在这其中，非物质文化遗产法和专利法被着重强调。

以非遗视角探讨中医药的保护，我国在理论和实践中都曾做出过探索。当前对非物质文化遗产的保护，有不少研究是从保护文化身份、保护基本人权的视角展开的，它们从某一个特定角度阐释了保护的正当性，但是如果将这些研究完全移植到中医药的所有客体中，反倒有弱化中医药学术地位的风险。法律保护和尊重中医药的一个重要目标在于激励创新，但运用非物质文化遗产法保护文化遗产的首要目标却不能定位在“激励”层面。对非物质文化遗产的保护，首先应当考虑的是如何维持及延续现存的文化成果或资源，唯有以此为基础才能研究和讨论创新，不然“仅仅需要从法律上确认将来产生的新的文化成果可以获得知识产权保护就足够了”[61]，对于现存的创作或已经产生的技术则无须再列入其中。

为解决上述理论困境，有研究者尝试把非物质文化遗产纳入知识产权法的保护范畴中，进而实现对中医药的间接保护。然而时至今日，有关非物质文化遗产与知识产权之间的关系仍然没有彻底理顺❶，试图用非物质文化遗产完全涵盖中医药资源，然后借助知识产权法来进行保护，并不是一种有效率的做法。

随着全球化进程的加速，尊重和保护知识产权的观念由西方社会逐渐向全球普及。对许多传统意义上的发展中国家来说，自身的政治、经济上的弱势地位使其在文化价值上也处于一个被他国攫取的状态。发达国家运用现代知识产权制度最大限度地利用发展中国家的有形及无形资源，进而获取新技术和新产品，但并未同时给予这些资源提供国相应的利益回报，甚至从制度上排除了后者就本土资源获取知识产权保护的机会。而发展中国家私权保护意识的觉醒，使他们力图排除知识产权制度中的这种偏见，尝试用知识产权实现对本土知识和技术的保护。中医药的知识产权保护就是在这种背景下逐渐成为该领域关注的重心。现代社会普遍主张优先运用知识产权制度保护中医药，虽然二者之间存在着主体、客体不适格的争议，但是在知识产权保护体系逐步完善的今天，其工业产权制度已经能够实现对一部分中医药客体的覆盖，却是一个不争的事实。中医药的保护究其根本应该成为社会群体的自觉行为，它需要谋求一种以私权利为基础的保护机制，因此跳出仅用公法保护的单一思路，寻求私法的确权式保护应是解决问题的出路。

强调中医药知识产权的私权属性，并不意味着绝对排斥中医药的公法保护。对中医药法律保护范畴的分析，决定了中医药保护体系中

❶ 知识产权法保护非物质文化遗产有两个前提，一是需要有明确的权利主体主张私权利，二是该遗产存在市场价值，权利人能够借助其获取物质利益从而获得充分的知识产权的保护动力。而事实上，一定比例的非物质文化遗产很难或者根本达不到上述要求。不论在我国还是他国，很多列入非遗名单的文化遗产并不存在私法意义上的权利主体，其产权归属难以确定；很多属于珍贵、濒危的非物质文化遗产几乎没有市场价值，无法产生有效的经济收益。这就等于排除了知识产权对这类遗产的保护，这种情形下有必要依赖公法的作用，借助政府公权力才能弥补市场的不足。否则如果单凭知识产权的激励机制，将不可避免地引发保护过程中的逆向选择，非物质文化遗产为此可能会面临部分内容商业开发过度、部分内容则无人问津直至自生自灭的结局，从而导致文化多样性的减损。

公法的作用也不容否定。在中医药知识产权之外，对于带有行政管理色彩的领域如中医的教育传承，公法调节理当发挥引导功能和统领性作用❶。

我国于2003年制定颁布了《中医药条例》，多年来该条例是指导中医药保护的效力最高的专门性法律规范。此后国家一直致力于推动中医药法的制定，中医药法草案先后多次易稿，于2016年年底由全国人大常委会审议通过❷。从部门法的分类来看，《中华人民共和国中医药法》在性质上属于行政法范畴，内容上主要涉及中医医疗机构的管理、中医人才培养、中药发展等内容，而有关中医药的法律保护包括保护路径和保护方式等问题则尚未予以明确。

考虑到现有手段保护中医药的不足，有学者提出了设置“传统资源权”等建议，但如前所述，目前这类建议还是停留于学界的理论探讨层面，并未真正付诸实施[78]。笔者认为，该类建议除面临可操作性的争议，其推行过程中的效率问题也值得考虑。设置专门性行政保护制度需要首先解决的是资源配置问题，中医药保护的巨大需求与公共资源的现实稀缺始终是一对无法解决的矛盾。保护需要投入大量的人力和物力，而政府往往只能投入有限的资源，无法全面实现对中医药保护客体的及时、全面的覆盖。如果一味依赖政府的投入，往往会令政府力不从心。由于其中很多事项与政府利益存在密切关系，政府私利的存在会影响甚至阻碍其职责的正当履行。公权力机关极有可能在该领域形成与第三人之间的“合谋”，产生利益上的捆绑[79]，从而引发权力寻租现象。而一旦权力失控，最终可能导致不仅无法保护反而进一步破坏的恶果。

基于中医药知识传播的群体性特征，公权力的干预必不可少，而

❶ 在中医药领域，以政府为主体的公权保护模式主要适用于三类：一是对静态资源包括道地药材、中药器物等的保护；二是针对中医药知识、技术实施的传承推动；三是利用现代科技介入传统资源的保护与开发。在上述领域，如果过分强调私权的自力保护，可能会使立法者的注意力从真正危及中医药保护的因素上，如对资源的控制、对传统文化的尊重上转移开。

❷《中华人民共和国中医药法》于2016年12月25日由十二届全国人民代表大会常务委员会第二十五次会议通过，并于2017年7月1日起正式实施。

中西医关系的实际力量对比也为中医药在我国获得的政策性保护提供了注解。但是这种干预在与私权利配置的对比上显然应当被置于补充性的地位，否则若将属于知识产权保护范畴的对象一并纳入公法约束，则有使法律规则面临过度政策化的风险。虽然中医药法律保护领域存在一定数量的政策性决定，但是仍然应当遵循基本的法理规则，不是所有规则都可以因为政策目标而肆意取舍，只有明确了这些规则的底线之后，才能保证立法不误入歧途。

2.3.2.2 保护理念的定位

知识产权体系的开放性使得它在保护内容和保护方法上都还有进一步拓展的空间。知识产权制度自身的发展历程验证了这一点，各国的立法也在不断突破着传统的知识产权类型及格局，力求将自身的利益通过知识产权制度体现出来。但这种努力需要有一个前提，那就是首先承认该制度的基本规则。“不接受它的术语，意味着战争开始之前就失去了战场”❶。现如今，知识产权制度已经发展成一个国际性的制度并拥有了充分的号召力，这使得任何一种试图规避甚至排除该制度的举动都无法获得足够的支持。

传统意义上，法律对知识产权的讨论首先是从正当性角度展开的，公平、正义、人权等道德因素是其中的考虑因素，并由此形成了劳动财产学说、人格权学说等知识产权理论。虽然学界对知识产权的道德基础莫衷一是，但不容否认，这些学说都一定程度地解释了智力成果理应获得保护的原因。此外，还有学者给予知识产权以经济学解释，认为知识产权保护智力成果的意义在于通过立法人为地设定知识支配权的专有性或排他性，使之稀缺从而成为私有财产，以此激励知识创新。将中医药纳入知识产权保护体系，无论持上述哪一种解释，都能够建立起二者之间的通约关系[75]：保护中医药既可以在自然法

---

❶ Laurie A，Whitt P. Intellectual Property & the New Imperial Science [J]. Oklahoma City University Law Review，Spring－Summer，1998：251. 有关该问题的具体阐述见杜瑞芳《传统医药的知识产权保护》，人民法院出版社，2004 年版。

中找到给予此类智力创造活动以尊重和承认的理由，也可以借助稀缺性理论为中医药知识成果的创新提供新的激励机制。

需要说明的是，任何法律制度的发展都必须以树立精准的立法理念为先导，否则只能事与愿违。中医药的法律保护，明确保护的价值取向是解决问题的基础。中医药保护路径的选择及具体制度的设计都需要以价值认同为前提，如果中医药的发展就是要吸收西药学，用国外对西药的专利研发标准改造中医，将会背离保护的方向。因此无论做何种选择，都要以保持其独立性为要件。从制度设计的视角出发，法律对中医药的保护首先需要避免的是将中医药的价值仅停留在文化层面的思维，否则对该领域的研究就会落入文化遗产保护的窠臼中；与此同时，还要防止以西方科学语言简单化地审视和评价中医药的做法。因为依照西方现代意义上的科学标准，中医药不是也从来不是可以与西方生物医学平起平坐的“科学”，其结论不是中医药被视为迷信不科学、其价值仅为那些不能用科学解释的经验，就是被吹捧为博大精深、无所不能的中国式科学[80]。

2.3.3　基于促进技术传承和可持续之需求

2.3.3.1　技术秘密保护中医药的价值合理性

技术秘密的制度价值在于其保密性，信息内容不为该领域相关人员普遍知悉且不易获得。特别是中医药领域的技术秘密，当事人通常很难借助反向工程获取其配方或生产工艺，而权利人之所以采取措施防止信息泄露，就在于这种保密信息能够使其获益。反之，一旦将信息公开，它就转化为了公众共享的财富，权利人将失去获益的来源，技术秘密也就丧失了存在的根基。

当然，法治社会下个体利益并不总是表现为与公共利益的冲突。特别是当公共利益呈现出对良好竞争秩序的追求时，其整体利益覆盖下的个体利益总体上会趋向于统一，个体利益也会与公共利益走向一致。技术秘密制度的正当性就在于它对社会公共利益的增量[81]。源于技术秘密对信息流动的限制，这种整体利益可以从维护诚实信用、公平竞争的商业道德方面加以理解[82]。对技术秘密的保护也体现了对当事人私权的尊重，“从道德优势上考虑技术秘密保护，在保护私权的层面上，还体现了人格自治的一面”[83]。

与此同时，技术秘密制度背后隐藏的政策利益导向与专利在实质上也是类似的[84]。虽然选择了与专利不同的保护方式，但是从动态的角度看，对技术秘密的保护能够促进信息的开发、刺激革新，带来“智力成果的总量”的增加，而这正是设立技术秘密保护的合理之处：当保护技术秘密获得的社会利益大于因采取保密措施而支出的社会成本，特别是限制信息流动而产生的社会成本时，技术秘密制度的存在就获得了正当性❶。

2.3.3.2 中医药技术秘密的适用空间

中医药资源是一个广义的范畴，它涵盖中医、中药两个领域，通过物质和非物质两种形式进入技术秘密制度体系，其中物质形式包括中药材、中药器物等承载了药品功效、临床应用等基础信息的形式，非物质形式包括中医药的理论、技术体系等内容，前者是后者物化后的有形载体。从技术特征来看，中医药技术秘密可以涵盖很多种类，其中，中成药占据了主要构成。根据国家中医药管理局对我国120家中药重点企业的调查统计，在401个中成药品种中，有61.8%的中成药采取了秘密的方式予以保护，其保护条件趋于成熟[85]。除此之外，中药的制配工艺、中医诊疗方法等一部分内容也都具有知识财产的法律属性，同样适用于技术秘密保护。

在知识产权体系中，长久以来技术秘密制度一直被掩盖在专利权、商标权、著作权的阴影中，未获得充分的重视[86]，有学者认为它是一种“古老”的保护手段，现代社会中终将式微。但事实恰恰相反，近些年技术秘密的应用空间逐渐扩大，学界普遍认为这是弥补专

❶ 学者冯晓青认为对技术秘密的理解不应从静态角度而应从动态角度来看，即从社会整体利益增量的角度来考察。技术秘密制度能够与专利制度并行不悖，也反映出了它所具有的公共政策功能。详见冯晓青《知识产权法哲学》，中国人民公安大学出版社，2003年版。

利制度不足的结果[87]。这一点反映在中医药领域尤为明显。从制度覆盖的范围看，专利无法实现对中医药的完全保护。囿于法定的可专利化标准，作为“疾病的诊断与治疗方法”的中医诊法、疗法，如针灸、推拿、气功医疗等不能申请专利，相比较而言，这些带有行医者浓重个人印记的医疗技术更容易依赖技术秘密获得保护。

即便是那些选择专利保护的中成药品种，也面临着法律保护的地域限制与配方公开的绝对化要求之间的矛盾。专利保护具有严格的地域范围，当事人向一国申请保护的，其垄断权一般只在该国有效，但是被授予专利的药品对其配方及药品成分的公开义务却是跨地域的，一旦公开就意味着绝对公开，全球范围内皆可获知。即便权利人同时向他国申请专利或者根据相关国际条约申请跨域保护，也面临着层层障碍：出于对中医药产品科学性的成见或误解，西方国家普遍将其视作研发西药专利的供应原料或背景知识来源，而非知识产品本身，这势必会导致已公开的中药专利技术“被他人在一定范围内合法免费使用”[88]。即便是已经获得了专利号的中成药，其复方配方的多变性也会给后期侵权的判定造成困难，成为仿冒者规避侵权制裁的屏障。

对中药制配工艺而言，选择技术秘密保护在一定意义上是出于风险预断。在中药领域，除药材质量，中药材的加工、炮制、中药饮片的配伍是药材发挥药性、药效最重要的环节。同类中成药品在性能和功效上的差异往往是因制配工艺的不同而带来的，所以很多中药生产厂家都将一些知名产品的制配工艺视为最高机密。这些工艺若申请专利，就意味着对相关技术的泄露和公开，基于知识产品的可复制性，这会使侵权行为变得更为容易。加上我国专利法定保护周期最长20年的限制，使得现实中很多被授予专利权的中药制配工艺并未获得良好的保护效果，且专利实施后的效果并不令人满意。相比之下，技术秘密制度的保护则比较有效：对中药生产加工工艺以秘密信息的形式加以保护，能够避免行政审查程序的时间和物质支出，在节约成本的同时更保证了保护手段的及时到位，可消除因保护滞后引发的侵权可能，从而客观上加大了侵权行为实施的难度。

第3章 中医药技术秘密的构成与内涵分析

3.1 中医药技术秘密法律保护的历史演进

3.1.1 技术秘密的源流

有关技术秘密的法律概念，至今尚未形成一个统一的表达，国际社会对它有广义和狭义的理解。1969年在匈牙利布达佩斯召开的保护工业产权会议上，国际联盟有关技术秘密的界定被认为是广义的："技术秘密是指享有一定价值的、可以利用的、为有限范围专家知道的、未在任何地方公开过其完整形式和不作为工业产权取得任何形式保护的技术知识、经验、数据、方法或者其组合。"该定义把包括工业、商业和管理等各个领域的保密信息都囊括进了技术秘密之中，虽然比较完整，但亦因此未获得普遍认可[89]。依照国际商会理事会1961年通过的《保护技术秘密标准条款》，所谓"技术秘密"是指"单独或结合在一起，为了完成某种具有工业目的的技术，或者是为实际应用这种技术所必需的秘密技术知识和经验"。该定义把技术秘密限定为工业领域的秘密性信息，并逐渐为国际社会所接受。世界知识产权组织制定的《发展中国家发明示范法》中，对技术秘密也做了与之类似的界定，它是指"有关使用或运用工业技巧的制造工艺和知识"。

3.1.1.1　商业秘密、技术秘密及 know－how 的概念界定

在知识产权领域，相比于“技术秘密”一词，“商业秘密”(Trade Secret) 是一个更为通用的法律术语。一般认为，商业秘密包含技术秘密 (Technology Secret)❶ 和经营秘密两类❷，其中技术秘密占据了较大的比重，因此对“技术秘密”一词的使用通常可以认为等同于商业秘密。在一些国家的技术贸易中有时还使用“know－how”一词。“know－how”是英文“know how to do it”的缩写，意指“知道如何去做”。“know－how”在我国又被译为“技术诀窍”，对该词没有统一的定义，其内涵基本等同于技术知识。它最初是指中世纪手工作坊向徒弟传授的技艺的总称，作为法律术语，它最早见于1944年美国纽约州最高法院审理的“Fairchild Engine and Airplane Corp. vs. Cox”案的判决[90]。

有关“know－how”的含义，学界有三种不同的理解：一种意见认为“know－how”作为技术性信息，偏重于对实施主体的个人经验的依赖。它属于个人知识、技能的积累，与纯商业性的秘密信息有所不同。“know－how”因人而异，与个人的技巧不容易分离，它表示的是“一个有技术的人，用个人的技术和经验来完成工作”[91]。

另一种意见认为它是指工业方面的技术性秘密，偏指那些依附于某项专利或者某项商业秘密的非独立性技术。与“know－how”相比，技术秘密是独成一体的或者一整套的技术，而“know－how”是其中的某个值得保密的关键技术要点。从这个意义上说，“know－how”可

---

❶ 在法律领域，secret know－how、proprietary know－how、proprietary technology、technology secret 等词语都可以用来表达技术秘密。详见：On the Protection of Undisclosed Know－how and Business Information (Trade secrets) against Their Unlawful Acquisition，Use and Disclosure. Proposal for a Directive of the European Parliament and of The Council. Brussels，28.11.2013.

❷ 对有关商业秘密的解释，还有一种理解是它包括技术秘密、经营秘密、管理秘密三种类型。其中技术秘密是指有关制造技术、生产工艺、配方、设备、材料等知识、经验及技术信息；经营秘密是指具有秘密性质的经营或者与经营密切相关的情报和信息；管理秘密是指管理模式、方法、经验等促进生产与经营有机运转的信息。详见李永明《商业秘密及其法律保护》，载于《法学研究》，1994年第3期。

以看作对专利保护方法的补充。

还有一种意见认为“know - how”作为技术领域的商业秘密，虽然与“trade secret”存在外延上的差别，但二者在法律领域仍然可以互用，有关商业秘密的基本规则，都可以适用于“know - how”。目前这一观点的接受度较高。

就发展趋势来看，“know - how”一词已变得更加开放和具有包容性，越来越多的国家在使用“know - how”术语时，不再严格区分它与“trade secret”甚至“business secret”之间的不同。在我国，“know - how”基本上被用来指称技术秘密，而不再与其独立区分。

3.1.1.2 不同语境下技术秘密立法的比较

关于技术秘密的产生和发展，有学者将其概括为三个阶段：不外传阶段（形成于奴隶社会与封建社会早期）、可外传阶段（形成于封建社会中晚期，发展于资本主义社会早期）和可并传阶段（形成于建立知识产权法律制度的近现代社会）[92]。历史上对技术秘密的保护，最早记载于古罗马时期[93]，古罗马奴隶制度中存在对秘密信息保护的实践，罗马法也由此发展了针对第三方诱惑商业秘密泄露的诉因。

随着经济贸易的发展，罗马人将技术秘密由农业向工业和商业拓展，技术秘密的保护范围得以扩大。伴随着工业革命的到来，技术的增长和员工的流动使欧洲社会对秘密信息的保护不仅包括了生产工艺、配方、设备、材料等知识和经验，经营性的信息也逐渐被纳入其中。欧洲大陆对通过技术秘密（涵盖于商业秘密之中）维护商业道德的效果越来越感兴趣。19 世纪中期以后，法国和比利时在刑法典中出现了对擅自泄露他人秘密信息的惩罚条款；德国则在 1909 年通过反不正当竞争法设置了对盗用他人秘密信息的民事补救措施。在其他欧洲国家随后制定的对技术秘密的保护性法律中，立法者也大都考虑了对背信行为及非法窃取或披露他人秘密信息的行为进行制裁。以上反映出了商业秘密（技术秘密）立法对商业道德的维护及诚实信用原则的践行。

事实上，大陆法系国家对技术秘密的重视正是源于该制度对维护公平竞争秩序的良好效果。而公平交易秩序的维护是反不正当竞争法的立法目的之一，德国由此开创了用反不正当竞争理论保护商业秘密（技术秘密）的先河。该理论着眼于非法获得秘密信息行为的不正当性，借此对扰乱市场竞争的商业秘密侵权行为及其法律责任做出规制[94]。随后大陆法系国家基本上都选择通过反不正当竞争法来定义商业秘密的构成及范畴。从法律定义、侵害行为的类型看，这种立法体例注重对安全交易行为的法律保护，强调行为人主观上须以竞争为目的或者不以损害他人的合法利益为目的；在确定当事人不正当行为时，双方之间是否存在一定的特殊关系（如雇佣合同关系）也是法律考量的重要依据。

在英美法系国家，普通法从强化对商业道德和商业信誉的保护等方面考虑，也把对秘密信息的保护纳入法律范畴。英国对技术秘密的保护始于19世纪早期❶，人们对技术秘密的性质究竟属于财产利益还是合同利益，呈现出截然相反的结论，但多数英国学者认为它是依据合同义务产生的。在分析商业秘密（技术秘密）理论时，很多研究非常关注当事人之间是否存在诸如雇主与雇员、代理人与被代理人之类的特殊关系[95]。如果存在上述关系，双方之间的诚实信用原则即合同义务就成为当事人承担保密义务的主要依据，而在没有合同义务或者不具备条件推定默示合同存在的情况下，衡平法中的“诚实、善意”义务将成为确定当事人保密义务的依据[96]。可以说，合同法理论构建了英国商业秘密（技术秘密）法律保护的主要理论基础，维护诚实信用及职业道德成为这个时期法律确定当事人保密义务的重要目的。在美国，这种通过授予对秘密信息的保护而提高商业道德的公共政策，后来也被移植进来，在其随后的一系列技术秘密案件中，对商业道德的维护和诚信原则的支持主要体现于对秘密信息盗用者“背信”行为的惩罚。

到了19世纪，维护商业道德成为普通法保护技术秘密制度的一

❶ 1817年英国历史上出现了第一例涉及技术秘密侵权的案件。1820年英国法庭以“背信和保密”为由签发了对技术秘密使用或泄露的禁止令。

个出发点。从技术业秘密制度的发展历程看，其产生与市场密切关联。市场交易中，人们首先关注的是对有形财产的占有，伴随着现代科技的不断发展，市场交易的重心逐渐向科技领域拓展，开始更多地关注技术创新及技术信息的获得，劳动力市场上对掌握先进技术的劳动者的争夺也越来越激烈。这些变化是催生技术秘密制度的关键因素，可见，从该制度创制的那一刻起，它就离不开对义务规则的维护。保障公平有序的竞争秩序、尊重当事人之间诚实信用的契约关系，成为各国保护技术秘密的立法动机之一。

进入 20 世纪之后，对技术秘密财产权的再认识成为技术秘密立法和理论发展的方向之一。以美国为例，大体说来美国的商业秘密（技术秘密）理论受两种规则的支配，一是财产权（Property）理论，二是义务或责任（Duty）理论[97]。义务理论偏重对商业道德的规范，与侵权法、合同法和反不正当竞争法的要求密切相关；财产权理论则集中反映了技术秘密中的经济利益和它对技术革新的促进。美国 1939 年《侵权法重述》强调的依然是对义务理论的重视，之后盛行的则是技术秘密的财产权理论。但上述理论的争论几乎没有对技术秘密保护规则产生实质影响。事实上，这两种规则一直并存于美国商业秘密法的发展历程中，只是不同时期有不同的偏重而已。

在研究技术秘密制度的形成和发展过程中，学者们陆续提出“合同法理论”“反不正当竞争理论”“财产权理论”“保密关系理论”等诸多主张，这些理论从不同的角度阐释了各国构筑技术秘密制度的法理基础。每一种理论都不同程度地受制于特定利益或政策的驱使，也分别折射出了技术秘密制度在社会经济生活中的地位之变化[95]。以日本为例，受大陆法系传统的影响，日本没有制定专门的商业秘密法，最初其国内理论界认为对技术秘密的保护不能局限在对私人财产权益的层次上，“从更广泛的意义上讲，它是有维护竞争秩序的共同原理”[98]，这成为日本将技术秘密纳入反不正当竞争法之中的理论依据。但随着对技术秘密财产权属性的认知，日本也开始适时调整了技术秘密的保护模式，增加了对技术秘密的产权式保护措施。

上述理论中，财产权理论与义务理论的影响力相对更大，技术秘密制度的完善，无论在大陆法系还是英美法系，都得益于这两种理论的不断发展。有关该问题的阐述，笔者将在后文展开。

3.1.1.3　对技术秘密权属的确认

承认技术秘密的财产权属性，是对技术秘密认识的一次飞跃。这是因为只有当赋予技术秘密的创造者以财产权时，他才有条件基于自己的创新获得经济回报并得到法律的保障，技术秘密鼓励创新的动力也正是来源于此。更为重要的是，它为以技术秘密为客体的有偿转让行为提供了法律空间，有助于推动技术秘密的商业交易。

20世纪50年代后，随着财产权理论被广泛接受及人们对技术秘密认识的深入，各国对技术秘密的保护政策随之调整，从过去只关注维护商业道德扩展到鼓励研究和创新，继而再发展到推动技术秘密交易。通过考察西方国家技术秘密保护的历史，可以看出，技术秘密财产权概念的提出其实与义务理论的形成几乎处于同一个时期，之所以早期司法实践更关注当事人行为的违法性而不是技术秘密本身，是与当时人们对技术秘密的本质缺乏认识有关。大陆法系对技术秘密财产性质的认识是从英美法系继受而来[99]，但英美法系用“财产权”一词就可以将所有涉及财产利益的权利，无论有形财产还是无形财产的权利都笼而统之；而大陆法系对物权、债权的划分，在当时却还没有办法回答作为财产的技术秘密的权利性质问题。

有关财产权保护的正当性分析，洛克在他的《政府论》中给出了详细的解释。他对财产权的自然法属性所做的阐释对后世影响深远，劳动财产权理论也被公认为法理界颇具影响力的学说之一。洛克认为，财产权的获得需要具备两个条件：一是通过劳动改变客体所处的自然状态；二是给其他人留下足够多和同样好的财产。该理论很好地解释了私有财产，特别是物权获得的正当性，但是当它移植到无形财产领域时，技术秘密与有形财产的区别就突显出来了。

在法律上，财产与财产权是两个独立的概念：财产指的是具有经济利益的客体；财产权指的是在客体之上设定的权利。由于财产属于经济学范畴，因此对它的法理属性研究往往需要从经济学角度展开，而经济学对财产的研究，需要首先假定该财产客体之上必然绑定了财产权利，即财产等同于财产权，二者成了同义词。这样就在经济学与法学之间架起了一座天然的桥梁，对财产的保护也就等于对财产权的保护。但这个桥梁仅适用于物权领域，于技术秘密领域无法生效[29]。

从自然本质上看，作为物权客体的特定物在同一时间只能存在于一个空间之内，由于人也是同一时空的存在，所以特定物在一个时间只能由一人控制。这是物权客体无法被共享的体现，也是物权排他性的本意[100]。因此在物权领域，客体与权利在法律意义上不可分离。法律对物权的配置，只要能保障权利主体排他性地支配该物权所依附的客体，就等于实现了对客体之上的权利以及利益的配置，控制了客体就意味着享有了权利。而技术秘密在本质上属于信息，它与物权的客体的属性迥然相异。作为技术秘密客体的信息不具有排他性，同一信息可以存在于多个时空并被多人所共享；他人对信息的使用不会影响和破坏信息的存在，信息不因被多人共享而灭失。因此在技术秘密领域，权利人若想维护信息之上的利益，仅仅控制该信息是不够的。技术秘密财产权没有也不能被绑定于特定的信息之上，作为权利客体的信息与该客体上的权利是可分离的。为了维护权利人在信息之上的经济利益，法律必须人为地对该信息设置排他性权利，借助法律强制力防止因信息共享而致权利人蒙受损失。可见，与视自然法为其渊源的物权的产生方式不同，对技术秘密的法律保护从一开始就来源于法律的人为创制，没有法律的设权，技术秘密难以成为经济学意义上的财产。

与此同时，为了提高信息的利用效率和经济价值，法律还将技术秘密的客体与客体上的利益也予以区分。在保障权利人对客体利益独占的前提下，法律允许权利人将技术秘密信息转让或授权他人使用，以实现对技术秘密交易的促动，进而鼓励创新。至此，技术秘密财产权的本质属性彰显了出来，技术秘密与有形财产权的客体的不同使二者得以区分开，适用于物权财产权的规则不能照搬进技术秘密领域中，技术秘密理应回归到无形财产的范畴，按照知识产权法的规则进行规制[1]。这一认识过程虽历时长久，但最终在国际社会获得认可，TRIPS将“未披露的信息”明确列入“知识产权”之中，就是对技术秘密归属知识产权形态的正式确认。

在国际上，技术秘密作为一种无形财产已受到包括世界贸易组织在内的许多国际组织及其成员的重视，越来越多的国家通过制定相关法律完善对技术秘密的保护。在TRIPS的规范作用之下，各国对技术秘密构成要件的界定也趋于一致。尽管法律渊源不同，承认技术秘密财产权的存在并鼓励技术秘密制度的应用，已为各国立法及司法实践所接受。从技术秘密的特性出发，兼顾维护社会公共利益和鼓励创新的需要并促进和维护公平交易秩序，已成为各国技术秘密立法的重要动机。当代技术秘密法律保护制度正是建立在这样的认识基础上的。

3.1.2　中医药技术秘密的法律属性

我国保护中医药技术秘密的历史由来已久。中医的诊疗和中药方剂中多有所谓“家传秘方”的记载，很多诊疗方法和复方中药配方都是以秘而不宣的方式传袭下来，它们反映出了行医者对技术秘密的自我保护意识。中医药的发展在中国封建社会包括近现代是以师传徒或者父传子的形态展开的，行医者以前店后坊的形式开展诊疗活动，药方的配伍由行医者自己操作，他们在诊疗手段的选择、药材选用、配伍炮制上，都有个人经验和技术诀窍的总结。这些技术性操作一般不对外公开，尤其是那些较有名望的医师，其技艺非经传授，其他人无从获知。这种保护手段的运用显然是将中医药技术秘密以财产的方式予以对待的，中国古代法也承认并保护行医者对个人诊疗及中药方剂中相关技术信息的控制。但是这种保护并不能与现代知识产权法意义上的技术秘密制度等同视之。技术秘密在当时是以普通的财产类型来加以保护的，对中医药技术秘密的盗用窃取会触犯财产法的保护规

[1] 20世纪60年代以来，世界知识产权组织、国际商会和一些国家已将技术秘密作为知识产权看待。到20世纪80年代之后，许多西方国家的知识产权教科书都把技术秘密与专利权、著作权等知识产权放在一起阐述。详见冯晓青《试论商业秘密法的目的与利益平衡》，载于《天中学刊》，2004年第6期。

则，侵权人受到惩处的法律依据与侵犯其他类型的财产并无二致。真正将技术秘密作为知识产权的一种类型纳入私权的保护范围，只是晚近的事情。

伴随着中医药现代化战略目标的推进，中医药技术秘密的类型出现了分化。其中一部分尤其是中药领域的技术秘密逐渐实现了市场化，其秘密信息脱离了早期依附于行医者个体的形态，转而以独立的财产权形态呈现出来。在中药产业化背景下，这一部分技术秘密逐步被中药生产企业掌握和控制，并最终获得了法律的认可，得以进入知识产权体系；另一部分技术秘密则未能脱离行医者个人的技能、经验的范畴，仍然需要以传统的师带徒的方式进行传习。

因此，如果以现代知识产权法的视角来审视中医药技术秘密，应该对其保护范畴做广义的理解。中医药的技术秘密实际包含了两种类型：一种是已经产权化了、以独立财产权形式存在的技术信息，它们可以在市场上转让或者由权利人授权他人使用，其财产权的特征获得了充分体现；另一种则带有明显的中医药隐性知识的特点，它们依附于特定个体，是行医者个人智慧、经验的体现，无法如第一类中医药技术秘密一样实现信息的客观化和普遍化。这类技术诀窍的运用同样也能为行医者带来经济利益，但是却没有办法如财产一样在市场上被独立交易。

当一种新的权利置身于现有的权利格局之中时，总会有一个“排异”和“调适”的过程[101]，中医药技术秘密也不例外。对于其中具有财产权属性的中医药技术秘密，它们与中药专利、中药商标等其他知识产权类型有着某些共有的特征，例如其权利客体都属于中医药领域的知识和技术信息，也都有一定的独占性、地域性和时间性等。与此同时，此类中医药技术秘密还有着与其他类型的中医药知识产权的不同之处，其中最为显著的差别是其保护范围和保护程度带有更大的不确定性。从保护范围看，中医药技术秘密因处于不公开状态，权利范围不易界定，而且有些中医药技术秘密因散落在民间，仅为个人控制，其内容有时更难界定。从保护程度看，中医药技术秘密的存续和保护时间无法像中药专利、中药商标一样可以由法律预先设定，而是取决于权利人的选择，因此其受保护的程度受主观因素的影响比较大。

而对于另一类的人身依附性强的中医药技术信息，要理解法律对它设定保护的意义，则不能通过类推其他知识产权的方式来进行，必须着重从该类中医药技术信息的“独门秘方”“秘而不宣”的特质上来把握。

3.1.2.1　中医药技术秘密的财产权属性解析

有关中医药技术秘密的专有性，学界一直存有争议。有学者认为中医药技术秘密在专利法诞生之前就已存在，所以它并非由法律创设，而是基于类似于物权的自然财产权产生。技术秘密所有人对中医药秘密信息的控制是一种事实上的垄断而非法律上的垄断，其专有性是一种所有人尽力维持秘密信息不被流通而形成的事实上的“专用情势”。但也有学者反对该说法，认为中医药技术秘密与其他类型的技术秘密一样，都是法律创制的产物，没有法律，就没有技术秘密制度。

在产权与道德关系方面，中国传统的文化观念中有一个明显的趋向，就是将财产关系道德化。它不像西方文化观念中把财产关系独立出来进行考量，而是把伦理关系渗透到财产关系中，使产权关系和处理产权关系的行为都带有了伦理色彩。因而，它注重财产来源的正当性，即取利要合义、得财要有道。在知识产权法被创制之前，保护技术秘密的正当性正是通过对财产权保护的伦理观念而获得的。权利人对技术秘密的控制源于自身的劳动及创造，他人不得侵犯该技术秘密的原因在于，侵权行为违背了道义，因而也就触犯了法律。

在纳入知识产权体系之后，对中医药技术秘密的正当性考量获得了更大的空间，可以通过知识产权视角铺展开来。在知识产权体系下，技术秘密是一种财产权，具备财产权的基本要件，只不过不同于其他的知识产权类型，技术秘密权的相对性程度更为明显一些，具体表现在三个方面[102]。

技术秘密权相对性的第一个表现是，所有权人不能禁止他人以合法的独立性努力对同一技术信息予以掌握和控制。不同于专利将技术性信息向社会公开以换取法律保护的做法，法律对技术秘密的规制体现在法律在设定了技术秘密权、允许对技术秘密采取保密措施的同时，又允许社会公众以独立开发或反向工程的方式揭示该秘密信息，以此保障智力成果不被少数人绝对垄断。技术秘密权相对性的第二个表现是，权利人对所持秘密信息之上的财产利益不能排他地享有。传统知识产权在利益排他问题上的特点是他人对智力成果的知悉不会影响权利人对自身经济利益的获取，而技术秘密则不同。由于同一技术秘密有被他人以合法途径知悉和掌握的可能，在先权利人就该信息所得的财产利益就可能被其他合法持有人分割，利益的获取由此必然会减少。技术秘密权相对性的第三个表现是，一旦秘密信息被他人公开，不论公开的行为合法与否，原所有权人的技术秘密权都将丧失。有学者将技术秘密权的这种限制表述为技术秘密权的“时间性”，笔者赞同该观点。虽然技术秘密没有法定的保护期限，但由于其权利面临因他人对信息予以公开而灭失的风险，因此这种灭失也可以视作对其权利存续时间上的限制，这与传统知识产权的时间性在本质上是相同的。当然，也正是由于这种权利存续时间的不确定，技术秘密反而有维持更长时间的可能，这是其他类型的知识产权所不能企及的。

可见，技术秘密权的相对性并没有否定其作为财产权的本质属性，不能因为其构成上的专有状态不同于传统知识产权类型，而将其作为否认技术秘密权存在的理由。这种专有状态，不说比其他知识产权的专有性更优越，“至少也是各有千秋”[102]。

1. 与现行法律保护方式的不协调

前文对技术秘密源流的梳理，反映出技术秘密的法律保护应立足于两个基点：财产规则和义务规则。其中前者涉及技术秘密的权利范围，后者保障技术秘密的外部维护。通过考察中医药技术秘密的保护实践可以看出，我国主要强调对后者的规范。

技术秘密是一种相容性权利，只要借助独立开发或反向工程等法律认可的权利取得手段，同一信息可以为多人持有和掌握，每个人的技术秘密权都会受到法律的保护。由于各自在不公开的状态下使用，技术秘密的具体内容及取得途径无人知晓，信息的不对称使得其取得途径是否合法有时不容易辨别[103]。为了减少不正当竞争行为的发生，我国的反不正当竞争法将商业秘密（技术秘密）收纳于其中。

在明确其知识产权属性之前，我国对所有类型的商业秘密的保护，包括中医药技术秘密在内，都主要围绕着反不正当竞争法展开。但该法保护技术秘密的动机并非是强调技术秘密权利人对秘密信息的控制权，而是基于对侵权者侵犯他人技术秘密的违法行为的惩戒，这种保护存在不足之处：首先，我国的反不正当竞争法有效域宽广，其客体范围几乎可以囊括各类智力成果[104]，相对于专门性立法，这种保护更多地带有一种兜底和补充的效果，对中医药技术秘密权利属性的保护要求，明显关照不足。其次，反不正当竞争法是站在维护正常有序的市场交易秩序的立场，而对破坏正当竞争的行为予以规范，因而其法律主体被界定为市场经营者，而中医药技术秘密的主体则不仅仅局限于“经营者”❶，医疗机构的中医医生、中医药科研院所的学者和专业技术人员等都有条件成为中医药技术秘密的持有人，对他们所持有的秘密信息的保护，反不正当竞争法显然无能为力。

现阶段，除了反不正当竞争法，我国的合同法、侵权责任法及刑法也都在技术秘密领域发挥着作用，具体表现为：首先，当技术秘密权利人遭受侵权时，在合同法框架下依据权利人与他人之间有无明示或者默示的保密合同，以确定后者的保密义务存在与否。在双方没有合同约定的情形下，则需要依据法律创设的保密责任，按照侵权责任法寻求相应的权利救济。其次，为避免当事人通过非正当手段，如利用本人或他人同技术秘密权利人的特殊关系非法获取秘密信息，或者未经许可使用或披露秘密信息，法律需要设定对行为人不正当行为的禁止义务，包括以故意或过失、直接或间接方式实施损害他人的技术

❶ 在2018年1月1日生效的《中华人民共和国反不正当竞争法》（修订版）中，对“经营者”的界定为“从事或者参与商品生产、经营或者提供服务的自然人、法人和其他组织”。

秘密的行为。最后，对于侵犯权利人的技术秘密的行为情节严重的，由刑法设置对侵权人的刑事责任，以保护技术秘密所有人的权益。

需要说明的是，虽然在中医药技术秘密的知识产权属性获得确立之后，上述法律仍然继续发挥作用，但这些法律并不以保护中医药技术秘密权利人的知识产权为出发点，而是以规范侵权人的行为方式为目的。近年来，学界之所以主张在我国制定专门的商业秘密法，在一定程度上就是希望还技术秘密以财产权的本来面貌。

2. 与国家秘密的并存与交叠

知识产权视野下，中医药技术秘密权属于私权，对其保护和规制需要在私法框架下展开。而在实际操作中，中医药领域却存在商业秘密与国家秘密交叠并存的现象，很多应当划归当事人自由行使的事务被公权力占据，一些技术信息以国家秘密的形式呈现，因此，在对中医药技术秘密开展研究时，有必要对该问题进行专门梳理。

从法理上分析，一种权利内容的设置除受到政治、经济、文化等因素的影响外，主要依赖于权利客体的属性。作为知识产权的中医药技术秘密，其客体在本质上属于信息，该信息能为权利人带来经济利益，因而具有法律上的价值，而知识产权法的功能就在于运用法律的力量在主体之间就特定客体产生的利益进行配置。作为包含个体利益和公共利益的统一体，知识产权自身就蕴含着限制权利滥用的内在要求，知识产权的社会性决定了其权利存在的界限。而权利限制并非是外化的东西，它就在权利结构的内部，权利的限制与权利本身共同构成了一个整体范畴[105]。从这个意义上说，对技术秘密的规范分析，对于划分其权利边界具有积极意义，而权利界定得越清楚，资源配置的效率才能越高。

从法律技术上看，财产权是最典型的利益配置工具[106]。这种配置不是由法律直接在主体间分配利益，而是由主体依据意思自治的精神在法律的保障下自己完成对客体利益的分配。由此可见，财产权本身也在实践着公共利益与个体利益之间的平衡。中医药信息利益究其根源属于当事人的私益，意思自治的精神应当贯彻始终。市场经济条件下，每一个权利主体都是自身利益的最佳维护者，法律应赋予当事人选择的自由和竞争的平等，无论限权或保护都应适度。

3. 与公共健康利益的密切关联

与其他领域的技术秘密相比，用技术秘密手段保护中医药领域中的相关信息，面临的最大争议就是该保护方式与公共利益，特别是公共健康利益的冲突问题。

作为知识产权的类型之一，技术秘密本质上与其他智力成果一样，属于特定的优化信息[107]。而知识和信息作为公共产品的一部分，具有很大程度的共享性，有条件被多人重复使用或反复使用，谁也不得无端据为己有。特别是在医药领域，考虑到药品与公民的生命健康直接相关，各国法律普遍要求药品上市前需将其成分及构成等信息予以公开。

对药品配方公开的要求，更多的是出于对公众健康安全的考虑。产品的安全性是不容置疑的公共利益，药品尤其如此，它直接关系着对公民生命健康的维系。对这类信息予以真实公布并做出合理解释，能够得到公众的理解；反之，信息的不透明会造成公众特别是特定的药品消费者的不信任，反倒容易让消费群体对药品安全性产生怀疑。相对于企业的经济利益，公众的健康利益此时站在了更高的位置，使得在该领域披露这些信息的重要性，“远大于被告声称的对企业竞争地位的损害”[108]。这就导致对此类信息的保护，与其他领域的技术秘密保护制度相比，承担着更多来自于法律和公共政策的压力。因而，在中医药领域，技术秘密保护首先面临的就是其权利设置正当性与否的质疑。由此，有效释解中医药技术秘密保护制度的正当性、克服秘密保护方式与维护公共健康利益之间的冲突，就成了该制度确立的前提之一，对此本书将在后面展开论述。

3.1.2.2　中医药技术秘密的人格特征

从发展渊源来看，中医药技术秘密多少都带有一定的人格色彩，这种人格性处在不停变动之中。最初的中医药技术秘密皆是依附于行医者本人，与行医者不可分离，随着中药产业化进程的推进，越来越多的中医药技术信息，特别是中药领域的很多技术性信息摆脱了人身依附性，成为市场上可以独立交易的财产。从发展趋势来看，中医药技术秘密对人身的依赖性将会越来越小，其人格成分逐渐淡化，技术的客观化成为中医药技术发展的主流方向。这也就决定了中医药技术秘密的大部分能够划归到知识产权范畴，可以为私法所保护和规制，而本书对中医药技术秘密的研究，也主要围绕着此种类型开展。

当然，不可否认的是，中医药技术秘密不可能绝对摆脱人力因素的影响。作为一门临床实践性很强的医学学科，中医药特别是其中的中医技术对行医者本人隐性知识储备的高要求，是它赖以延续和发展的重要影响因素。而且，在中医药技术秘密体系中，总有一些技术性的信息不能脱离个体独立存在而必须依附于人身，这部分知识和技术负载了鲜明的人格特征，与持有人（主要为行医者）本人的经验、技能不可脱离，它们其实就是中医药隐性知识的组成部分。

对于隐性知识的保护，法律允许持有人以保密手段对其加以控制，只不过这种所谓“独家秘密”的保护，不是借助于法律，而是以师传徒受的方式进行的，在性质上它们并不属于知识产权意义上的技术秘密权。

1. 技术信息的传承性

如同非物质文化遗产本质上不应简单地归入“遗产”行列，而应属于一种人的技能或隶属于某些人的人格一样，这种依靠传统师带徒方式传习的中医药信息并不属于真正的“财产”。法律意义上的“财产”一定是一种可以与人身相分离的独立的客体。附着于人身之上、依赖特定主体的实施才能实现的技术或知识，即便能为控制者带来财富，也不应纳入财产范畴。这部分知识和技术带有强烈的人格色彩，它们不能直接被许可使用或转让，无法在市场上被独立交易。

这些无法脱离人体单独存在的技术秘密带有明显的个人印记，它们已经逐渐成为人格权的一部分，其内容通常不会为他人获知，有时他人即使获知，也无法真正掌握，因而也就不存在被直接盗取及非法使用的可能。因此法律对这一类中医药技术秘密的保护，与前述的具有财产权属性的中医药技术秘密应有所不同，其保护目的不仅在于对该类技术信息保密，防范其被他人侵犯，更是重在保障相关中医药知识和技术的传承，防止其灭失。

中医药的传承表现为知识和技术“从人到人”的转移。由于属于隐性知识，这类信息难以用数字或者公式等来表达，也很难被编码，很多时候其转移就取决于传承者与研习者之间的交流和意会的互动，传承速度比较慢。在这个过程中，人是中医药技术秘密的载体，是知识和技术得以创造并转移的内生力量，因而该过程在很大程度上受制于双方当事人特别是其中的传承者的主观意志。此外，传承者对技术和信息的控制具有独占性，除非本人愿意，否则技术就无法外传。而技术的转移也就意味着对技术秘密的一定程度的公开，这成为有人质疑中医药技术秘密保护目的的原因。笔者认为，对这类中医药技术秘密而言，传承究竟是意在公开还是保密，并非法律对其实施保护的根本目的。与其他类型的技术秘密相比，中医药技术秘密带有较为明显的群体性和承继性特征，不同于知识产权制度对个体私权利的张扬，中医药技术秘密的形成和发展往往由多人实践并完成，这是一个知识不断创造和累积的过程，也使得技术秘密本身带有了一定程度的公开和共享的特征[109]。但无论公开还是保密，都只是保护的手段而已，并非保护的目的，保持中医药的稳定性、整体性和延续性，发挥其治病救人的功能并实现对公民健康的维护，才是法律保护中医药的最终目标。

2. 保护措施的独特性

中医药隐性知识的传承特点，使得中医药技术秘密特别是那些不能脱离人体独立存在的技术秘密，相对于其他类型的技术秘密而言，不易被他人盗取，但这并不意味着此类技术秘密不存在被侵权的可能。尤其当涉及中药企业所掌握的中药技术秘密时，其外泄的风险就会相应加大。

在中医药隐性知识利用的问题上，虽然这类知识或技术不能在市场中独立交易，但它们潜在的经济收益可以借助于对主体的劳动力的交换来实现。在中药产业化背景下，企业借助劳动力市场，通过对掌握这类知识和技术的人员的获得来实现对所需技术信息的控制。反过来，人员的流失也就成了企业丧失技术秘密控制权的主要原因。

对于企业来说，员工将依附于个人的关键性技术主动转移给企业所有，并且明确划分双方之间对技术秘密的控制权的边界，是克服人员流动导致企业利益受损的关键。在这方面，私法和公法都能发挥作用。

在私法领域，有效的契约机制的建立必不可少，本书将在后文对该问题展开论述。与此同时，由于这一类技术秘密的传承受制于技术持有人的主观意志，所以还需要设置合理的激励机制。除了企业可以采取相应的激励措施之外，公法对中医传承机制予以承认和保护也非常必要。

鉴于中医药隐性知识的特性，公法对这一类技术秘密的保护措施实质上就是对中医的传承机制的保护。在中医数千年的发展历程中，师徒传承发挥了重要作用。许多中医药技术秘密都需要依赖当事人的记忆加实践方能掌握，而师承方式则提供了使学习者尽早接触中医理论和实践技术操作的条件，这对于有着较高悟性要求的中医知识体系的学习十分必要。对于这类带有人身依附性的中医药技术秘密，师徒传承的教育途径可以通过口传心授将师者对中医的价值体系、理论和技术的把握，以及临床操作技能传授给学习者。而后者通过抄方侍诊，逐渐了解和把握治病、用药的方法，进而得以继承老师的医术[110]。这种师徒间的“言传身教”带有个人化和情景化的特征，其知识和技术的转移通过个体之间的密切接触和相互切磋得以实现，但也带有效率偏低、传播范围小等不足。在中医现代化转型过程中，中医药的师承机制被视为农耕社会的产物而一度被摈弃❶。

---

❶ 师徒传承的教育方式在我国曾经一度受到指责，反对者的一个主要理由是由于这种教学带有较大的主观性，缺少一个相对客观化的语言环境，使得相关信息的传递容易失真。而实际上对于此类人格色彩浓厚的中医药技术秘密，其内容的传播正是高度个人化的。师承法，自拜师开始就决定了研习者的学习内容、研究特点和发展方向。中医之所以学术流派众多，师徒传承的教育方式无疑起到了重要作用。

近些年，鉴于中医传承出现断档、中医学术流派面临消失[111]的危机的出现，传统的师承培养模式重新获得重视。中医教育在普及学院教育的同时又重新引入了师承方式，使其回归到中医教育系统中。虽然从传播途径上看，这种传承模式仍然没有摆脱从隐性知识到隐性知识的教育过程，中医药理论技术体系仍然是在传授者与学习者之间通过意会思维分享的方式进行传播，但它却在客观上顺应了这类技术信息传递的需要，对于中医药的传承和可持续发展来说是不可或缺的。

法律对中医传承机制的维护，需要以承认并保护传承人的合法地位为前提，保护传承人是完善传承机制的一个关键举措。中医传承人的范围包括行医者、中医药的秘方持有者等以个体身份活动的人，在当前西医占据统治地位的医学领域，来自于现实与传统的不同的角色期望，使这些中医传承人面临着继续保持中医传统，抑或向西医、西药化趋向妥协的两难困境[112]。但无论哪一种选择，传承人个人力量的薄弱，都使其无力改变中医当前所处的被动局面。因此在该领域有必要发挥公权力的统领作用，有意识地借助政府手段促进中医药传承机制的良好运行。

3.2　中医药技术秘密的构成要素分析

技术秘密保护的流变验证了技术秘密的财产权属性，如前所述，以这个标准衡量中医药技术秘密，会发现在中医药类秘密信息中，有一部分符合作为财产的基本特征，只不过其保护理念经历了一个从类同于有形财产权对待，发展到直接纳入知识产权范畴被独立保护的认识过程。因此，本书对中医药技术秘密的构成要素的分析也主要是围绕着这一类已经具备财产权属性的中医药信息，在知识产权的框架下来展开的。

技术秘密的概念是与商业秘密的概念紧密相连的，在知识产权体系中，它与“经营秘密”一起，都属于“商业秘密”的一种类型，技术秘密是指其中具有技术、科学或机械方面的内容的商业秘密。在英文中与“技术秘密”大致可以对应的词包括“technology secret”“know－how”“industrial know－how”或“secret know－how”“proprietary know－how”“proprietary technology”等。它包括有关制造技术、生产工艺、配方、设备、材料等知识和经验，以及有关技术信息，如技术水平、技术潜力、新技术和替代技术的预测、专利动向、新技术影响的预测等[113]。

有关技术秘密的单独定义可以在相关的国际组织中找到。除此之外，在西方的相关立法中，无论是英美法系还是大陆法系，技术秘密与商业秘密之间都没有明显界限，并且经常替换使用[114]。有学者对商业秘密与技术秘密的异同进行了分析，也得出两者趋同的观点[115]。事实上，各国对技术秘密的保护，多是将其纳入商业秘密中去而不再做单独区分，也就是说，对商业秘密的保护适用于技术秘密。

3.2.1 技术秘密的构成要素

3.2.1.1 商业秘密法保护范围的发展

从发展趋势上来看，国际上对商业秘密的保护范围正在不断拓宽。出于保护秘密状态下涉及商业行为的智力成果权的需要，商业秘密的法律保护轨迹表现为：首先是保护财产特征明显的技术秘密，其后是扩展到经营秘密；先在本国成文法中对商业秘密的范畴进行界定，然后在国际协议中将保护范围最终扩大为符合条件的未披露信息。TRIPS将保护的条件限定为三点：一是“在某种意义上属于秘密，即其作为一个整体或作为其组成部分的确切构造或组合，不被通常从事该类信息工作领域的人们普遍知悉或者容易获得”；二是“由于是秘密而具有商业价值”；三是属于“特定情势下合法的信息控制人的合理保密措施的对象”❶。该定义把包括技术秘密在内的商业秘密界定为“信息”，同时对该信息的基本特征即秘密性、价值性和保密性做出了解释。

❶ 参见TRIPS第39条第2款。

信息时代的高速发展使知识产权的保护成为必需，加强对智力成果包括特定信息的保护是知识产权法的重要命题。智力成果及受保护信息的多样性决定了知识产权保护手段的多元化，其中技术秘密的保护是近些年该领域较受关注的议题。技术秘密（商业秘密）经TRIPS确认，成为知识产权的一个重要类型，它使智力成果的创造者或信息的控制者有了更多的选择：公开智力成果或信息，有条件获得专利权，不公开则可以获得技术秘密的保护。现实中面对激烈的市场竞争，当事人为保住自身的经济利益和竞争优势，通常会采取公开加秘密的综合手段，总有一部分信息，权利人宁愿选择不公开。技术秘密法律制度为这些信息提供了适宜的保护形式。但与此同时，其兴起和适用又引发了一定的争议[91]：提高技术秘密的保护水平会不会削弱其他知识产权类型特别是专利权的作用？专利与技术秘密的关系如何定位？笔者认为，对于这些问题的探讨，关键是应首先明确研究的立足点：知识产权对智力成果保护效果的评价，究竟是以保护对象为关注重心，还是以保护手段为关注重心？现代社会知识产权保护手段的加强，源于维护和创造新智力成果的需要，保护手段的选择应以保护对象的特点及权利人的实际需要为出发点。无论是专利还是技术秘密，其出现和发展皆以它们满足了保护对象的需要为前提，其制度走向也必然遵循着这种现实的需要。至于彼此之间作用大小的对比，如果脱离了保护对象，这种评价将失去意义。

3.2.1.2　技术秘密构成要素的确定

在技术秘密的构成要素问题上，学界主要有“三要素说”“四要素说”和“五要素说”等几种观点。其中的三要素说包括秘密性、价值性、保密性，四要素说在此基础上又增加了实用性的主张，五要素说则主要是在四要素说基础上增加了对信息新颖性的要求。在TRIPS确立的三要素说已经成为通说的情况下，持四要素说和五要素说观点的人相对较少。从内容来看，三种主张其实并无根本性的不同，其主要区别在于对秘密性与新颖性、价值性与实用性之间关系的认识上。

1. 秘密性与新颖性

在对秘密性的解释上，TRIPS 已经做了比较完整的概括。秘密性又称为“非公知性”，简单理解就是“不为公众所知悉”。它所体现出的是技术秘密所处的一种客观状态，要求构成技术秘密的信息不为公众所知的状态客观存在，而不是当事人自认为不为公众知悉，但实际上却已被他人掌握甚至众所周知。

我国最高人民法院在 2007 年发布的《最高人民法院关于审理不正当竞争民事案件应用法律若干问题的解释》中，对“不为公众所知悉”所做出的认定包含了信息不能被“普遍知悉”与“容易获得”两点，如果这两个条件具备，该信息的秘密性就能够确认。

其中，“普遍知悉”主要是指借助公开出版物或者通过公开使用而予以公开的状态。就公开出版来说，如果获取成本明显高于一般成本，或者获取渠道属于非常规，就不能视为“容易获得”[116]。至于信息公开后的后果，则表现为信息价值的直接丧失或者信息持有人即技术秘密权利人的利益遭受损失。信息公开后的客观实际效果与知悉主体的范围密切相关：如果该信息被本行业内的人普遍了解和掌握，则该信息已在客观上不再具备秘密性，也就不再成为技术秘密，非法披露该信息的侵权者此时需要承担损害赔偿责任；如果信息的公开局限在一定范围内，只被个别竞争者获知，则该信息在客观上仍旧具有秘密性，非法使用和披露该信息的人此时需要承担停止侵权、赔偿损失等侵权责任。

所谓“容易获得”涉及的是技术秘密获取的难易程度。一般而言，对于作为技术秘密的信息，权利人往往会采取较为严密的措施进行保护，他人不易通过合法途径获得。否则，若该领域内的多数人无须投入一定的时间和成本，即可通过正当途径轻易掌握，则该信息在客观上就不具备秘密性。对技术秘密权利人来说，采取保密措施是一种可以客观度量和表现出来的外在行为，这种行为与技术秘密信息具有秘密性之间存在因果联系。采取保密措施与技术秘密不为公众知悉“在法庭上均为客观证据”[91]。

在秘密性上，“不为公众所知悉”带有相对秘密的含义。所谓相对秘密即秘密性的相对性，是指技术秘密并不是除了所有人以外的任何其他人都不知悉，而只是要求在本领域、本行业内不为他人所知悉。TRIPS 将其表述为“在某种意义上属于秘密”正是对其相对性的承认。

在技术秘密领域，法理研究和法律实践之所以都要求技术秘密达到相对的秘密性就已足够，是因为绝对的秘密没有现实可行性。作为一种有用的信息，技术秘密的价值必须通过被他人使用才能体现出来，在使用中要求它不为任何人知道显然是不现实的。从知悉主体的范围来看，它可以为同行内个别人或少数人（他们负有保密义务）所掌握和了解，这种知悉不影响技术秘密的存在。只要对该技术秘密知悉的人被限定在一定的范围之内就不丧失秘密性。这里所谓的“一定的范围之内”，没有统一的可量化的标准，需要根据个案来认定，而知悉的人是否需承担保密义务是判断是否有必要让这些人知悉该信息的依据[101]。通常情况下，他们包括企业中需要使用该技术秘密的员工、与企业有法定或约定保密义务的合作者、协作者、依据技术合同掌握该技术秘密的合同相对方或技术的受让人等。

此外，技术秘密的相对性还体现为它存在地域性。由于信息的传播和扩散需要花费成本，不同国家和地区经济发展、技术水平和信息流通的不平衡，使得信息秘密性的范围和程度不尽一致。在一个地区比较容易获得的信息，可能在另一个地区很难获得；在某个地点公开了的信息，在另外的地点有可能仍难以接触。交易成本的存在决定了技术秘密带有地方性知识的特点，它需要根据特定地域的技术和信息现状来判断是否在当地具有“秘密性”。

在谈到技术秘密新颖性时，首先需要把它与专利法所要求的新颖性区别开来。专利法对新颖性的要求采取的是绝对新颖的高标准，而技术秘密的新颖性只需达到“最低限度”（Minimal Novelty）即可，其严格程度远没有专利法的要求高。所谓最低限度的新颖性，是相对公知信息而言的，其实质是技术秘密必须具备最低限度的劳动创造成分，与公知信息相比具有非显而易见性。而正是由于这种界定标准的抽象，新颖性一般不被视为构成技术秘密特征的独立要素。西方司法实践中，虽然法院有时对技术秘密案件提出新颖性的要求，但一般是放在对秘密性的要求之中。由于秘密性本身就意味着“最低限度的新颖性”[117]，已经起到了划分技术秘密与公知信息的界限的作用，因此新颖性所蕴含的内容和要求在秘密性要素的内涵中可以得到体现。从国际社会的实践来看，TRIPS 也没有对新颖性做出独立要求。由于TRIPS 已经为各成员方提供了最低标准，只要满足它的规定，成员方即履行了各自的条约义务，因此各成员方国内法中也很少在秘密性之外，单独将新颖性再作为技术秘密的构成要素。

2. 价值性与实用性

有关价值性要件，有学者又将其称为“经济性”，表明了技术秘密价值性的判断需要以经济价值为依据，即该信息能够为权利人带来经济效益。不具有经济价值的信息，一般不能成为技术秘密[118]。经济价值的衡量不限于现实的利益或竞争优势，也包括潜在的利益和竞争优势，它是技术秘密制度建构的经济动因，也是在技术秘密遭遇侵权时用以确认赔偿数额的主要依据。

在技术秘密价值性的构成上，有一种主张是，该信息除了满足经济上的利益之外还不能违反公序良俗[119]。它要求技术秘密的经济性应体现为改善了经济效益、节约了信息成本等正面的经济价值。如果该信息造成了负面的影响或者经济丑闻，则应被排除在保护范围之列。笔者认为这种主张是有道理的。虽然从经济价值出发，公序良俗原则不属于技术秘密价值性的基本构成条件，但是法律对技术秘密的保护的出发点不应仅局限于维护财产权益上，还应在于倡导公平竞争的商业道德和市场竞争秩序，维护人们获得和利用信息的道德水平上。从这个角度出发，对技术秘密的利用行为进行道德约束是一种合理的做法。

在对技术秘密的价值性进行判断时，有关它与实用性之间的关系是一个必然要涉及的论题。对实用性内涵的一般理解是，它包含了具体性和确定性两个要求。所谓具体性，是指技术秘密不能是抽象的原理、概念、创意或假说，而应该表现为一个完整的技术方案，并具有特定的技术内容或形式，或者至少具备转化为可实施方案的可能性[1]。所谓确定性，是对技术秘密的内容和构成的要求，它是指技术秘密的内部信息构成、各组成部分之间的关系应该是明确的，包括该信息与其他相关信息的区别，两者之间的边界都应该明确说明。要求受保护的技术秘密具有确定性，也是当涉诉时保证诉讼顺利进行、判决得以及时作出并执行的必要条件。它并不需要技术秘密在形成之初就有可感知的实物形式或者已有文字材料加以固定，只要求技术秘密构成完整的方案，权利人有条件将其实施即可。

在价值性与实用性之间的关系上，TRIPS 并未提及实用性要素，仅对价值性做了界定[2]。2018 年 1 月 1 日生效的《中华人民共和国反不正当竞争法》（修订版）也改变了过去对“实用性”条件的要求，第 9 条把商业秘密的价值性界定为“具有商业价值”即可。事实上多数学者也并不主张将二者分割。从内涵上看，价值性与实用性密不可分，没有实用性就谈不上价值性，实用性构成了价值性的基础；而具备了实用性条件的技术秘密必然拥有经济价值，价值性成为实用性的结果。因此一般认为二者是一种包含与被包含的关系，技术秘密的价值性蕴含了对实用性的要求，实用性所要求的范围相对于价值性所要求的要窄，它提供了一个对价值性要素进行判断的具体尺度。

3. 保密性

保密性被有些学者表述为“管理性”，它是指技术秘密权利人为拥有和保护技术秘密而采取的保密措施。世界各国几乎都将当事人采取保密措施作为秘密信息受法律保护的必备要件，它是权利人主观保密愿望的外在体现。各国法律对保密性要素的趋同性非常明显，学界的观点也基本上没有显著不同。

---

[1] 这是因为抽象的原理或观念具有不确定性，不能直接产生经济价值，不符合技术秘密的价值性要素。而且它们多属于公有知识，为全体社会成员共享，如果作为技术秘密进行保护，将不利于推进对知识的探索和社会进步。

[2] 参见 TRIPS 第 39 条第 2 款。

保密措施是一种外在的可以量化的措施，它反映了权利人选择技术秘密保护的内心期待。技术秘密权不同于专利权或商标权，后二者的成立一般离不开公权力的审查和公示，而技术秘密的成立并不触及公权力，只有在发生侵权争议涉诉时，才需要在公权力机关自证其构成要素的成立。这时候保密措施的采取就是证明当事人选择了权利保护，以及判断选择哪种权利类型进行保护的有力证据。从这个意义上说，保密措施具有权利宣示的效果，它是技术秘密权利人对权利占有的宣示方式。一项信息只有被采取合理的管理措施，以控制的方式宣示了信息的存在，才能作为法律保护的对象[120]。相应地，在技术秘密诉讼中，权利人采取保密措施的形式就成为审查技术秘密构成要素的重要内容之一。

在对待技术秘密的保密性问题上，各国立法和司法的焦点不是要不要采取保密措施的问题，而是采取的保密措施合不合理的问题。技术秘密的保密措施并不需要达到“万无一失”的条件，而只需满足“合理”标准即可。至于“合理”标准的判断，需要结合秘密信息本身的特点及权利人自身的状况和经济条件来确定。一般来说，它包含了“质”和“量”两个层面的要求。从质上讲，它要求保密措施为有效的，能够在保密方面切实发挥积极作用；从量上讲，它要求保密措施为适当的，在秘密信息所处的特定环境下足以阻止一般人通过正当手段获取该信息[121]。

技术秘密的保护包括内部措施和外部措施两类。内部保密措施是对内部员工的管理。主要涉及知悉该秘密信息的人员，通过规定当事人的保密义务以进行控制，包括保密合同的签署、保密章程的制定等。在确定保密义务时，保密信息的特定化是其中一个重要的环节。外部保密措施针对不特定的社会公众，主要通过采取防盗、隔离等物理措施，防止信息被无关人员接触、了解和掌握。

技术秘密的保密措施没有固定的标准，从各国的司法实践来看，合理性标准本身也是不断发展的，主要考虑的因素涉及保密措施的有效性、具体性、成本高低等。需要说明的是，如果保密措施的成本太高，使得权利人就秘密信息的经济收益不足以抵偿维护信息的花费时，对权利人而言，最优选择应是放弃该类技术秘密，将其推向公共领域，这在客观上会促进技术秘密向公共知识的转化。这就表明，技术秘密的构成要素自身就同时蕴含着实现社会化的转化机制，它连通了技术秘密从私人知识到公有知识之间的社会化通道。

3.2.2　中医药技术秘密的认定

3.2.2.1　中医药技术秘密的内在品质

对技术秘密财产权的界定涉及多元利益，而法律保护技术秘密权的范围，是对“相当多相互冲突利益的中和”，它决定了技术秘密与公有知识之间需要有一条明确的分界线。技术秘密只有满足一定的标准才有条件从公有领域抽离，成为可为私人控制的财产。在中医药领域，这个分界线同样应当遵循着技术秘密制度的一般规则，即只有具备了法律设定的内在品质，中医药技术秘密权才有条件成立。

1. 秘密性的判断

在对中医药技术信息秘密性的认定上，并不要求个人对信息的绝对独占。中医用药理念的多变及中药材功能的可替代性，使得该领域中的技术秘密往往并非所谓的“独门秘籍”，其中不少秘密信息可能为不同主体所共享。同时，鉴于中药反向工程的困难，同一类技术秘密被他人通过合法手段了解和掌握的概率并不高，信息总是能够被控制在一定的知悉范围内。这种情况下，只要在同一行业中了解和掌握该信息的人没有达到普遍的程度，就可以认定该信息具有秘密性；反过来，若他人通过独立开发或者反向工程成功获知该信息后，研发者对该信息的利用也并不影响该信息秘密性的效力。此时同一项技术信息为不同的人掌握，权利的行使独立进行，彼此共存而不悖。中医药技术秘密主体范围的共存性特征反映出技术秘密权是一种相容性权利，它并不赋予权利人绝对的垄断权和独占权，而是通过提供一定限制的保护，实现该领域内私人利益与公共利益的平衡。

由于秘密信息在内容上不要求具备绝对新颖的条件，对于中医药技术秘密而言，即便其信息内容发端于公有知识，或只是在公有知识的基础上进行了一定的加工，只要该项信息在作为整体或者组成部分的精确配置和组合上，不为该行业的人普遍了解或者容易获得，就应视为满足了秘密性的要求。

依照这个标准，法律对中医药技术秘密的来源不必苛求，其存在形式往往是比较宽泛的。中医药知识的传承特点及对临床的依赖性，注定了其技术信息的产生和创造的轨迹是渐进式而非跳跃式的。很多中医药技术信息由数代行医者多年临床经验总结归纳而来，往往并非权利人原发性的创造，它们更多地表现为一种对处在公有知识领域的中医药知识进行加工、筛选和组合的结果。有时候，作为中医药技术秘密组成要素的信息甚至全部可以归入公有知识，但这并不排除对这些要素进行组合、加工和综合后的信息可以作为中医药技术秘密而受到保护。只要经过加工后，新的信息是在现有的公有知识领域或者公开信息中无法轻易获得的，该信息就具备了新颖性的条件。可见，对中医药技术信息秘密性的认定，关键不在于作为构成要素的知识是否具有新颖性，而在于加工组合后作为整体的信息是否具有新颖性。

2. 价值性的判断

中医药技术秘密的价值得益于保密状态的存在。权利人把技术信息以秘密形式加以控制的这种状态，使其能够借助该信息在市场上占据经济优势。在价值性的判断上，美国的商业秘密判例提供了可供借鉴的参考。它确定信息的价值性的因素主要包括被告是否使用了该保密信息、保密信息对原告是否有价值、保密信息对被告是否有潜在价值[122]。

通常来讲，只要他人使用了持有人控制的中医药技术信息，就可以直接认定该信息具有价值性。而在判断他人是否使用的问题上，这里的“使用”既应包括完整的、原封不动的“直接”使用行为，也应包括利用该信息来加速自己的研发、节约研发成本的“间接”使用行为[116]。在判断中医药技术信息对持有人的价值上，其主要标准一是证明该信息为持有人不可或缺的技术手段；二是证明持有人就该信息能够直接获得经济收益，如将该信息许可他人使用而获得许可费。此外，竞争优势的获得也属于证明技术秘密的价值性的重要因素。在这方面，美国的判例是以被告因侵占原告秘密信息而使产品较早面市的领先时间优势，来证明该信息给持有人带来的竞争优势，这种做法可以借鉴。相形之下，我国司法实践中并没有对竞争优势的判断[123]。在尚未取得现实经济利益的情形下，如果持有人能够证明若缺失该信息则无法生产出同类同质的中医药产品，那么也能够证明其价值性存在。而在证明中医药信息的潜在价值时，权利人所需证明的是这种潜在价值不仅对权利人存在，而且对竞争者或者其他可能基于使用而受益的人同样存在。

在发生侵权赔偿诉讼时，对中医药技术秘密的价值进行量化是确定赔偿数额的前提，但数额的准确定量是一个难点。在对技术秘密价值进行定量的方法上，美国学者的建议有三种：成本方法、市场方法和收入方法[122]。其中，成本方法借助的是用于证明技术秘密信息价值性存在的间接证据，包括信息持有人在进行技术研发及采取保密措施时所投入的开发成本和保密成本，如金钱、时间和精力的投入等。市场方法需要对比类似财产的价值来定量。鉴于技术秘密的保密状态加上它通常在内容上又是独特的，因此通常难以找到可以用来比较的财产，这种方法并不容易操作。收入方法主要考察技术秘密的经济收益，但当仅存在潜在收益而无现实收益时，这种定量也存在困难。由此可见，相比之下，三种方法中成本方法显得更为可行。但成本方法也存在缺陷，主要问题在于技术秘密的开发和保密成本有时候并不能与技术秘密的价值成正比。成本高并不绝对意味着秘密信息的价值高，特别是保密成本随着科技手段的进步，会呈现出不断下降的趋势。

中医药技术秘密的价值评估离不开对成本、收益、市场需求及技术垄断程度、国家的法律及政策等考量，具体操作时，一般是从充分保护权利人的角度出发，综合考虑以上因素，予以模糊的近似认定。

（1）技术秘密的成本

中医药技术秘密的形成过程比较漫长，具有积累性特点和脑力劳动思维的特殊性，有时候其成本仅占评估价值的极少部分，但在评估时仍然需要将其考虑在内。在现代企业的规模化生产条件下，中医药技术秘密的形成成本会大幅上升，除设计、科研、试制成本，还有较大一部分费用来自于维权成本、转化成本和许可成本。

（2）技术秘密的收益

中医药技术秘密的收益来自于两个层面：经济收益和社会收益。经济获益大的中医药技术产品能为技术秘密权利人或者投资者带来丰厚收入，因而其创造的价值就更高，市场竞争力就更强。与此同时，由于中医药产品关涉公众的生命健康，它还具有较高的社会收益。社会收益的高低已越来越成为进行价值评估的重要考量要素，如果一项知识产权具有较高的社会收益，例如能够有利于维护公众健康或者保护环境，则有条件获得政府的更大支持[124]。

（3）市场需求及技术垄断程度

技术成熟度是影响中医药技术秘密市场需求和市场占有率的一个重要因素[125]。任何一种技术都会经历成长—发展—成熟—衰退的过程，中医药技术秘密也不例外，这正是其不断创新的促动力所在。中医药技术的形成及成熟历时漫长，在技术形成的初期阶段，其价值评估相对较低，权利人承担的风险相对较大，此时对该技术是否采用技术秘密方式进行保护，需要当事人进行权衡；而当该技术已经趋于成熟时，技术秘密的保护方式便能为权利人带来更多可预期的市场需求。

技术秘密不排斥独立开发和反向工程的存在，从理论上讲它不具有如专利一般的垄断性，但是鉴于中医药特别是中药复方的复杂性，反向工程通常不易实现，因而其技术秘密的专有程度仍然很高。这在一定意义上提升了该秘密信息的价值，使其有条件在市场上获得更大的需求；但与此同时，中药材的可替代性特征又会反过来削减原研药的市场垄断程度，因此同类的替代性产品仍然可以占据一定的市场份额。

此外，技术秘密的转让也会影响到其相关产品的市场垄断程度。中医药技术秘密的转让包括所有权的转让与使用权的转让，且权利的转让内容不同，评估价值也不同。相同条件下，对所有权转让的价值评估要高于对使用权转让的价值评估，转让次数少的技术秘密的价值评估要高于转让次数低的技术秘密。

（4）国家的法律及政策导向

中医药技术秘密的发展在很大程度上受制于国家法律及政策的影响。国家知识产权战略的实施有利于中医药知识产权制度的发展，但其战略重点主要集中在中药专利上，而技术秘密则被掩盖在专利之后，并未受到过多的重视。相反，受制于我国医药领域西药化的发展导向的影响，中医药技术秘密的应用受到了很大的挤压。相应地，其评估价值也因此会受到较大影响。

实践中，在对中医药技术秘密进行价值评估时，不少当事人偏好进行技术鉴定，认为对中医药技术秘密的鉴定能够准确估量其价值。但在具体案件的操作中，鉴定人员往往把对信息的“价值性”的鉴定不自觉地转化为对其“创造性”的鉴定，以判断该信息的技术高度。然而中医药技术秘密的构成要素中并不包含对“创造性”的要求，不少中医药信息的创造性并不强，有时不过是采用了特殊的下料配方或特殊的炮制手法，其内容若被同行知晓会产生“豁然开朗、不过如此”的感觉，但这不应影响中医药技术秘密的成立。而在鉴定专家眼中，该信息却有可能因欠缺所谓的“创造性”高度而降低对其所做的评价，由此导致相关的价值评估结论未必公平。此外，鉴定人员技术盲点的客观存在也是影响鉴定结论的重要因素。如果所鉴定的信息落入了鉴定人员的知识盲点中，往往就无法得出准确的结论，而此时当事人就信息是否具有价值性及其价值性高低的争议，就会转化到对鉴定人员知识和能力的争议上。

3.2.2.2　中医药技术秘密是采取“保护措施”的信息

1. 合理性的判断

技术秘密制度下，权利人实施保密措施的动机在于，以这种独特的方式宣示自己对某项信息的产权，表明该信息为自己所控制和支配；同时将该权利确定下来，设定权利维护的边界[103]。一般情况下，技术秘密的价值越高，对权利人而言，就越值得采取较高成本的保密措施，它应体现为保密措施与信息价值的相适应。但随着科技手段和保密手段的提高，权利人完全有条件花费较低的成本来防范技术秘密的泄露，因此保密成本高并不能说明技术秘密的价值就更大[123]。最高人民法院在相关司法解释中将权利人需要采取的所谓“合理的”保密措施限定为足以防止涉密信息的泄露❶，这条规则也正是从他人获取秘密之难易程度的角度来衡量保密措施的合理性尺度。

鉴于保密措施种类的多样及适用过程中的综合性要求，在对中医药技术秘密“保密性”的认定上，应当注重从整体上把握权利人所采取的措施的合理与否。有时候当事人采取的单个的、具体的保密措施是合理的，但是从整体上（包括保密措施实施的时间跨度、实施的种类）考察后，仍然存在重大的漏洞，如果当事人在发现这些漏洞后未采取补救措施，则不能认定其保密达到了合理性的要求。特别是内部保密措施，相对于外部保密措施而言，它有着更多的不确定性。某些中医药技术秘密对行为人主体行为的依赖，使得这种内部保密措施受制于人的主观因素的影响：特定人员的保密义务能否有效防范信息被泄露，最终取决于对方是否信守承诺、遵守诚实信用原则，而权利人却不可能采用限制或剥夺该当事人人身自由的方式来达到保密的目的。因此，面对个别当事人对保密义务的违反，中医药技术秘密的权利人相对更为被动，不能因泄密行为的出现而简单地得出权利人保密措施不合理的结论。

2. 保密性的证明

对中医药技术秘密的“保密性”的证明，通常涉及举证责任的分配。司法实践中“接触＋相似”是此类侵权案件的判断规则，该规则采用的是过错推定的方式，其中“接触”要素涉及技术秘密的保密措施。从证明标准的角度看，由于中医药技术秘密权利人的举证能力普

❶ 参见《最高人民法院关于审理不正当竞争民事案件应用法律若干问题的解释》第11条。

遍较弱，法官会由此降低此类案件的证明标准，减轻权利人的举证负担，责成被告证明其信息来源的合法性。这意味着证明权利人的保密措施合理性与否的责任转嫁到了义务人身上，义务人的举证义务被加重。有学者认为这种做法类同于举证责任倒置，虽然学界对此观点不一，但这种做法对于此类案件的解决起到了积极的作用。

需要说明的是，技术秘密案件中证明权利与描述权利是不同的，保密性不等同于对技术秘密财产权的自然概况做出的直接论证，而是可以从大量间接证据中获得证明。如被告所获取的该信息的广度、信息获得的难度、被告获得该信息前后其产品的对比等[120]都可以作为间接证据。在当事人行使举证责任时，法院应当承认这些间接证据的证明效力，许可原告通过间接证据来证明信息的保密性特征的存在。

3.3　中医药技术秘密的权利构成及归趋

3.3.1　权利主体范围的界定

根据权利主体的多寡及他们相互之间的关系，中医药技术秘密的权利主体可以分为单一主体、共同主体和多个主体等几种类型。

3.3.1.1　单一主体

中医药技术秘密的单一主体包括两种类型：一种是自然人主体，通常为中医行医者；另一种是企业主体。前工业时代中，中医药技术秘密皆为自然人持有，没有法人或其他组织等类型的主体存在。进入工业社会后，中药的生产走上了产业化道路，产业政策的推进改变了中医药技术秘密的主体类型和范围，大量的技术信息由自然人手中转移到了企业手中，企业成为中医药技术秘密最主要的主体并且数量有不断扩大之势。法学界在探讨中医药技术秘密制度时，所论及的主体通常就是指企业，企业所控制的技术秘密中有不少就是通过技术转让合同形式直接从私人所有者手中获取的。

对于由企业掌握的中医药技术秘密，实际上其信息的操作和应用最终也要落实到具体的自然人身上。依照企业管理技术秘密方式的不同，企业的中医药技术秘密可能作为一个整体由企业内部的若干人共同掌握和控制，也可能被分解成不同的部分，分别由不同的人掌握。一般认为，企业中掌握技术秘密的人员数量越少，保密的效果相对就越好。相对于中医药隐性知识中的技术秘密，企业掌控的中医药技术秘密多为显性知识或者由隐性知识转化而成的显性知识，虽然仍不能完全脱离人力因素的影响，但是相对于隐性知识来说，这类中医药技术秘密更能够适应现代社会对中药规模化生产的需要。

3.3.1.2 共同主体

中医药技术秘密的共同主体是指权利的所有人不止一个，同一项技术信息由两个以上的人或组织共同持有。一般来说，由自然人个体控制的中医药技术信息在转让给企业时，多为产权的完全转让，原所有人不再拥有对该技术的控制及支配权。但在某些情况下，在双方当事人合意的条件下，企业可能仅被授权获得该技术信息的使用和收益权，而处分权仍然掌握在私人所有者手中。这样，同一项技术的支配权主体就包括了企业和自然人两类，双方就该信息的权利分配、权能大小及最终的利益分配，需要协商确定。

随着技术交流的频繁，中医药行业间的科研协作也日益增加，不排除在中药企业与科研机构或个人的合作过程中，出现通过共同研究而共同掌握技术秘密的情形，这时候就会产生中医药技术秘密的共有权主体。不同于技术转让，共同合作开发的技术秘密在权利归属上多为双方共同所有，即同一项技术信息，其所有权人为研发者全体。当全体共有人决定以秘密方式保护该研发成果时，必须订立相应的保密协议，该技术成果的归属、使用和收益等事项也需要共同协商。共同主体在对中医药技术秘密的掌控上又分为两种情况[89]：一种是全体共同研究者都掌握和了解整项技术秘密；另一种是每个参加研究者只掌握秘密信息中的某一部分技术，这些技术往往不能单独应用，需要全体当事人将各自掌握的技术信息有机联系起来，才能应用于某项产品的生产。显然，后一种情形的保密效果要优于前一种，它多为跨学科、跨专业合作的结果。

3.3.1.3　多个主体

技术秘密多个主体并存的情形源于其权利本身的相容性。技术秘密将技术信息以秘密不公开的状态归由权利人支配，任何以非法手段获取该信息的行为都会构成对技术秘密权的侵犯。但是这种权利不能对抗他人以独立开发或反向工程等合法手段获知该信息的行为，技术秘密权利的排他性被控制在与其他所有权共存的范围之内。这样，对于经他人自行开发出的技术信息，只要新研发者选择不公开，就自然取得该信息的技术秘密权，它与原权利人的权利并行不悖。由此，同一项技术秘密信息就出现了多个权利主体并存的局面，多个持有人可同时、独立地享有技术秘密权，只要其中任何一个权利人不对外公开信息的内容，技术秘密就始终存在。

如前所述，中药材功能的可替代特点，使得中医药技术秘密也面临与其他类型的技术秘密一样被他人进行独立开发的风险。与此同时，中药配方特别是中药复方的复杂性，又使得借助反向工程对其进行破解的难度较其他技术秘密要高。因此在该领域，同一信息的所有权被多个主体分别享有的现象并不多见，仅为个别情形[1]。并且它们通常只集中在中药配方领域，对于其他类型的中医药技术秘密则不太容易出现多主体并存的情况。而且从严格意义上说，这些被不同主体掌握的所谓的相同方，即使外在功能差别不明显，彼此之间在成分构成上也存在细微差别，通常不会完全相同。

当然，在保护手段的选择上，对他人进行独立开发和反向工程难度的预判，也是权利人决定是否选择技术秘密保护手段的重要依据。如果一项中医药技术秘密能轻易地被他人以反向工程破解，权利人就信息的获利将非常有限，其利益的不可预期性就比较明显。在这种情形下，中医药技术秘密会因产权的维护成本过高而较快地扩散，由此

[1] 例如，云南白药的保密配方有两个：一个是云南白药集团持有的配方，它由白药创始人曲焕章之妻缪兰英提供；另一个配方由曲焕章的儿子曲万增持有。

权利人通常没有动力去长期维持该信息的秘密状态，甚至一开始就不会选择以秘密方式实施保护。

3.3.2 权利客体与公有知识的界分

3.3.2.1 公有知识的边界

“公有知识”或“公有领域”（Public Domain）是知识产权研究中经常出现的词汇，它划分了知识产权专有权与公众共享领域之间的界限。在技术秘密领域，准确区分私权与公有知识，是权利设定和行使的前提。借助于法律对信息的秘密性、价值性和保密性的要求，中医药技术秘密将自身从公有知识中抽离出来并获得了财产属性。在信息高度发达的今天，信息获取的手段越来越简便，权利人需谨慎处理自己的秘密信息以防止泄密，一旦因保密措施不当使信息进入了公有领域，该信息就成为人人可以共享的公有知识，技术秘密权也将不复存在。

当然，在理解技术秘密权利边界时，不能将它与公有知识绝对对立开来。从来源看，中医药技术秘密多由公有知识转化而来，二者不是割裂的关系，而是存在一定的流动性，而技术秘密的制度设计也要求它与公有知识之间保持这种流动的可能性。个人对知识创新的追求，最终会推动公有知识的拓展并助益于社会公共利益的增加，从长远看，特定信息在经过一定期限后都会或迟或早地进入公有领域，转化为公有知识，这是维持技术秘密私权利与促进社会利益之间平衡关系的必然结果。

3.3.2.2 公有领域的判断

有关中医药技术秘密信息与公有知识之间的界限，在对信息进行商业利用的过程中一般不会引起关注，但当发生诉讼时，它往往会成为当事人双方争议的焦点。出于扩大保护范围的需要，中医药技术秘密的权利人往往有拓宽信息控制范围的倾向，试图将所知晓的全部技术信息包括中医药公知信息都纳入私权控制的范围，此时被告就需要提出公有知识抗辩。当其提供的反驳证据无法判断时，技术鉴定就被引入诉讼中。

在有关公有知识与私人信息之间的判断问题上，是否应引入鉴定是存在争议的。就鉴定事项而言，鉴定机构需要做出判断的应该是技术性或专门性问题，当事人之间对公有知识边界的争议并不属于技术性问题。参考《专利审查指南》中对于“公知常识”的定义和证明方式，其判断主体应该是“所属技术领域的技术人员”，即应该以“本领域的技术人员”的认知水平来做判断，而不能以具有“专门知识和技能”的技术专家的认知为标准。显然，技术鉴定人的认知水平高出了这个标准[126]。此外，根据举证规则，被告在提出公有知识抗辩时有义务提供相应的反驳证据，他“可以通过教科书或者技术词典、技术手册等工具书记载的技术内容来证明某项技术手段是本领域的公知常识”[127]，如果未能完成举证，法院应直接对其主张不予支持，无须再交由鉴定机构进行鉴定。

3.3.3　中医药技术秘密的形成和存在形式

3.3.3.1　中医药技术秘密的形成

中医药技术秘密的形成过程可以通过图 3.1 来表示❶。

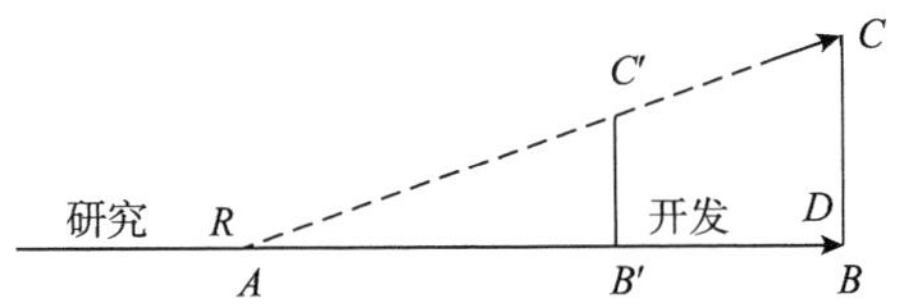

图 3.1　中医药技术秘密形成过程图

资料来源：松永芳雄．技术秘密评价与估算［M］．宋永林，高少萍，译．北京：专利文献出版社，1983.

图中，*A* 点表示开始着手研究技术，*B* 点表示该技术已完成，*C*

❶ 具体内容见日本学者松永芳雄《技术秘密评价与估算》，宋永林、高少萍译，专利文献出版社，1983 年版。该书作者对技术秘密形成过程的描述同样适用于中医药技术秘密。

点表示最终完成的技术秘密。可以看出，从技术的着手研究到技术的最终完成，经历了一个漫长的研究周期。*A*、*B* 之间，就是研究者经历的钻研、试制、积累知识及经验的时间段；*B′*、*C′*之间为技术制造期间，技术秘密此时尚未正式成形；*B*、*C* 之间，表示完成技术制造，技术秘密此时已产生。而在 *BA* 的延长线上，即在研究者正式决定从 *A* 点着手研究之前，尚有一段相当长时间的基础研究阶段。

与其他类型的技术秘密不同的是，中医药技术秘密的基础性研究阶段相对更长，从知识的铺垫、经验的积累到理论的总结，往往会经历数年甚至数十年的时间跨度，其间可能历经数代行医者，方能最终实现从量变到质变的过程。

需要说明的是，中医药领域中，许多技术秘密的形成并非刻意而为的过程。技术秘密的形成是研究者对中医药理论和操作不断认识并理解的过程，不少技巧、诀窍都是慢慢总结形成的，因此技术信息的获得在很多情况下带有偶然性。但近些年，中医药技术秘密的研发路径发生了一定变化。在中药领域，不少中成药的研发、剂型的创新或改良等操作，变成了如西药一样在实验室开展并完成的过程。可见，借助于现代化研发手段，企业或中药研发机构对中医药技术信息的开发带有了更多的“有意为之”的意味，对中医药技术信息的获取便成了开展研究的目标和起点。

3.3.3.2 中医药技术秘密的存在形式

中医药技术秘密形成后，其存在形式可以从客体和载体两个层面体现。其中，中医药技术秘密的客体为各类中医药知识和技术信息，包括中医类信息和中药类信息两大类。中医类信息主要是中医的诊疗技术，包含了诊法和疗法。这两类信息渗透着行医者本人对疾病的主观认识及个人体验性质的临床经验，即便是针对同一类病患，不同的行医主体，其操作和理解也可能会有不同。对于这类技术秘密，现有的研习手段是，对其中能够实现客观化的技术，通过将其显性化来传播；而对于无法转化为显性知识的技巧和操作，则继续遵循隐性知识的传播规律进行。相比较而言，中药类信息显性化的比例较高，在技术秘密体系中，它们在构成上涵盖了产品的配方和工艺流程、专有或局部技术，以及从原有技术的改进中获取的新信息等内容，具体可以分为方剂和中药成药，中药材鉴别、炮制和加工技术，中药制药和质量控制技术等几类。

中医药技术秘密的载体与客体是两个不同的概念。技术秘密的载体是承载技术秘密信息的外在介质。中医药技术秘密在形成初期皆是以逻辑语言或思维的形式存在于创造者的大脑中，通过口传心授的方式进行传播。由于没有外在的物理表现形式，这些信息非依创造者主观传授无法为他人获取。从这个意义上说，人脑成了保存技术秘密的最安全的介质。但是这种保存状态只能限于自己使用或者小作坊式的生产方式，显然不能适应规模化生产的需要。现代化生产条件下，技术秘密信息需要以相对有形的形式被固定下来，并能维持长期反复的适用。如果只是保留在个别人员的大脑中，会受制于传授者或研习者的个人智慧、悟性及主观的表达意愿，而带有太多的不确定性，其灭失的风险会相对更高。因此在现代社会中，大量的中医药技术秘密特别是为企业所掌控的中药技术秘密，其载体已经脱离了传统的人脑介质，而是变为了纸张、光盘等实物形式，近些年还逐渐采用了网络等电子化储存形式。

在技术秘密中，物理载体的作用在于使信息一定程度脱离创造者的思维范畴，并在以后能为研发者或其他人所利用或改进。这样，研发过程中的知识和经验逐渐成为客观存在并得以不断累积。这种相对的独立性使得中医药技术秘密得以转化成为法律意义上的财产，权利人有条件通过市场获得更多的利润，同时使更多人有可能借助市场交易等途径知悉并使用该信息。

3.3.4　中医药技术秘密的发展

3.3.4.1　中医药技术秘密的维持

在发展脉络上，中医药技术秘密的发展趋势面临三种可能：技术陈旧，技术维持，技术改进（见图3.2～图3.4）[128]。

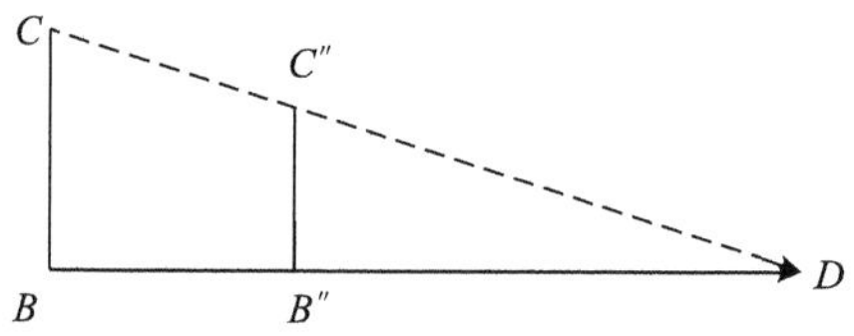

图 3.2　技术陈旧发展趋势

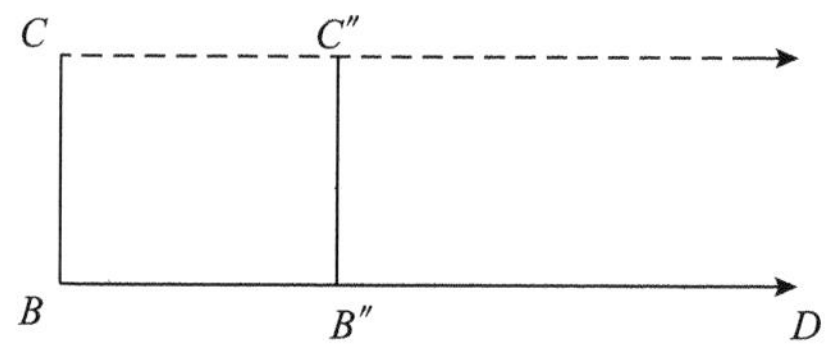

图 3.3　技术维持发展趋势

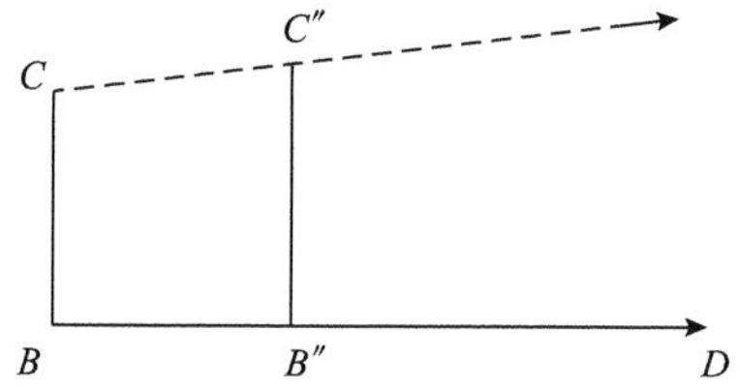

图 3.4　技术改进发展趋势

图 3.2 中，*D* 点表示技术陈旧，已丧失经济价值。*B″C″*表示在陈旧过程中比 *BC* 价值小的技术，*CD* 表示陈旧化的趋势。

图 3.3 中，虽然随着时间推移，技术秘密已到 *D* 点，但仍保持着 *BC* 的价值。

图 3.4 中，*BC* 不断改进，其技术秘密的价值越来越大，不仅 *B″* 点的经济价值比 *B* 点要大，而且 *D* 点的经济效果比 *B″*点要大。

中医药技术秘密依赖保密措施来维持其价值，但保密手段的实施并不能保证其价值的持续。随着时间的推移，不少技术信息的实用性呈下降趋势，甚至渐渐失去其价值。究其原因，主要在于现代社会对技术更新的不断追求。技术改进和技术创新成为社会常态，医药领域更是如此。权利人所尽力维持的中医药技术秘密，即便当初其技术创新程度很高，也无法避免日后被超越的可能，更何况其中有不少技术信息并不具有十分突出的创新性，往往只是某个环节的技术诀窍而已。

因此，对权利人来说，单单维持技术信息不被泄露是不够的，中医药技术秘密面临不断创新的需要。而且，作为知识产权制度的组成部分，技术秘密制度本身就蕴含着对创新的追求。一般情况下，作为市场占先者，技术秘密权利人会占有时间优势，即使其技术被其他人模仿，时间差也会保证占先者获得一定的利益，即占据先机。但技术秘密权的弱排他性使其不能对抗竞争者在该领域的正当的技术研发行为，若他人通过自主研发掌握了大致相同的技术，原技术秘密权利人的经济收益就会受到影响，该技术信息的价值就会有一部分转移到新研发主体的身上，后者的技术甚至有可能在某些方面超越了原技术。可见，为维持市场竞争优势，中医药技术秘密权利人有足够的动力改进技术，从而维持并提高技术秘密的价值。

3.3.4.2　中医药技术秘密的改进

中医药技术秘密权利人对技术秘密信息的改进，取决于技术信息的领先程度及市场竞争力。对于技术领先或者工艺复杂、竞争者在相当长一段时间内无法破解或者进行独立开发、其产品也无法与技术秘密权利人相抗衡的技术，权利人通常会选择衍生式的改进办法，即以该项技术秘密为核心，基本技术保持不变，在原技术基础上衍生出许多依附于核心技术的技术信息，从而使原技术秘密不断得以完善和扩展。而衍生的子技术，根据其创新程度和持有人的市场竞争策略的需要，可以继续采取技术秘密的方式进行保护，也可以申请专利权保护。

对于技术先进程度一般、竞争力略低的中医药技术秘密，企业的改进策略则一般是滚动式的，即在原技术基础上进行逐步更新。相对于原技术，新技术先进程度未必能与之比较高低，而是可能超出了原技术的范畴，与它分属于不同的层面。新技术研发出来后，是继续采用技术秘密保护还是采用专利途径保护，取决于哪一种手段对维护技术的价值更为有力。通常情况下，如果此种状态下的技术更新程度不高且容易被破解，权利人更倾向于选择专利进行保护。

以中药为例，传统中药的核心技术大致分布在配方和工艺两个层面，对技术的创新和发展也体现在这两个领域。中药企业对其中的配方的改进往往比较谨慎。一般来说，基于多年临床使用的功效，中成药的配方尤其是知名产品的配方不宜做大的变动。而中药制药工艺则不一样，现代中药企业对中医药技术的改进往往集中在这个环节。中药制药工艺的创新主要有两种表现形式：一种是用新剂型重新表达中药方证的功效，另一种是用现代技术将中药方剂进行单一性表达。前者是指突破中成药的现有剂型，改变传统的给药途径，例如由传统的药草剂改为片剂、喷雾剂等；后者是指对中药方剂中的一部分功能进行单一性的表现，比较典型的如中药提取分离纯化精制技术、提取单一化合物或者提取中药复方中的有效部位等[129]。

此外，中药技术秘密的改进还表现为隐性知识向显性知识的转化，在这方面，以中药炮制技术的创新和中医诊疗手段的创新为代表。中药炮制技术的创新主要表现为将现代技术应用到加工炮制领域，对相关中药材和中药饮片的加工和炮制、鉴别方法和生产工艺，以及中药的煎煮技术等进行改良和创新，或者使用中药饮片炮制机械来克服传统饮片生产过程中人为因素的影响等。中医诊疗手段的改进表现为在描述生命现象和疾病状态及治疗手段方面，尝试采取与现代科技手段相融合的方式，对诊查器械、治疗方法等进行改进，力求诊疗手段的客观化。

3.4 中医药技术秘密的适用范围考量

3.4.1 中药材的炮制加工

3.4.1.1 中药炮制技术

学界对中药的研究，很多时候会将其与日本汉方药做比较。中药区别于日本汉方药的一个关键在于汉方药不懂炮制，中药炮制是我国中医药技术领域的精髓之一，为我国所独有。日本汉方药中，药材没有生熟之分，毒性药材被严格排除在使用之列❶，这使得它在用药选择上较中药而言要受限很多。相反，中医很早就有了“以毒攻毒”之说，在运用“毒药”治病上，中医有着非常丰富的经验。中药炮制对毒性药材的加工能够起到减毒、去毒的效果，有“化腐朽为神奇”的功效，这一点是日本汉方药及任何其他国家的医药所不具备的技术。而临床上利用毒性药材，既能发挥治疗作用，又能严格控制其毒副反应对人体产生危害的，就在于中药的炮制技术❷。

中药材是中医用于防治疾病的物质基础。数千年来，中医临床应用的中药都是通过加工、炮制形成饮片而使用，其中的药材炮制技术和生产工艺成为决定药效有无及药效高低的关键。中药炮制的基本操作主要体现在减毒、增效两个方面，它是中医传统制药技术的集中体现和核心，在中药学领域发挥着举足轻重的作用。

炮制又称炮炙、修治、修事，是指在中医理论的指导下，将中药材加工成中药饮片的方法和技术。它包括对原药材的一般修治整理和部分药材的特殊处理技术，涵盖了浸、泡、煅、煨、炒、制、蒸、煮等各类操作。在中药制药过程中，经过多年技术发展的积淀和历代药工的实践摸索，我国的中药材炮制已成为一门独特的学科，“饮片入药，生熟异治”成为中药的鲜明特色和一大优势。它通过降低毒性以毒攻毒（减毒）、改变药性提高疗效（增效）的操作，使药物能够发挥最大功效，从而达到临床用药的目的。

我国的中药材炮制技术具有十分悠久的历史，早在先秦时代的《五十二病方》中就出现了有关中药炮制的记载。在日后的中药用药实践中，由于各地的自然资源、用药习惯、生活习俗、文化传统甚至方言语音的不同，中药炮制呈现出不同的地方特色。各地的炮制加工

❶ 例如中药材中的乌头（川乌、附子、草乌、关白附）具有强烈的毒性，其最小致死量与有效剂量之间的差别非常小，日本汉方药一直禁用该药材。

❷ 例如在中药用药实践中，乌头是中医温经散寒的良药，它在治疗许多疾病时都有奇效的原因就在于中医在其用于内服时采用了炮制品，中药炮制技术于其中起到了减毒增效的功能。

因药制宜，在操作上保留了较为鲜明的特色，从而形成了不同的炮制技术派别，其中影响较大的主要有四个：北京的京帮、江西的漳帮和建昌帮、四川的川帮[130]。

3.4.1.2 中药炮制技术的法律保护

我国的中药炮制技术中，有一部分操作较为简易的内容已经公开，由于这一部分技术已进入公知领域，因而不再纳入私法保护的范畴。还有一部分的操作技术，特别是药材的某些特殊处理工艺并没有公开；或者即使公开但并不易被人轻易掌握，仍然需要由特定熟悉该技术的人员进行操作，对于这类炮制技术，法律则应提供必要的保护。从操作上看，中药炮制多依赖人工，尽管国家药典和各地方标准中都有关于炮制方法的具体描述，但对炮制技术的操作，有时非依有经验的药工的指导而仅靠文字表述，是无法真正掌握其技巧的。缺乏了必要的人工指导，初学者就难以炮制出质量上乘的饮片，正所谓“心中易了，指下难明”，这就意味着中药炮制技术的沿袭在很大程度上依赖传承人与学习者之间的互动。

中药炮制的操作近些年走向了机械化的发展方向，越来越多的科学研究将目光聚焦于传统流派技术的现代化转型上，新型的中药材炮制机械被研制并投入使用。现代工艺技术与传统人工操作的结合，使中药炮制技术具备了实现客观化的可能。相应地，在理论研究领域，有关传统炮制理论、炮制工艺和技术标准的研究也都取得了一定成绩，从而为传统工艺的现代发展奠定了基础❶。这些研究和实践在一定程度上克服了中药炮制技术对人力的绝对依赖，为炮制工艺的规范化及知识产权保护手段的引入提供了可能。

---

❶ 中药炮制机制现代化研究的思路主要是探讨药材炮制前后化学成分量与质的变化，以及药效或毒性作用的变化。例如，江西漳州的炮制工艺和南州的建昌炮制工艺近年来在工艺运用上都强调现代工艺手段的引入，以尝试获得最佳的量化技术参数。这类研究主要从三个方向展开：一是从化学成分变化的角度开展研究中药炮制机制，二是从药理作用变化的角度研究，三是从成分与药效变化的关联性角度研究。详见高飞、傅超美、胡慧玲等《关于中药炮制机制研究现状与发展趋势的思考》，载于《中国实验方剂学杂志》，2013 年第 5 期。

早在20世纪90年代，我国就出台了多项保护中药炮制技术的法律法规，但是这些条文很多并没有真正被落实，有关中药炮制技术方面的保密制度尚未成型。由于经济实力、管理制度及保密意识上的差异，不同的企业在对技术的保护力度上存在明显的差别。不少保密意识淡漠、保密措施存在漏洞的中药企业为此承受了技术外泄的后果。特别是随着外资的引入，有些国内中药企业只顾及短期经济利益，导致对外合作过程中中药材炮制工艺被国外药品生产企业获取❶。

近年来，随着技术秘密保护观念的提高，国家加强了对中药技术秘密保护的力度。2008年商务部联合科技部发布了《中国禁止出口限制出口技术目录》（修订版），对中药炮制的技术秘密保护进一步细化：有关中药饮片的蒸、炒、炙、煅等炮炙技术的应用及中成药保密处方产品的生产，被列为禁止外商投资的产业；毒性中药的炮制工艺和产地加工技术（包括制川乌、制草乌、制南星、胆南星等22种），以及常用大宗中药炮制工艺和产地加工技术（熟大黄、熟地黄、制何首乌等17种）也被列入禁止出口的范围。此外，在《中西药品、医疗器械科学技术保密细则》中，“传统中成药的特殊生产工艺和中药饮片炮制的关键技术”被作为“机密”加以保护，它包括了中药饮片的炮、润、焖、蒸、炒、炙、煅、水飞等炮制关键技术及有毒药品的加工技术等。

3.4.2　中药方剂

3.4.2.1　中药方剂的种类

中医药领域，方剂是组方和调剂的简称，它是指由单味或若干药物配合成的药方[131]。方剂在形式上可以分为处方、药剂和疗法等类型。其中，处方是指记录于载体（包括处方笺、病历册）的药方、配

❶ 如在有“药都”之称的河北安国，就有新隆中药、河北美威等四家外资公司从事中药饮片的生产加工。不少外资厂家设有专门的中药材炮制车间，其中一家企业公布的四百余种饮片产品目录中就有制川乌、制草乌等国家禁止出口的炮制饮片。具体内容见李茂《外资盯上中药核心技术》，载于《产业界》，2009年第7期。

方，它一般是临床根据患者的实际情况临时拟定的；药剂即药物制剂，是方剂的实物形式，其中不少配方相对固定并成为研制中成药的基础；疗法则是同一类证候的治疗方案，它们不针对某一具体病患，而是带有比较普遍的适用性。

据统计，我国现存各类古籍中记载的各类药物超过一万种，方剂超过十万首，而散落在民间和临床中积累的处方则难以计数。这些处方大多已公开，不再具备获得技术秘密保护或申请专利的条件，现阶段能够获得保护的多是在这些方剂基础上研发的中成药。

3.4.2.2 中成药

中成药又称为“中药成药”，是中药处方的现代形式。中药处方依辨证论治而得，强调个体的差异是其基本特征，病患不同，处方不同。但它并非没有规律可循。医者在行医诊疗过程中针对相同证候给出的处方相对固定，无论是配方还是药味比例都有一定的稳定性，即使做出调整也往往是局部的，对整个处方一般不做过大的改变，这成为中成药得以创制的基础，现代企业对中成药的研发正是以这种配方和比例所具有的稳定性为前提的。中成药在组方上通常仍是遵循“君臣佐使”的配伍原则，它能够较好地体现中医的“整体观念”和“辨证论治”思想，在中医理论体系的指导下最大限度地发挥药品的治疗作用。

中成药的处方来源主要有三个：传统古方中筛选，民间验方中开发，进行独立的创新研制。从传统古方中筛选就是选用古代医书中的处方进行研发。中医药文献选录的处方多为历代医家对临床行医实践和用药经验的总结，其组方严谨、疗效确切，它们成为研发中成药的最直接来源[1]。

民间验方是指历代文献中未收载而民间流传较广的有效经验处方。民间流传的秘方验方中，凡来源可靠、组方合理、药效确切且有

---

[1] 如宋代古方苏合香丸，在现代被改良成治疗冠心病的苏冰滴丸。

临床基础的，都有条件作为选方依据❶。这些验方中有一些配方处在保密状态，企业在获得上述配方后可以选择继续以技术秘密的形式进行保存和保护。

新研制的中成药则是指运用现代科学技术和方法，对药效肯定且有市场前景的中药配方进行研发而成的中药新药❷。新研制的中成药有一部分是遵照中医药理论进行组方的，还有一部分是根据药物的化学成分、动物实验结果或者相关研究资料而设计的。

在配方的技术秘密保护问题上，1983 年国家医药管理局（国家中医药管理局、国家食品药品监督管理局的前身）颁布了《中西药品、医疗器械科学技术保密细则》。该细则对涉及中药的技术秘密做了等级划分，与中药配方相关的技术秘密多被列入“绝密”一级中。根据该细则，绝密级保护是指“我国特有的，一旦泄密会使国家遭受严重危害和重大损失的保密项目”。它分为两类：一类是绝密级的中药制剂，主要有云南白药、上六神丸和片仔癀的配方和制造工艺等；另一类是稀有贵细中药材的人工制成品配方及工艺，它主要包括人工合成麝香、人工合成牛黄等。

在中药方剂领域，现阶段技术秘密的应用主要还是集中在传统的中成药生产研发类型中。对于新研制的现代中成药，特别是其现代剂型，由于其技术标准大多已经公开，一般不再具备获得技术秘密保护的条件。新剂型的开发遵循的是西药的研发思路，于中药传统理论的推动并无十分突出的功用，但是它们同时拓宽了方剂的临床应用范围，能够丰富中药的给药途径，对方剂的发展还是具有积极的意义的。当然，由于新剂型开发的创新程度通常不高，一般不会涉及该类中成药的核心技术秘密，因此对这类中成药的新剂型大多不通过技术秘密进行保护，而是多采用中药品种保护制度的手段。

如前所述，鉴于西医在我国现行医疗体制中占据的统领性地位，

---

❶ 例如华佗再造丸、枫蓼肠胃康颗粒剂、西瓜霜含片、显臣粉刺净等配方都是取自民间。

❷ 例如内科领域的乌贝散、甘柴合剂、抗白喉合剂、固本丸、痰饮丸等；外科领域的锦红汤、复方大柴胡汤、复方大承气汤、清胆汤、清胰汤、胆道排石系列方等；妇产科领域的二仙汤等。

用西医学的理念和思维去审视和理解中医、中药已成为无法回避的现实。这就使得现代中成药研发的另一个重心转向了对中成药有效成分的微观研究领域：运用西药学的新药开发思路，对复方中有效成分或活性成分进行提取，进而在此基础上研发新的单味药组分或复方组分处方。但是由于这类中药开发并非把中药复方作为一个整体形式加以研究，加上中药复方中有效成分的组成和含量并不稳定，药效学上的重现性比较低，导致其药理作用难以获得准确的反映[132]，因此该类研究仍然进展缓慢，已知的成功案例还只是限于丹参酮、葛根素等有限的几类。

3.4.3 中药制药技术

3.4.3.1 有关中成药的生产工艺

中药制药工程技术领域涉及的技术内容较多，包括中药生产工艺技术（包含中药提取分离工艺与技术、中药纯化精制工艺与技术、中药浓缩干燥工艺与技术）、剂型（包含新型传统剂型的改进、全新剂型、剂型工艺与技术）、制药机械与设备（包含通用制药机械与设备的改进、专用制药机械与设备的改进、新的专用机械与设备的创制、通用或专用制药机械与设备的设计）、制剂辅料（包含中药制剂的新辅料、辅料在中药制剂中的新用途、辅料应用的新技术）、中药制药工程中的自动化控制技术、中药药渣的综合利用技术、制药过程的污染处理技术等[133]。

上述技术领域采用何种知识产权保护方式取决于技术的内容、技术先进程度以及企业的经营策略。从现阶段情况来看，被纳入专利保护的技术在该领域占据了一部分比例，这主要是因为上述制药技术中不少手段是沿用西药操作技术而来的。采用技术秘密保护的项目主要涉及其中已被列入国家秘密的品种和中药一级保护的品种等。对于原列入一级保护，但随着保护期届满而脱离一级保护的中成药品种，虽然其配方已经公开，但在生产工艺上，不少企业继续以保密的方式对其进行控制❶。

3.4.3.2　有关医院制剂

中药制药领域中，医院制剂是其中一个值得关注的类型。医院制剂是由医疗机构配置的、只在本医院内使用、不进行市场销售的药剂。它主要包括中药制剂和普通制剂，其中中药制剂是医院制剂的主要品种和医院重要的经济效益来源。中药制剂品种有不少来自所在医院的中医名师的临床经验方，经过反复验证被证明是安全、有效、质量稳定而形成制剂，从而被加以开发和使用，并往往成为该医院的特色制剂。由于在管理上不同于法律对新药的规制，不少医院制剂在配方尤其是制造工艺上采用了技术秘密的保护。

20世纪50年代以后，我国医院自制制剂及剂型逐渐增多，到80年代之后，中药制剂成为医院制剂的主流。到了20世纪90年代，医院对中药制剂的开发达到了顶峰，中药制剂的品种和数量大幅增加。不少医院与临床科室合作，将很多经过临床验证的秘方、协定处方，在煎剂的基础上开发成一定剂型的医院制剂以满足患者的需求，并由此积累了一大批疗效确切的中药制剂配方。这种医药结合的方式为新药的研制打下了基础，它们成为我国中药新药开发的重要来源。据统计，在我国已经批准上市的中成药中，有90%以上的品种都是在医院制剂的基础上开发出来的，如三九胃泰、龙牡壮骨冲剂、壮骨关节丸、荆银颗粒等；很多单品种年销售额巨大的新药也源自医院制剂，如复方丹参滴丸、胃苏颗粒、消渴丸、通心络胶囊等[134]。而在现代医学缺乏有效治疗手段的慢性疑难病方面，医院制剂也被证明发挥了重要的作用。

然而2001年之后，随着国家提高了医院制剂的标准，制剂申报的难度加大，医院制剂的成本大大提高，很多医院被迫放弃了很多疗

---

❶ 以技术秘密方式进行保护的知名品种主要有华佗再造丸（广州奇星药业）、安宫牛黄丸（同仁堂）、独一味胶囊（独一味）、阿胶（东阿阿胶）、龙牡壮骨颗粒（武汉健民）、麝香保心丹（上海和黄药业）、龟龄集和定坤丹（东盛）、新癀片和八宝丹胶囊（厦门中药厂）、奇正消痛贴膏（奇正藏药）等。

效显著的中药制剂的生产。由此导致的直接后果是大量的中医特色医疗无法用于患者，从而给临床治疗带来诸多不便，作为技术秘密被加以保护的医院传统制剂技术也面临着失传的危险。

近几年，随着国家对发展基本医疗卫生服务体系的重视，医院制剂特别是其中的中药制剂的研究重新被予以重视，医院制剂被视为我国基本医疗卫生服务体系构建的一个重要组成部分；与此同时，新药开发的高风险和高投入也进一步彰显了医院制剂的重要性。2008 年 1 月原国家食品药品监督管理总局有关《中药注册管理补充规定》的颁布，从政策角度肯定了医院制剂的地位和其存在的医疗价值。而 2017 年《中华人民共和国中医药法》中有关医院中药制剂改审批制为备案制的规定的出台，使我国医院制剂获得了新的发展空间，这也为中医药技术秘密保护类别的拓展提供了可能。

3.4.4 中医诊断治疗技术

3.4.4.1 中医药隐性知识的传播

在中医药知识及技术体系中，方剂的组成、用法、功用、主治及它的现有剂型等都是可以编码的知识，它们属于显性知识，容易用语言、文字进行表达，因而比较容易传播。因独立于人体而单独存在，它们可以作为商品在市场上被交易，可以借助技术秘密等知识产权类型获得法律保护。与此同时，在这些显性知识背后，还隐藏着更多的“隐性知识”[135]，如何使用这些方剂、如何根据患者的实际情况进行药味的加减、每味药的剂量如何变化等，都形成了行医者对疾病的构象过程，这是一个隐性知识发挥作用的领域。虽然随着现代化科技手段在中医药领域的运用，越来越多的中医药技术具备了客观化的条件，但由于技术所限，仍然有一些中医药技术尚无法实现完全的客观化，在这其中比较有代表性的就是中医的诊疗技术。

中医的诊疗包括三类信息的处理：一是通过望、闻、问、切采集的四诊信息；二是根据中医理论分析四诊信息所判断的证候或疾病；三是在诊断的基础上给出治疗方案[136]。其中四诊是中医诊疗的基础。

根据专利法，疾病的诊断和治疗不具有可专利化的条件，无法获得专利法的保护；而由于四诊的操作也早已进入公有知识领域，能为公众获知，因而也无法用技术秘密制度进行保护。

日本学者野中郁次郎将人类学习和传播知识的模式归为四种：从隐性知识到隐性知识、从显性知识到显性知识、从显性知识到隐性知识、从隐性知识到显性知识。其中“从隐性知识到隐性知识”的模式就是师带徒性质的知识传承模式，它在中医诊疗技术的传播过程中发挥着重要的作用。以现代科学的视角观察，中医辨证论治的诊疗过程可以看作一个信息处理形成智能决策的过程。尽管信息科学为中医诊疗提供了一个新的研究角度，信息论、概率论、过程系统论都可以成为某一类型信息提取的基础和工具❶，但是作为一个具有动态性、非线性特征的开放复杂系统[137]，中医诊疗在转化为显性知识方面存在着困难。

中医的诊疗首先是一个个体化的过程，它包含患者的个体化和行医者的个体化两个层次。对于同一病种的同一证候，不同患者的四诊信息会因体质、地域甚至患病时节的不同而有所变化。生命状态的这种不完全能观性[138]，使行医者对同一类疾病的构象不尽相同；即使针对同一生命状态，不同的临床医生也会因为经验和习惯的不同而做出不同的判断，进而采用不甚相同的治疗方案。这正是此类技术显性化困难之所在。

中医的治疗方案主要涉及中药方剂，从方剂本身而言，它属于显性知识，但是如何运用方剂，则需要依赖隐性知识的作用。对于这些隐性知识和技术，行医者可以将其作为秘密信息加以保护而不对外公开，但这类技术秘密与知识产权体系中的技术秘密制度是有差异的：知识产权制度中的技术秘密属于知识产权的一种类型，它所涵盖的是以财产权形式存在的技术性信息；而以秘籍、绝技等方式保护的隐性知识，则绑定于特定主体之上，作为一种与认知者个体无法分离的知识，中医诊疗技术的存续需要依赖主体之间的主观互动。其内容的传

---

❶ 例如前文所述的有关中医声诊、脉诊的客观化研究，就是运用了信息科学所做的尝试。

播除了可以凭借书籍学习之外，最重要的还是依赖传承人，而研习者对所学技能的领会和感悟程度的不同，也会影响对此类信息的把握程度。

3.4.4.2 中医药隐性知识的技术秘密保护

如前所述，鉴于传承人对中医药隐性知识的传播所发挥的关键性作用，对中医药隐性知识的技术秘密保护，在很大程度上就体现为法律对中医传承人和中医传承机制的保护。对此，2007 年卫生部颁布了《传统医学师承和确有专长人员医师资格考核考试办法》，对我国以“师承、祖传”方式学习中医的执业者给予认可，承认并保护他们的执业资格和合法地位。我国的中医传承人中有一部分为民间医生，近年来他们的生存状况和执业空间不容乐观。由于无法适应现代医学特别是西医学的管理模式，不少民间医生遭遇行医困境，其掌握的一技之长面临灭失的风险。

在这种背景下，我国将涉及中医药隐性知识的中医药技术列入非物质文化遗产的保护范畴中，将掌握这类技术确有专长的中医执业者列入“中医传承人”之列，尝试借助公法的力量对其进行保护。依照《中华人民共和国非物质文化遗产法》，被授予“中医传承人”称号的中医执业者有条件在经济上获得国家和所在地方的资助，政府通过给予津贴的方式改善他们的行医条件，激励传承人的传承行为，并以此吸引更多人学习该项技术。可见，对于这类带有人身依附性的技术信息就需要借助中医药技术秘密的外壳实现法律保护。在这方面，围绕中医传承所形成的社会关系各有特色，法律的调整重点和手段应做到有所区别。其关注重心应在于为传承创造良好的环境，明确传承人的合法权益，制定激励、扶持和保障传承人主动传承的措施等，使传承人的传播行为能够有所回报，并推动这一类中医药技术秘密的延续和发展。

第4章　中医药技术秘密保护制度的正当性与驱动力考察

4.1　中医药技术秘密的价值解说

4.1.1　技术秘密对公共利益的促进

对中医药技术秘密制度合理性的认识，除了可以从与中药专利保护做对比的角度研究之外，从道德、经济和实践操作的角度进行分析也是必要的。

4.1.1.1　技术秘密法律保护的道德优势

与其他制度相比，财产权制度更加深深地植根于特定社会的道德观念之中。财产权与道德的关系如此密切，以至于有学者得出了“没有道德就没有任何财产制度”的结论[103]。尤其是在知识产权领域，法律和道德纠缠在一起，使得人们对知识产权的理解也变得复杂起来。技术秘密作为知识产权的类型之一，其立法目的更被喻为“维护商业道德的水准”。因此，将对技术秘密的认识纳入道德的分析框架中，揭示其制度的道德内涵，是理解技术秘密内涵的切入点。

尊重他人的财产权，不侵犯所有权人的技术秘密，是一项基本的道德诉求。在没有技术秘密法律保护制度的情况下，第三人为获取权利人的秘密信息可以采取任何手段，他既可能通过正当途径，如独立开发、反向工程，也可能以盗窃、刺探、胁迫等牺牲社会基本道德标准的不正当方式获得，在获得秘密信息后还可能再背信弃义地擅自披露、使用该信息[83]。而技术秘密权利生成的模糊性，使得对其权利取得方式是否正当的判断也容易变得模糊，“通过清教徒许可的‘正当’方式进行偷窃”，是“商业秘密的一个独一无二的特点。毫无疑问，同专利相比，商业秘密对偷窃者更有吸引力”[139]。

任何一个社会的道德规范最终都会直接或间接地影响经济生活，技术秘密的侵权行为违反了社会伦理道德规则，所侵犯的不仅是技术秘密权利人个人的经济利益，更是对公平交易秩序的破坏。这些行为如果不受约束，就会动摇技术秘密产生和维护的道德基础。

考察国外关于技术秘密保护的立法和司法实践可以看出，倡导诚实信用、不断地鼓励更高标准的公正和商业道德、反对背信行为是技术秘密立法的基石，它们构筑起了技术秘密制度中的义务规则。以义务规则审视中医药技术秘密，其所蕴涵的意义就相应地表现为权利获得上的正当性要求[140]：产业伦理方面，他人须尊重权利人就该技术秘密所付出的劳动及就该劳动享有利益的必要；商业秩序方面，他人不得以不正当手段获取权利人的中医药秘密信息；劳雇伦理方面，企业的中医药技术秘密不能为获知该信息内容的企业职工所控制，职工不得侵犯企业的中医药技术秘密权❶。

技术秘密立法对商业道德的维护，在提升社会道德水准的同时，还有助于商业交易的安全。技术秘密立法通过确定公正的规则，可以使人们在商业交易中的关系稳定化，即便在缺乏明示合同的情况下该规则也可以发挥作用，从而能够鼓励当事人之间的信息流动，提高技术秘密流转中的经济和社会效益[141]。在此基础上，有学者进一步认为，对技术秘密的法律保护还体现了技术秘密权利人的人格自治。在强调个人自治的民主社会，保守技术秘密不仅是法律义务，还是一种道德上的义务[83]。由于负载了一定的人格利益，为保障人格自治，

---

❶ 有关技术秘密对商业道德的维护，早在著名的 1974 年“Kewanee Oil Co. vs. Bicron Corp”一案中，美国最高法院就予以肯定：“维护产业伦理标准和鼓励发明创造是商业秘密法背后的重要的政策基础。”对包括中医药在内的所有技术秘密的法律保护，根植于对个人自由、诚信关系的维系，以及商业道德和公平竞争等理念，技术秘密制度维护商业道德和公平交易秩序的理论依据也正在于此。

权利人对自己的技术秘密权利的处置不能任意为之。

此外，技术秘密自身在构成要件上的设计也蕴含了对公共利益的尊重。法律要求技术秘密的成立要以权利人采取有效的保密措施作为必备要件之一，保密措施是权利人必须支出的必要成本❶，而成本的高低则会影响其对技术秘密的产权主张。这就等于赋予了保密措施以特定的伦理价值[120]：当保密成本过高，权利人因秘密信息获得的收益不足以抵偿信息的维护费用时，通常会倾向于放弃实施保密措施。而一旦保密措施停止实施，技术秘密就会流向公有领域，从私人信息转化为公有知识，从而在客观上完成了对信息的公开并增进了公共福利。

4.1.1.2　技术秘密的经济合理性

不同于专利制度的设计，技术秘密是限制信息流动的，信息不公开的客观状况使得对技术秘密的价值判断，还可以从该制度是否有助于鼓励进一步的研究和开发为标准[84]。如果技术秘密的运用使社会智力成果的总量有所增加，并且这些智力成果能够通过合理的制度加以应用，对技术秘密的保护就具有正当性。

对信息的公开和使用牵涉公共利益问题，因而限制信息流动的政策和法律需要“特别的正当性”。技术秘密保护虽以信息不公开为前提，但它与鼓励信息流动的公共利益却可以相互协调。在美国的技术秘密案件的司法实践中，法院就发现技术秘密与专利在促进信息流动、鼓励研究方面具有相似的效果❷。近年来，国外法院发展了弹性抗辩规则，在对信息予以公开时，赋予了其中含有技术秘密的信息获得维持的正当性。事实上，在信息公开的程度问题上，法律对“公共利益”标准的适用应当适度，它可以成为主张信息公开的论据，但却不能为信息的全部公开和整个公开提供正当性理由[93]。而且技术秘

---

❶ 例如保密措施的运用、保密费用的支付、对员工保密义务和竞业禁止义务的合理补偿等。

❷ 参见美国最高法院的“Fowle. vs. Park”案及“O. L. W. Thumm Co. vs. Tloczynski”案。

密制度的设计实际已经关照到了信息流动的要求：通过授权技术秘密的转让或使用许可，法律允许当事人之间就信息财产权的归属和使用达成协议，从而为秘密信息的传播和运用提供了相应的机制，它既能有效防止秘密信息的非生产性储存，也有助于技术信息发挥更大的作用，提高经济活动的效率。

对技术秘密产权属性的理解可以从经济学的视角开展。经济学研究的核心是如何使资源价值最大化，以最大限度地增加社会财富总量。就法律层面而言，这意味着技术秘密制度的正当性论证不仅需要考虑其正义性，还要考虑其效益。法经济学已经证明，“只有通过在社会成员间相互划分特定资源使用的排他权，才会产生适当的激励”[142]。法律对技术秘密权的确认，从产权角度为信息的创新提供了激励，从而使技术秘密制度获得了经济上的合理性。

在市场活动中，权利确立了所有人的行为方式，技术秘密权利人由此得以划定对该技术信息进行支配和控制的范围，并在此基础上排除他人窃取、侵占或非法披露和使用该信息的行为，以阻击他人对自己利益的非法掠夺。权利范围的划定有助于提高创造者或投资者的积极性，激励其尽可能地利用该信息资源，在最大限度地满足自身利益的同时也使资源的价值实现最大化。反之，如果技术秘密的财产权资格不为法律承认，技术信息变成无主或公共的资源，就会增加搭便车的行为，经济学上的“公地悲剧”现象将不可避免。一旦相关信息成为人人可用的免费资源，创造者的积极性将被大大挫伤。同理，如果法律对技术秘密权虽然提供保护，但是产权界定不明晰，权利的范围无法准确地度量创造者的贡献大小，创造者付出的劳动得不到等量回报的话，他同样会失去进一步创新的动力。

信息的价值不在存量，而在如何对它进行创造性的收集、加工和处理。如果不加以适当的创新，信息价值就有可能慢慢降低。创造者的创新动力是产权价值增大的关键。社会经济生活的现实要求法律为创新性智力成果价值的最大化提供足够而充分的保障手段。法律对技术秘密的财产权界定得越明晰，权利被非法侵占的概率就会越少，技术秘密权利人获得的激励就会越大，产权的价值相应地也就会越大。

当事人为保护技术秘密需要花费保密成本，意味着社会成本的整体性增加。从表面上看这是一种浪费，但技术秘密立法对商业道德水准的提升，却反过来有助于降低技术秘密的维护成本。良好的竞争秩序和商业道德势必会减少信息盗窃、商业间谍等行为，使企业维护技术秘密的成本得以减少。商业道德的整体性提升将对企业的研发提供更稳定的预期，企业进行研发的动力将获得增强[143]。由此可见，对技术秘密财产权的确认和保障，旨在对创新的收益和成本做出回应，使两者趋于一致。

在上述背景下，权利的获得及收益的回报都变得可预期，技术秘密的经济价值可以进一步表现为优化信息的资源配置，将其配置于最高价值的用途上。同时，技术秘密权的交易预期也可以得以确定，从而使得信息从低价值向高价值过渡成为可能。

经济学认为，除设定排他权外，在有价值的资源上赋予财产权的可让渡性也是实现资源价值最大化的必备要件。交易是靠产权的让渡来实现的，市场中财产的流动在很大程度上取决于财产权的互换性。技术秘密权意味着确定性和可预见性，所有权人可以以此获得动力对技术信息进一步革新，也可以在权衡成本和收益的基础上为信息的最充分利用寻求其他新的出路。

如前所述，技术秘密制度与专利保护的设计的不同点之一是，法律没有赋予技术秘密权以独占性，独立开发和反向工程使第三人有机会获得与技术秘密所有权人同等的权利。一旦独立开发或反向工程获得成功，就会稀释技术信息的价值，技术秘密的原所有权人将会面临失去竞争优势的压力。为巩固原有的技术优势和市场份额的占有率，他就需要不断地寻求创新，而无法止于仅仅保守该秘密的消极状态。这样，技术秘密制度对创新的激励效果就得以彰显。资源不断地被创造者或投资者投向创新的知识领域，并始终处于高效率的使用状态，而当创新消耗的成本过高，不足以抵偿技术秘密权人获得的收益时，他就会倾向于选择第二种出路，即对技术秘密实施转让，通过市场获取其资产价值。这时候，技术秘密制度的功能便表现在了降低交易的成本上。在市场交易中，如果法律不承认技术秘密的财产权属性，创造者或投资者就技术秘密信息享有的特殊利益若想被交易，就必须由特定相对人对其价值予以认可，这就会使交易变得随机和偶然，从而阻止资产价值的有效发挥[120]。

从促进社会进步的角度看，创造者或投资者不仅需要对技术的创造付出巨大的物质和精神投入，还要承担失败的风险，对技术的保存也需要付出较高的成本。因此，为鼓励这种创造和保存行为，社会需要对创造者或投资者给予一定的奖励或补偿，以激励其创新。其中，由法律赋予当事人特定的知识产权利益就是一种有效的激励方式。可见，法律对智力成果进行知识产权保护是社会的一种“无可回避的选择”[144]，技术秘密制度的创设具有必然性❶。只要以资本为主导的市场经济模式依然存续，知识产权就会存续[145]。

4.1.2 中医药技术秘密保护制度的价值体系

4.1.2.1 技术秘密法的功能

需要说明的是，中医药技术秘密财产权的价值与中医药技术秘密法律保护制度的价值是两个不同的概念。中医药技术秘密财产权的价值可以从技术秘密的伦理正当性、经济合理性等角度分析，这一点与其他类型的技术秘密并无二致。而中医药技术秘密法律保护制度的价值则需要通过立法来展现，价值目标的多元使技术秘密立法既应该包含对技术秘密权的保护性设置，也应该包含对它的限制性措施。

有研究者比较了专利法与专利权的正当性，得出结论说专利法的正当性不能与专利权的正当性等同对待[146]，这一思路同样可以铺设到技术秘密领域。技术秘密法律保护制度围绕着技术秘密财产权展开，从这个意义上说，以技术秘密权指代技术秘密立法不为过，但是在价值取向上，二者并不完全相同。技术秘密立法需要考虑的是如何

---

❶ 技术秘密的激励方式是通过市场实施的，除此之外，还有政府行政力量激励、个人兴趣激励及市场先占优势的激励等其他方式。但相比于知识产权式的激励方式，后三种的激励效果不高。有关这一问题，笔者将在本章下一节展开论述。

平衡和协调“保护与限制”这两种规范，以实现“制度伦理上的正义要求”。它既包含了技术秘密的取得、权属、保持、转让、使用、保护等规范，也包含了对技术秘密的强制披露、限制等权利行使的例外，因此不能把技术秘密法简单等同于对技术秘密权的保护。

中医药技术秘密的正当性属于价值判断，技术秘密法的基本功能属于事实判断。如果技术秘密法❶的基本功能被认为是必要的，并且制度设计是合理的，事实判断就可以转化为价值判断，技术秘密的正当性就变得容易理解和接受；反之，如果欠缺了事实判断的支撑，价值判断永远只能是“见仁见智”[146]。可见，技术秘密制度的正当性与技术秘密法的功能密切关联，把握作为事实判断的技术秘密法的基本功能是理论论证的前提。

中医药技术秘密权是站在维护权利人个体利益基础之上的，而技术秘密法则需要同时关注公共利益的维护，才能维持个体利益与公共利益之间的平衡。作为知识产权法的组成部分，技术秘密法律制度必然体现知识产权法中的利益平衡原则。利益平衡是为化解权利的冲突而设置的，由于技术秘密权自身也蕴含着对公共利益的促进，这为技术秘密法对利益平衡原则的设计提供了条件。具体而言，这种平衡表现为对技术秘密权的保护要适度，在有限的限制信息流动中促进信息的流动，以实现技术信息自由流动与公众自由获取信息之间的平衡。

如前所述，中医药技术秘密具有较高程度的独占性和排他性，而中医药技术信息则具有公共属性，作为社会公共产品的一部分，其知识和技术都具有相容和共享的特征，技术秘密权与该权利依附的客体之间因而呈现出矛盾对立的关系。技术秘密立法的作用就是将二者融合在一起，技术秘密法与确认信息的生产和传播的重要性有关。公共知识的源泉来源于社会个体的创新，技术秘密立法对个体权利的承认有助于激励创新，从而使私有信息有条件扩散和传播。这也就意味着中医药技术秘密权唯有对促进公共利益有益，才能为社会所认同和接

❶ 本章中提到的技术秘密法并不特指技术秘密的专门立法，而是指包含技术秘密专门法在内的涵盖技术秘密内容的法律规范。

受。而技术秘密立法的功能之一，就在于保护技术秘密私有产权的同时促进技术秘密对社会公共利益的维护。

相应地，在对中医药技术秘密权实施保护的层面，法律应体现两点要求：一是要对技术秘密的财产权利益进行确认，认可主体对该利益的占有及相应的利用权；二是应禁止非权利主体的损害。而在对中医药技术秘密权实施限制的层面，法律须表现为对违法和不正当行为获取的秘密信息，予以排除保护。

不同权利的背后总是对应着利益，技术秘密法需要做的是对利益依托的权利边界进行划分，并且守住权利的边界，避免权利冲突，这就是对技术秘密权进行限制的法定理由。在此前提下，对技术秘密的权利限制体现在对外和对内两个领域。

从对外效力看，中医药技术秘密权的行使表现为排他性，即所有权人有权支配和控制技术秘密信息并排除他人的干涉。但是这种排他效力是有限制的，其限制表现为同一客体之上的权利相容。法律不能拒绝他人在一定条件下合法获得技术秘密的权利，第三人用合法手段获知该信息的，皆拥有与原技术秘密所有权人平等的财产权。

如果中医药技术秘密被他人合法“破译”，原所有权人的技术秘密权就处在了不确定的状态。这一方面是因为与他人权利的相容和共存会稀释技术秘密信息的价值，权利人的市场收益将被分割；另一方面是因为权利人无权阻止独立开发或反向工程的实施者公开该信息。而一旦秘密信息被公开，原权利人在秘密信息上的利益将不复存在。正是这种权利存续的风险迫使权利人进行行为选择，只有在不易通过独立开发或反向工程获得的情况下，他才会花费成本实施保密措施。而在实践中，中医药技术秘密大多符合这种情况。

在对外效力上，法律对中医药技术秘密的权利限制还表现为强制披露制度的设置。强制披露可用于维护公共安全、控制犯罪、尊重和保护公众知情权等不同场合，它反映了当技术秘密权与公共利益冲突时的价值取舍。当然，由于公共利益包括哪些具体内容依然是一个尚未完全解决的法理问题，加上权利体系本身并不存在效力高低的位阶关系，因此，面对技术秘密权中的价值选择和权利冲突，技术秘密法并无一劳永逸的解决办法，需要在具体案件中进行衡量。

在对内效力上，技术秘密法的价值表现为对技术归属的界定和划分。中药企业对中医药技术秘密的运用，通过产业化生产的方式来实现，在这个过程中，企业和其员工都有条件成为技术秘密的实际控制者，这样就需要在企业内部准确划分双方之间在秘密信息上的权利边界。企业技术秘密的获得离不开内部技术人员的个人劳动，劳动者作为经验、技能的承载者，既是知识的受益人，也是创造者；而如果掌握这类技术的人员离开企业，就会影响企业对技术秘密的控制，增加泄露的风险。

为保护自己的技术秘密财产权，中药企业通常不甘于被动地接受其员工的自由流动，而是选择通过内部管理规范或契约来限制员工，特别是其中掌握技术秘密的人员的自由择业权，而这有可能影响甚至减损劳动者利用知识进行合法谋生的机会。禁止劳动者在一定时期选择或更换个人感兴趣或者最擅长的工作，所侵犯的不仅是公民的宪法权利，也不利于经济价值最大化的实现：在一个高度分工与合作的社会中，个人知识的特异化程度越高，职业的转换成本相应就越大，其自由择业的机会就越狭窄，如果不能实现人尽其用，将是对资源的严重浪费。因此，技术秘密法的功能在这里就应表现为平衡技术秘密权利人与劳动者自由择业和充分就业权之间的利益，通过设定相关人员的保密义务和竞业禁止义务，明确企业与特定员工之间某类技术的归属[1]。

4.1.2.2　技术秘密法的伦理维度

财产法律制度是一种法律关系与伦理关系的结合，中医药技术秘密权也不例外。作为一种法律关系，技术秘密权表现为对“自由”和“自治”的追求；作为伦理关系，技术秘密财产与“自利”和“无

[1] 实践中需要考虑的因素主要有雇员技术产生的方式；具有保护资格的秘密必须具备的“品质”；针对雇员与一般公众，企业是否采取了合理的保密措施等。详见特德·哈罗德、米希尔·米希里森《秘密信息和技术“诀窍”——加拿大法院审理商业秘密案件的司法实践》，马雅清译，载于《外国法译评》，1999年第3期。

害”相连❶。

首先，从法律关系角度分析，“自由”要求法律通过明确技术秘密的权利属性，界定权利主体以定纷止争，而“自治”则要求法律划定主体自由的界限，对自由“实行恰当的法的调控”[147]。

在技术秘密权利配置上，法律对效率原则的实现需要两个条件：一是权利主体的创造行为能够得到有效的激励和约束；二是信息资源可以自由流动和进行重新配置。这两个条件都依赖于权利主体的自治和自由能够得到有效的保障。从更高层面看，技术秘密权行使的自由是产权作为人权的重要形式的内在伦理要求。只有在产权自主自由的基础上，人的社会自由才有了基础和保障[148]。

技术秘密作为一种知识产权，其存在和发展是人类对自由价值进行追求与维护的结果。知识产权制度保障了权利主体借助自身劳动（如研发技术秘密）获取智力成果权益的自由，它尊重每个主体按照自己的意愿去处置知识财产的自由，只要这些自由没有妨碍他人的合法利益[149]。

从表面上看，思想的自由交换可能受到技术秘密制度的妨碍，例如私下向员工、合同当事人、供应商或客户披露秘密，就有可能合法地剥夺这些人使用该信息与披露者参与竞争的机会。从这个意义上讲，披露者就拥有了排他权，并有可能阻碍员工的自由流动[150]。然而，独立开发、反向工程、强制披露等制度的设置都限制了技术秘密权的过度行使，而限制性制度的存在又反过来扩张了技术秘密保护制度的价值，有助于技术秘密信息的流通：由于技术秘密始终存在被破解的压力，其迫使权利人有降低含有技术秘密的产品价格的趋向，由此公众可以从中受益。虽然他人的破解会耗费成本，但是破解秘密可以打破技术秘密原所有人对特定技术的垄断状态，缩短其技术垄断的时间，使信息有条件进一步传播。反之，如果在很长时间内某项技术秘密仍无法被破解，就说明该技术的创造性程度很高，那么它理应得

❶ 技术秘密的权利属性脱胎于对财产权本质的分析，学者唐清利、何真从宪法视角探讨了财产权的演进。详见唐清利、何真《财产权与宪法的演进》，法律出版社，2010 年版。

到更长期限的保护。若权利人经过衡量保密成本与技术信息的价值，认为产权转让更能实现自身利益的最大化，可以将其自由转让或授权他人使用，这客观上还有助于实现技术秘密使用价值的最大化。这样，技术秘密法律制度实质上就具备了自由选择的功能[151]，它把创造性程度高的发明创造与创造性程度低的发明创造区分开来，以此给予不同的保护。

其次，从伦理关系角度分析，“自利”表现为权利对技术信息利益的确认，它赋予了技术秘密权的排他性，而“无害”则是划定权利主体的义务、对技术秘密财产权的排他性做出限制，它要求法律对技术秘密所有人的权利和义务的划分要合乎基本的道德准则，以保持效率与公平之间的平衡。

与“自利”相比，“无害”是更为基本的伦理要求。“无害”对技术秘密立法的要求可以做广义解释。它既包含了作为底线伦理的“不伤害原则”，即权利的行使不能侵犯他人的合法利益和自由；也包含了最高层次的人权主张，即法律实施的效果不能损害他人的基本人权，不能贬损作为人类整体的生命尊严和任何个体的人格尊严[146]。上述要求体现在立法中就表现为对技术秘密权的法定限制。

应该说，在社会经济运行过程中，财产权与伦理有着不可分割的联系。作为厘定人际关系的社会手段，财产权内含了社会给予的尊重、支持和容忍，需要借助一定的价值标准和伦理观念来支撑[120]，“所谓权利就是基于公平或正义等道德原则的资格”[152]。可以想见，如果法律条文赋予了某种“权利”，而社会成员不予认同甚至抵制，“权利”就不过是一种“望梅止渴、画饼充饥的理念”，而无法转化为现实利益。而社会成员之所以认可某项权利，则源于它能够体现出最低限度的社会伦理价值。可见，财产权构建了伦理的基础，而伦理则是财产权安排的价值尺度。因此，作为无形财产权类型之一的技术秘密，其立法应体现伦理原则的最低要求，它不是鼓励自私，而是要求权利人在享有自由的时候不能侵犯他人的自由。

需要说明的是，在技术秘密法的价值体系中，对人权的维护不宜做过多要求。同专利法一样，技术秘密法也可以说是以积极促进人权为目标的。但在具体法律制度的设计和运行中，法律并不应以直接关照人权诉求为指针。技术秘密法调整技术信息所生利益的归属，多数时候与基本人权并没有直接的关联，赋予技术秘密法实现人权的功能与它作为私法规范的性质定位并不吻合。这一点与专利法的境遇十分类似。在专利领域，不少学者研究发现将专利法认同为人权保护工具的主张有将专利权利诉求进一步强化的趋向，这种诉求会严重侵蚀公共领域，进而对技术的创新形成阻碍[146]。更为关键的是，当这些人权语汇和政治观念向知识产权领域渗透时，知识产权会负载过多的政治和社会功能，从而容易偏离其法律构造的基本逻辑，使法律实践无所适从。

4.2 中医药技术秘密保护制度的法理基础

4.2.1 中医药技术秘密保护制度的外部证成：基于保护中医药传统知识的合理性

对中医药技术秘密制度的正当性论证，涵盖了对技术秘密权、技术秘密法的价值的分析，也包括了对设置该制度的合理性及必要性的分析。其中，对中医药传统知识进行保护之意义的分析，从外部证成了中医药技术秘密保护的合理性。

4.2.1.1 文化多样性的维护——经济全球化导致的破坏

近年来，现代科学技术加速向各个领域的渗透，在带来巨大利润的同时，也消耗了大量能源，使全球生物资源的数量和种类在不断减少。经济全球化的发展改变了人们的行为习惯和价值观念，西方文化逐渐占据了全球意识形态的主流，众多发展中国家的传统文化日益被边缘化，传统知识面临着消亡的危险。在这样一种环境下，中医药的地位也受到了冲击。受西方医学观念的影响，西药成为药品市场的主流，我国的中药材资源严重萎缩甚至枯竭，中医的治病理念不时面临质疑甚至否定，中医药存续危机频现。

人类学研究有一个基本立场，就是文化多样性是实现文化可持续发展的基本条件[33]。如同生物学上生物的多样性是维系生物物种稳定的前提一样，文化的多样性也是保证人类社会多元、健康发展的必备条件。若全球文化单一，只求同而不存异，人类社会将无法稳定前行。从文化视角来看，中医中药都体现为一种重要的文化要素，中医药知识蕴含着中华文明丰厚的文化积淀，其学术体系集中反映了科学文化与人文文化的有机交融。中医理论中的“阴阳五行”、中药理论中的“君臣佐使”等诸多学术理论和观念都与中华文化密切关联，它们浸润着中国传统文化对生命与疾病的解读。而中医药与其他学科的区别之一就在于其文化源流和文化形态，中医药带有较为鲜明的民族和地域特征，是中国传统文化知识体系中的重要构成。

文化是一个民族的灵魂，是其独立于世界民族之林的标记[153]。我国法律对中医药传统知识的保护既是对一国范围内民族文化的传承，也是在全球范围内保持文化多样性的重要举措，而国际上对传统知识保护的主张，最初也正是人类学家基于文化多样性而提出的[32]。文化是跨国界的，对中医药文化的保护也是对人类文明的尊重。

与此同时，文化还带有一定的政治色彩。从一定程度上讲，文化甚至具有政治后果[154]：文化本身可以视作权力的一种存在方式，或者说是权力拥有程度的一个尺度，不论是关于文化的话语权还是关于文化的解释权，都与主体的权力拥有程度联系在一起，文化的变动意味着一种权力关系和政治关系的变动[155]。而国家的文化利益与物质利益一样是具有终极意义的根本利益，正是这种根本利益决定了对中医药的保护，同时是维护国家和民族利益的体现，它是保持文化独立、文化安全的重要因素。

中医药知识在国家文化安全问题上面临的压力，既有来自欧美医药市场的冲击，也有来自亚洲市场的韩国和日本的冲击。特别是韩医、韩药和日本的汉方药，尽管它们脱胎于中医药，然而其文化影响力和发展态势却已有了超越中医药之势。近年来韩药和汉方药的海外市场占有率已经远远超越了我国的中药，其国际认同感在不断增加；与之相比，中药在某些领域反倒处在了落后追赶的境地。

4.2.1.2 国家经济、政治安全的维护——发达国家对中医药的掠夺性开发

在经济全球化进程中，发达国家运用资金和技术优势对发展中国家的资源特别是生物资源进行控制，以获取科技研发的原料。在国外市场上，中药的发展速度较中医快，然而中药的海外需求也主要是为西药研发提供原材料，中药材和中药提取物等初级产品占据了我国中药出口的大部分比重。发达国家的制药企业对中药的开发，使中药材处在了药品经济链的最前端，成为产生经济利益的源头，而外国企业的技术优势使这种开发无异于“生物海盗”般的掠夺。

面对发达国家对遗传资源或传统知识的不当占有，发展中国家肩负着保护本国资源和传统知识的重任，这不仅是一个文化和经济问题，也成为一个生存和发展的政治问题。对中医药的保护也是一样，它是维护国家政治利益、实现安全战略的重要组成部分。

安全战略包括经济安全性和竞争国际化两个方面[42]。经济安全性要求国家经济发展战略中的诸要素正常运转，而竞争优势的保持是维持经济安全性的关键。在国际经济舞台上，竞争靠国家经济实力的比拼，各国皆以本国经济安全最大化作为参与竞争的出发点。我国中医药发展规划的提出，也是国家参与国际经济竞争、提升国家经济安全的一个重要环节。早在 2001 年，我国就提出把中药产业作为国民经济的战略性产业，意在借助中医药的发展提升国际竞争力[156]。在国际经济舞台上，这种竞争力的提高需要以中医药的创新为前提。

知识经济时代，国家的创新能力是决定一国国际竞争地位的关键因素。中医药的发展除了需要继承传统、尊重并遵循自身的发展规律外，还需要不断创新。回顾中医药的发展史可以看出，历代医家从来没有停止过对中医中药的创新，他们在传承传统理论的同时，不断地创造新的智慧财富，这成为中医药保持生命力的源泉。在现代社会，这种创新主要表现为中药产业化进程中对新药的研发。

创新动力的获取需要制度的激励。个人兴趣、政府奖励虽然也能激发研发者创新的愿望，但是由于欠缺稳定的可预期性，主观因素太

强，因而激励效果并不稳定。相比之下，知识产权制度的激励是达到最佳效果的主要途径，因此，中医药的创新和发展离不开知识产权制度的维护和推动。

4.2.1.3　人权的维护——他人对中医药知识的不当占有

吴汉东教授曾这样诠释知识产权与人权的关系："从《美洲人类权利和义务宣言》到《世界人权宣言》，主要国际人权公约都赋予了知识产权的人权意义。"它包含了两个方面的内容，"首先是创造者对自己的智力创造成果所享有的权利，其次是社会公众分享智力创造活动通过知识产权带来利益的权利。这两项权利紧密联系在一起，都是国际社会承认的基本人权"[157]。

中医药知识凝结着数代行医者的集体智慧，它包含了对人体、疾病等自然现象和自然规律的客观观察，以及行医者对疾病诊疗的个人经验的总结，既是显性知识与隐性知识的集合体，也是群体智慧与个人智慧的集合体，以及客观规律与主观认识的集合体。一代又一代的行医者通过对自身生存环境的观察和理解，把个人的独特感受融入中医药的理论和技术操作体系中，这些知识和技术"既是创作者自己人格存在的实现，也是群体人格实现的方式"[158]。可见，对中医药的保护和尊重，同时也是对创造者人格权的保护和尊重。

随着人们对传统知识的社会价值和经济价值了解的深入，运用这些知识进行商业利用的领域也越来越广。由于不少商业利用行为事前未得到传统知识持有人的同意，事后也没有向其支付合理的费用，由此往往会引发传统知识持有人的反对。此外，对中医药资源的利用也不排除这种情况。在这个过程中，法学界关注的重心主要是惠益分享的实现，承认传统知识持有人对相关惠益的分享，是法律尊重其人权的表现。

有关中医药资源的惠益分享主要集中在中药材领域，即把中药材作为遗传资源进行开发时所涉及的惠益分享，这种分享是在知识产权框架下展开的。知识产权框架下，对中医药进行惠益分享的人权含义可以从以下几个方面理解：首先，在中医药知识和技术中凝结了创造者的创造性劳动，对它的保护本身就体现了对人类智慧和内在价值的尊重。其次，中医药知识的人格因素比较明显，保护创造者的知情同意的精神利益体现了其人格权尊严。最后，惠益分享对创造者财产利益的保护，能够保证资源提供者的基本生活水准，以及继续从事创造性活动的必要物质条件，从而含有保护生存权和劳动权的意蕴[159]。

知识产权的人权色彩体现了知识产权法的政策工具属性。在对技术秘密立法的过程中，立法者容易受到利益集团的影响，每一个法律文本背后都有一个或数个利益集团的存在，它们推动国家的经济政策和产业政策，通过法律将其竞争利益上升到国家利益层面[160]。在技术秘密立法过程中，立法者对政策因素的权衡会影响技术秘密法的内容，使其也体现出对人权的关照。

4.2.1.4 中医药自身科学价值的维护——对中医药的偏见和贬损

自西医引入中国之后，它与中医之间就存在着一种微妙的关系。官方从未动摇过对中医医学科学地位的维护，新中国成立后中西医并重始终是我国指导中医药行业发展的基本方针。但是民间有关中医的地位却出现过几次大的争议，其争议正是源于中西医的对比。

由于不符合公认的学习方法[161]，中医药传统知识在近现代社会遭遇了偏见甚至贬损。自 1916 年始，我国经历过三次中医存废之争，几次争议都将中医置于被审视、被验证的境地，中医需要自证自身的科学性，否则就会面临被否定甚至被改造的可能。某些极端的场合下，中医甚至被称为“巫术”，中医行医者也被斥为“骗子”。

德国慕尼黑大学教授波克特曾指出，在中国，诸多人“不承认在中国本土上的宝藏，为了追求时髦，用西方的术语胡乱消灭和模糊中医的信息”，“中医药在中国至今没有受到文化上的虔诚对待，没有确定其科学传统地位而进行认识论的研究和合理的科学探讨，所受到的是教条式的轻视和文化摧残”[162]。

中医药传统知识中，有些理论由于无法借助现代西方科学语言获得解释，导致人们对其价值缺乏认知；中药处方由于不能用现代生物化学的分子相互作用的术语来描述，有时即便对治疗疾病有效果也难以被完全接受。中医药就在这种被质疑、被指责的声音中疲于应对，中医医疗工作的正常开展也因此受到了影响，甚至在中医药界内部也存在着不重视中医药理论研究的趋向❶。虽然有关中医的存废之争最终以国家法律对中医药科学性和合法地位的正式确认而告终，但争议本身带给中医药的消极影响却是长远的。

在当前西医、西药已经主导着整个现代医疗体系的背景下，中医药的发展必须要正视自身的现实地位，一味地抗议或鼓吹都不能从根本上解决问题。中医与西医在治疗理念、基础理论包括文化背景上的差异是中西医并存的前提，但是如果只是停留于强调二者各自特色的阶段，仅能有助于双方初步的相互理解，却并不能直接督促中医中药的研究更上一层楼。多元并存不是保障，而只是安于现状的提法[21]，中医药必须在自身理论的完善和法律保护制度的完善这两个维度上加强研究，否则将会逐渐丧失生存的空间。

在自身理论层面，中医药面对现代科学，其挑战是双重的：既要有效率地汲取现代科学的力量；也要借鉴现代科学的严谨性，建立客观而有公信力的评价标准。从法律视角审视，完善中医药的知识产权保护制度，将是推动中医药发展不可或缺的环节。对中医药知识产权的保护能够为其发展架设一种法律机制，使其有条件获得尊重及肯定。反过来，法律地位的提升又能够促进中医药的推广、使用和创新，从而实现中医理论和技术的延续和繁荣。

4.2.2　中医药技术秘密保护制度的内部证成：基于中医药技术秘密的特性

4.2.2.1　中医药技术的私权化历程

在知识产权法律体系中，“技术”是一个经常被提及的字眼。现

❶ 在国内的一些中医院中，除少数知名中医有很深厚的功底外，一批中医师欠缺中医药的理论和技术操作能力，某些中医专业人员甚至放弃中医的望、闻、问、切的诊断方法，而全盘改用西医诊断方法。详见田润《中药知识产权现状分析及发展对策研究》，广州中医药大学博士论文，2009年。

阶段尚没有一个定义能准确涵盖“技术”一词所有的使用。通常意义上，它是指自然科学的应用，是人类改变或控制周围环境的手段[163]。在社会规则下，技术则成为划分人与人之间法律关系的依据。随着技术的产权化，因技术而产生的社会关系成为法律用以规范的重要类型，这种社会关系主要表现为因技术而生成的经济利益关系。

技术产权化的实现可以归结成四个要素[164]：利益控制的欲望、利益产生的技术条件、利益控制的技术条件、重复行为或者现象的抽象观念及规则的创设。一般认为，语言使用和工具制造是人区别于动物的标志，而技术和知识则将自身由“人的延伸变成了人性的固有部分”[164]。技术的这种人身性特征使其在一定程度上无法完全脱离人的主观因素的影响，因而对其如何实现产权化，学界存有争议。特别是在中医药领域，因涉及师徒传承的秘方、偏方等形式，这些中医药技术往往与行为主体密切关联，有的不属于经济利益关系中的财产，因而有学者认为它们等同于人的意志或天赋，不能在市场上被估价和交易[29]。

然而，中医药技术并非纯粹绑定于特定主体之上的主观之物，它通常还具有客体化的一面。中医药的技术体系首先具备为主体带来财富的条件，医治疑难杂症的中医技术、中药的配方、中药材的炮制加工工艺等，对其实际拥有者来说必然能带来经济利益。现代社会中，这些经济收益更多的是以中成药规模化生产的形式得以实现的，很多中成药优势品种能够保证生产者的市场竞争地位，因而中成药的配方或生产加工工艺多为厂家严格保密。可见，当被物化为外在载体时，中药技术相对于人身的独立性就得以凸显出来。即便是作为“疾病的诊断和治疗方法”的中医诊疗技术，也不再简单因其人身依附特征而丧失获取的条件，使用技术秘密的法律保护手段可以覆盖这类主题。

人类社会在跨越了几千年的农业经济时代和几百年的工业经济时代之后，已迈入知识经济时代[165]。知识经济的核心是知识的产业化[166]，知识产业化的核心是知识的产权化。当法律规则被创设从而使中医药传统知识获得保护时，这些过去尚未公开或尚未完全公开的中医药信息能够以技术秘密或其他权利形式存在，进而可以进入市场被估价和交易，并与其他生产要素相结合而形成产业。至此，知识产权法律体系的构建为中医药技术的产权化实践了最后一个构成要素，中医药技术的法律保护规则得以形成。

知识产权的创设在一定意义上可以视作对技术创造者的奖励[29]，这种奖励主要是借助市场实施的，是否奖励、奖励多少及何时奖励由市场决定。此外还有一种奖励方式即政府出资。政府出资有两种途径[144]：一是由政府为技术创造者或投资者提供某种形式的补贴，二是由政府向创造主体支付相应报酬。但这两种方式均具有一定的不确定性和不可预期性：出资势必会增加政府的财政负担，一旦出现财政困难，政府奖励往往会受到牵连。此外，操作上的困难进一步削弱了政府出资对创造者或投资者的激励力度。鉴于中医药技术效用的动态化，政府很难准确评估其价值，因此奖励数额不易确定。事实上，现今除了极少数国防科研领域的技术创造还由政府给予补贴外，大部分可以进入市场交易的技术信息已经摆脱了对政府奖励的依赖。

相形之下，知识产权的激励效用对创造者或投资者而言更具稳定和可预期的吸引力。通过赋予权利人法定的专有权和垄断权，创造者或投资者就能够保证投入成本的回收和利益获得，并能够实现技术价值的最大化。中医药领域中，作为知识产权的私权类型之一的技术秘密，通过法律确认了这种激励作用下的经济利益关系，技术创造者或投资者的个体利益便以财产权的形式获得了维护，这部分中医药技术秘密即由此具备了法律意义上的“财产”的内涵。

财产具有“效用”和“稀缺性”的特性，二者缺一不可。中医药技术秘密的客体属于有用信息自不待言，而其稀缺性则是建立在“客体”与“客体上的利益”相分离的基础上的。作为信息的中医药技术本身不具有排他性，它可以无限复制或传播，为多个主体同时共享，然而“知识不具有稀缺性不等于知识的创造活动不稀缺”。中医药知识技术中，无论中医诊疗、中药材的加工及炮制工艺，抑或中药配伍等，无不渗透着行医者临床实践的总结，其中许多工艺传承多年但仍然处在变化发展之中，其间创造者的稀缺、创造条件的稀缺和创造成功的机遇的稀缺，都决定了建立在该技术之上的利益应该是排他和专有的。通过立法确认权利人对该利益的法定专有权，有助于提供技术进一步研发和革新的动力，而知识产权法的作用就在于以法律形式使技术信息的支配权成为私有财产，从而达到权利支配的稀缺性要求。

由此可见，即便对于技术秘密类的知识产权，依然来自于法律的创设。中医药技术秘密首先是一种法定权利，这决定了立法过程中必须考虑技术秘密产权的界定问题，立法者因而具有较大的发挥空间[167]，随之而来的配套的行政管理与执法的需求也得以加大，中医药技术秘密与专利一样，似乎都带有了公权化的趋向。当然与专利的制度设计不同，技术秘密在权利成立之初并不需要来自公权力机关的确认，其后期的权利行使和维护也多是依靠自力实现的，唯有在对技术秘密的侵犯破坏了市场竞争的正常秩序进而触及公共利益时，以“反不正当竞争”为名的公权力才有了介入的理由。因此，法定化的技术秘密本质上依然属于“私权”，知识产权的公法化并非等同于私权利的公权化。

4.2.2.2 中医药技术秘密的技术特性

在中医药领域中，技术秘密之所以被关注，在于该制度对中医药技术的广泛适用性。从技术特征来看，中医药技术秘密可以涵盖很多种类，其中中成药占据了主要构成。中成药的配方及制配工艺都具有知识财产的法律属性，能够满足市场估价或交易的条件，对于其中达不到可专利化标准或专利申请成本高的中成药，生产者更愿意用技术秘密的方式加以保护。

从技术先进程度看，中医药技术秘密的技术含量通常包含两种相反的类型：一种是配方和生产技术复杂、产品物质结构不清，从产品很难运用反向工程倒推出其制作工艺的。对于这类存在技术优势的中医药信息进行保密处理，能够避免因专利公开所带来的负面影响，以此保持事实上的技术垄断。另一种则恰恰相反，技术含量较低，带有一定的“技术诀窍”的特点，甚至往往只是特别的下料配方、特殊的炮制工艺或者特殊的制作材料。这些技巧性的信息一旦公开，很容易为同业人员掌握而生产出同样的产品，而如果该信息获得充分保密，其他人则很难获知该诀窍，技术秘密权利人便可由此获益。对于这类信息，也不适宜申请专利保护，用技术秘密来维护该技术本身的脆弱性和它为生产者带来的经济利益，更具积极效果，在这种情况下，信息不公开较之公开获得的收益更大。

除上述实现了产业化的中成药品种外，中医药领域中的某些“秘方”或者某些疾病的诊断和治疗方法，由于不具备产业化甚至市场化的条件，其技术化之路则需要具体分析。中药配方按照来源可以分为古籍记载的传统方和来自民间的验方、偏方，现代工业化生产条件下，其中的一部分成为新药研发的源泉或者直接被开发成中成药的形式，还有一部分则散落在民间，由行医者以处方或药物的形式直接开给患者。在后一种情况中，医生往往会根据患者的证候、体质甚至外在气候、环境的不同而调整药味的剂量、配伍或炮制标准。辨证论治的结果，使同病异治或异病同治的情形在中医治疗中并不少见，而秘方就是“在这些方面的掌握上与一般从事中医工作的人相比，有着独到的见解和处理方法”。对于秘方，当前的做法是行医者根据对患者开具的处方，以丸药、药膏等看不出其配制方法的方式出售给病人。这种做法属于行医者实现经济利益的自我保护，若申请专利就要公开配方，秘方就会失去存在的意义。可见对于这类秘方，它们依然能够脱离特定主体而单独存在，产业化与否不应是判断知识产权制度是否对其给予保护的条件。

而对于那些有严格人身依附性的中医诊法、疗法，也并不与技术秘密的保护方式相抵触。中医的诸如望、闻、问、切的四诊手段或者推拿、气功、针灸等疗法都带有很强的操作性，其中很多诊疗方法是公开的，并不具有保密性的特点，人人皆可获得，其技术应用的效果往往取决于行医者的经验、能力甚至禀赋。对于这种作为思维活动的中医药技术，因无法实现物化，不能脱离行医主体单独存在，因而也无须借助知识产权加以维护，当前条件下它们多是依靠师徒相传的方式获得延续。但是中医诊疗技术中仍然存在可以局部物化的空间，例如对于某些特定疾病的特殊治疗手段的攻克[1]，就具有类似于智力成果的科学理论和发现的特质。法律上对这类技术虽然不授予专利权，但有条件通过技术秘密保护来实现权利主体私权享有的要求。

中医药技术秘密保护的历史由来已久，所谓的“秘方”正是以秘密方式行使保护的例证。这看似引出一个悖论：技术秘密权源于知识产权法的设定，而中医药技术秘密的保护在知识产权法制定之前的农业经济时代就已存在，技术秘密是“法定权利”的结论似乎因此站不住脚。事实上，在知识产权观念进入人的思维之前，法律是将技术秘密视作财产权的一种而加以维护的，对中医药技术秘密的保护同样源于对财产权保护的社会规则。即便没有专门的制定法，侵犯他人的技术秘密信息也会被视作对权利人财产利益的侵犯，而被纳入违反道德或者法律，应受到谴责直至惩戒的行为中[2]。前知识产权时代中，法律或道德维护技术秘密的原因在于惩罚侵权行为，而不论是否针对秘密信息本身。唯有在进入知识产权保护时代之后，技术秘密才得以获得法律的正式确权。以维护财产权的社会规则对中医药技术秘密侵权行为实施救济的发展历程，反过来验证了技术产权化的必然性，由此，技术私权的特性得以进一步彰显。

[1] 例如中医于1958年独创的针刺麻醉技术。

[2] 如前所述，现代社会对技术秘密的保护还可以借助合同法、劳动法、反不正当竞争法等法律法规来实现。

第5章　影响中医药技术秘密保护制度建构的制约因素分析

5.1　现有法律规制的影响

5.1.1　中医药技术秘密的法律保护现况

由于没有专门的商业秘密法，技术秘密的保护在我国散见在诸多法律文件中，通过不同的立法条文得以呈现。

5.1.1.1　法律适用现状

作为法律上的正式术语，“商业秘密”一词在我国最早出现于1991年的《中华人民共和国民事诉讼法》[1]中，技术秘密与经营性秘密一并列入商业秘密中予以保护。在这之前，我国的法律文件中并无“商业秘密”这一表达，只是对其中的技术秘密做过规定[2]。在这之后，基于1992年1月中美两国签署的《中美政府关于保护知识产权的谅解备忘录》，我国加快了对包括商业秘密在内的知识产权的保护

---

[1] 2008年4月1日修订后的《中华人民共和国民事诉讼法》生效，其中涉及商业秘密的法条为第66条和第120条。

[2] 有关技术秘密的表达，在我国的法律文件中曾经使用过不同的称谓。1983年9月国务院发布的《中外合资经营企业法实施条例》，以及1988年1月对外贸易与经济合作部发布的《技术引进合同管理条例实施细则》，分别使用了“专有技术”一词；1987年12月施行的《中华人民共和国技术合同法》、1988年4月施行的《中华人民共和国中外合作经营企业法》及1994年7月施行的《中华人民共和国公司法》则分别使用了“非专利技术”一词。

进程❶。1993年12月1日生效的《中华人民共和国反不正当竞争法》正式对商业秘密的概念、构成、侵权及救济做出了明确的规定❷；1995年11月原国家工商行政管理总局又颁布了《关于禁止侵犯商业秘密行为的若干规定》，之后颁布的《中华人民共和国合同法》（第43条、第107条）和《中华人民共和国劳动合同法》（第22条、第102条）分别对合同及劳动合同签订过程中涉及商业秘密事项的情形，规定了相关当事人的保密义务；1997年3月修订的《中华人民共和国刑法》也相应增加了关于侵犯商业秘密犯罪的规定。

1. 商业秘密的综合性保护

我国涉及商业秘密保护的法律条文，在立法形式上涵盖了法律、行政法规和司法解释等类型，但真正体现对商业秘密保护的直接立法仅为《中华人民共和国反不正当竞争法》中的两个条文（第9条、第21条）和刑法中关于侵犯商业秘密犯罪的规定。而《中华人民共和国反不正当竞争法》（包括2007年最高人民法院发布的《关于审理不正当竞争民事案件应用法律若干问题的解释》）对商业秘密的保护，是将其置于违反正当竞争秩序、破坏正常的市场交易规则的视角予以考虑的，并没有从知识产权角度出发以保护财产权的立场进行规制，因而该法带有明显的经济法调整的功能，这是造成一些人认为商业秘密在性质上仅属于一种竞争手段而非知识产权类型的重要原因[168]。在对商业秘密侵权行为进行约束时，反不正当竞争法将保护范围及侵权主体仅限定在“经营者”范围内，对于不具备经营性质的秘密信息及非经营者侵犯他人商业秘密的情形则不予以保护，因此该法的适用条件比较有限。虽然后来的《中华人民共和国合同法》及《中华人民

---

❶ 在此之前我国政府与美国政府于1991年4月12日签订的关于延长和修改两国政府科学技术合作协定的协议，将商业秘密的要件引入我国的法律保护中。

❷ 新修订的《中华人民共和国反不正当竞争法》于2018年1月1日生效。有人认为《中华人民共和国民法通则》（以下简称《通则》）第97条第2款中提到的“其他科技成果”应包括商业秘密，是我国法律文件中涉及商业秘密的最早规定。但《通则》关于“其他科技成果”的内容，只是规定了给予“荣誉证书、奖金或者其他奖励”，可见其内容带有较强的行政性，这与商业秘密的私权利性质存在冲突。

共和国劳动合同法》也对商业秘密做出了规定，但它们都是将商业秘密的保密义务限定在合同之债的范畴内，并没有从侵权责任的角度设定对合同当事人之外的第三人的保密义务，因此其保护效力仍然受到制约。

2. 技术秘密的一般性保护

“技术秘密”一词在我国被明确列入法律规范是在 1987 年。之后随着《科学技术保密规定》《中华人民共和国促进科技成果转化法》《中华人民共和国科学技术进步法》及《中华人民共和国保守国家秘密法》的出台，我国法律对技术秘密的保护逐渐成形❶。从当前的立法内容来看，可以发现国家有关技术秘密的规定偏重于对其中已被归入国家秘密的信息的保护。而在立法上，中医药技术秘密与国家秘密保护对象的交叉比较集中地体现在对科学技术成果的管理上，所谓的中医药技术秘密，更多时候涉及的是中医药国家技术秘密。产生交叉的重要法律依据是《中华人民共和国保守国家秘密法》中关于“国家秘密”范畴的界定。“科学技术中的保密事项”被列入国家秘密的一种类型，为中医药技术秘密转化为国家秘密提供了法律渠道❷。1995 年 1 月，国家发布的《科学技术保密规定》正式规定了“国家科学技术秘密”，并将国家技术秘密分为“绝密”“秘密”和“机密”三级。

国家技术秘密的设置重在强调国家利益的优先性和绝对性[91]，它带有比较明显的计划经济思维及时代特征，因而这种政策性保护在当今社会条件下面临越来越多的压力。国家秘密属于公权，其权利主体是国家而非私权利个体，它与被列入知识产权体系中的技术秘密（商业秘密）存在性质上的根本不同。特别是对中医药技术秘密而言，

❶ 从内容上分析，我国有关保护技术秘密的第一部实体法是 1987 年 11 月 1 日实施的《中华人民共和国技术合同法》。虽然该法条文中没有使用“技术秘密”“商业秘密”等术语，但其内容已经体现出从合同角度对技术秘密的保护。参见该法第 7 条、第 32 条、第 39 条、第 41 条。

❷ 技术秘密转化为国家秘密在实践中是通过当事人申报、行政机构审批完成的。国有企事业单位按照行政隶属关系向科技主管部门上报；个人完成的成果，由所在的省、自治区、直辖市的科技主管部门确定密级，并依法予以管理。在获得批准后，其运营包括国有民营、民有国管两种形式。

若将其视为体现国家安全和国家利益的权利类型并归入公法领域，实难获得理论上的普遍认同。虽然有学者认为国家技术秘密的存在并不会否定该信息的商业秘密性质，该制度不过是对同一技术成果赋予了“国家秘密与商业秘密的双重保护”，但是当具体到保护措施的实施时，这种双重保护就会面临行为选择上的困难。作为商业秘密的技术成果，其私权利性质的认定倾向于对该技术进行不断的推广和应用，而越推广和应用，越容易降低该信息的保密性，直至最后不再适合作为国家秘密进行保护[91]。同理，当该技术信息受到他人非法侵犯，在司法程序中面临对侵权行为的认定时，当事人同样存在究竟按照商业秘密还是国家秘密来主张权利的选择之困。

3. 中医药领域的专门法保护

与上述保护思路存在相同困境的是《中药品种保护条例》对中医药技术秘密的规制。作为中医药领域中对涉密技术提供保护的行政法律文件，《中药品种保护条例》对中药技术秘密的保护，是借助品种保护制度的设置，将其作为“中药一级保护品种”来实现的。从保护客体和保护内容上来看，它基本属于对中药的国家保密品种的回应。《中药品种保护条例》将我国已列入国家秘密的中药制剂都归入了一级保护品种，其配方和工艺不对外公开，只由该品种的生产企业掌握并使用，其他企业不得生产或者仿制，否则将受到药品行政主管部门的处罚。这种由公权力机关全程参与中药领域的技术秘密产品的生产及维权过程的做法，显然与技术秘密的知识产权性质不符。由此引发的质疑是，如果没有公法作为后盾，中医药技术秘密似乎就欠缺受法律保护的正当性。

与此同时，由于中药品种保护制度并非专门针对技术秘密而设置的，它保护的对象不限于私有领域的中药类信息，许多已进入公有领域的中药品种也被纳入保护范畴❶，其权利主体除产品的原研者外还包括其他达到相应生产资质的药品生产企业。对于这些中药品种，

❶ 在陆续获得保护的1200余个中药品种中，较大的一部分属于中药经方、验方，其配方组成和工艺已属于公有知识。

《中药品种保护条例》的实质是通过行政准入的方式，设定对各权利主体之间经济利益的划分而非权利的归属。由此可见，该法规的意义更多的是在规制中药企业的生产秩序层面，而对于中医药私法保护体系建构的价值则付之阙如。

5.1.1.2　存在的主要问题

从法律条文的内容和运行实践来看，我国有关中医药技术秘密的立法主要存在以下问题。

1. 缺乏统一立法，技术秘密的法律规范分散、不系统

当前我国对中医药技术秘密的法律保护，连同其他商业秘密类型一起，仍然是在《中华人民共和国反不正当竞争法》的框架下实现的，其整体格局可以概括为以反不正当竞争法保护为主、以民法和刑法保护为辅。从内容来看，上述法律偏重于对秘密信息侵权行为的事后救济，这对技术秘密的保护来说是不全面的。

技术秘密的建立就像一个重要的法学“重组”，其内容来自于不同的法律分支，既包括反不正当竞争法，也包括合同法、侵权责任法、劳动法、保密法等；制定专门的商业秘密法，对于整合这些法律条文将更为有效。当前司法实践中的技术秘密纠纷已经涵盖了该领域的诸多热点问题[81]，包括权利归属的争议、保密合同的签署、竞业禁止的规制等纠纷在我国都已出现，若将上述问题全部置于反不正当竞争法框架中，靠增设条文予以局部修补，不仅在立法结构上有失妥当，而且也容易使技术秘密制度的立法主旨产生偏差。

2. 相关法律条文保护思路不统一，存在冲突和矛盾

鉴于药品对维护公共健康的重要性，国家对药品监管的主导性思路是承认和尊重公众的知情权，借助药品上市审批、药品标准等制度设计，要求生产厂家对药品的配方及工艺予以公开，不得保留。而作为对药品研发者、生产者权利保护的回应，知识产权法中的专利制度则相应地赋予了权利人以法定的经济利益垄断权。可以说，这种用公开换保护的思路，无论是对公共利益的维护，还是对私权利人技术创

新的激励，都具有积极作用，专利制度因此在该领域具有强大的吸引力和广阔的发展空间。

但是专利制度的优势不能排斥或否定其他知识产权制度存在的合理性，唯专利至上的思路在中医药领域并不可取。如前所述，中药专利申请的困难使得诸多技术性信息面临专利保护不可得的局面，技术秘密的保护这时候不可避免。然而中医药技术秘密在我国的应用之路并不顺畅，国家有关中药研发、生产、审批及上市等制度的设计与西药并无二致，技术秘密的保护要求无法与上述环节有机相融。在这种背景下，为理顺秘密保护方式在该领域的适用需要，国家采用了公法手段（国家秘密、中药品种保护）予以介入，借助公法的力量为技术秘密的推行去除障碍。不过，考虑到制度设置的时代特征，继续用公法保护中医药技术秘密的做法是否应存续值得商榷。

5.1.2　保护思路的冲突

对技术秘密法律保护现状的梳理，为中医药领域存在的保护思路上的冲突提供了注解，具体而言，争议主要出现在两个方面：一是对中医药技术秘密是否应该保护的问题，二是应该用何种手段保护中医药技术秘密的问题。有关这些争论，笔者尝试从信息披露的法律规制、国家技术秘密的设置、药品标准的设立三个方面展开分析。

5.1.2.1　秘密保护方式与药品配方、工艺公开的矛盾

中医药技术秘密制度争议最大的问题还是集中在中成药领域中。就我国中药产业来看，当前所涵盖的技术秘密主要涉及中成药的配方、制作工艺、制作方法等信息。无论是采用国家秘密、商业秘密或者中药品种保护的手段，上述信息皆是以秘密不公开的形式予以保存，这与技术信息的扩散要求是背道而驰的。

1. 中医药技术秘密作为信息的共享性：出于保障公众健康的考虑

基于技术创新的需要，学界普遍认可知识共享的必要性，认为技

术扩散是促进技术创新的基础要素，对技术利益的控制不能以危害技术信息的扩散为代价[164]，这成为技术秘密制度备受争议之处。从表面上看，技术秘密通过限制信息流动以保护个体对秘密信息的控制，而以专利为代表的工业产权制度在整个社会范围内则形成了一种鼓励信息流动的知识氛围。药品专利正是基于此获得了保护的正当性，它与技术秘密制度相对抗的切入点之一就是对特定信息的公开化。专利中的公示制度、文献制度等构建了药品技术信息的扩散机制，专利信息和权利内容的公开有效实现了药品信息的共享。

特别是西药更是如此。鉴于多数西药的研发以特定化合物为研究基础，往往是以该化合物获取专利授权作为研发基点，因此新药上市前必然已对相关专利予以文献化，药品的成分及构成会经由监管主体予以审查，并在最终上市时以药品说明书的形式对公众公开。西药的这种生产和监管体制能够实现与专利制度的完美衔接，其中蕴含的信息披露机制也得以顺畅运行。

在全球药品专利化趋向的背景下，我国对中药的法律规制也逐渐与西药对接。2006 年 6 月 1 日，原国家食品药品监督管理总局在全国颁布施行了《药品说明书和标签管理规定》，其中第 11 条明确规定：药品说明书应当列出全部活性成分或者组方中的全部中药药味。注射剂和非处方药还应当列出所用的全部辅料名称。这一规定是信息披露要求的体现，有助于实现药品信息的共享，但是势必会与中医药技术秘密的保密机制发生冲突。公开披露意味着保密信息的丧失，权利人为研发投入的成本将无法获得补偿，竞争优势也将不再，但是放弃保密则可能会带来更大的损失，很多中药生产厂家由此陷入两难。

如前所述，中药与西药在作用机理、药物构成上的迥异，使得适应化学药特性要求的专利对中药存在着天然的不适应。削足适履般地把对西药的管理要素完全移植到中药领域，最后只能导致中药“西药化”，使中药的发展偏离正常轨道，我国中医药领域的发展现状也印证了这一点。为规避行政监管的硬性条件，有些厂家在实践中采用两套技术方案，在药品上市申请程序中将最核心的配方或工艺予以保留，只公开其他成分，作为应对审查的权宜之计。然而，这种对秘密信息的控制办法缺乏法律根基，无法获得有效的支持。

2. 公共利益抗辩规则对信息披露的要求：出于对公众知情权的维护

除信息披露外，中医药技术秘密面临的另一限制来自于公共利益抗辩规则的适用。虽然我国现行法律尚未对此做出明确规定，但学界普遍认可该规则的建立，它在司法实践中也逐渐成为法院据以做出裁量的重要参考因素。

商业秘密中的公共利益抗辩，是指出于维护国家利益、公共利益等需要，法律对私权利主体的商业秘密（技术秘密）予以披露、公开的制度，它是对商业秘密权行使的限制性规则，用以防止权利人对公共利益的破坏，以及对自身经济优势地位的滥用。其中所涉的公共利益，依照商业秘密制度发达的英美法系的判例，主要囊括了披露犯罪或侵权、欺诈公众的行为，保护公共健康和安全及保障国家安全等事项[169]。在中医药技术秘密领域中，公共利益抗辩除了维护公共健康，还涉及对公众知情权的维护。

药品的生产和销售关涉多方主体，其中，药品的消费者是最大的利益相关者。出于经济民主的要求[170]，法律反对药品生产经营主体经济力的过度集中和对市场支配地位的滥用，从而需要赋予利益相关者以知情权为核心的相关权利进行制衡，这是合同公平交易的内在需要，也是维护药品消费者正当权益，保障其后期有条件实施法律救济的前提。

药品信息具有很强的专业性，对于普通消费群体而言，非经药品生产者或药品监管主体的主观披露，公众无法准确获知该药品的真实内容，从而容易面临因信息不对称而做出错误选择的可能。因此，法律施予信息优势方以信息披露之责任，有助于纠正利益相关者的弱势地位，避免交易双方的利益失衡。

从保护利益相关者的知情权角度考察，涉及药品的信息涵盖了较多内容，例如药物成分及配比、副作用及不良反应、药物禁忌及潜在风险等。在这其中，中药生产厂家的信息保留集中在药品成分或配比上。为保护技术秘密，厂家往往只是在药品说明书中列出该药品的基本组成而非全部成分，对配方的比例或重要组分一般不予披露。中成药多为复方，其疾病的治疗机理在于通过复方中多味药效物质的交互作用，实现多靶点、多方位地调整人体机能以达到治疗效果。在这个过程中，除了工艺，中药组方的配比对药效的发挥也至关重要。依照中医理论，中药的配比须遵循“君臣佐使”的用药规则，不同组分在用量比例上有不同的要求，其中某些关键药味的增加或减少对药效影响甚大。不同生产者生产出的同类药品，抛开制作工艺不说，即使主要成分相同，如果关键药味存在差异，或者即便成分完全相同而仅是配比比例不同，都可能导致药效上的差别。因此掌握此类药品核心技术的厂家，通常选择技术秘密方式对相关信息予以保密，这是其获取市场利益的关键所在，如果对其技术秘密予以公开披露，竞争利益将不复存在。但该种做法显然与公共利益抗辩规则相冲突，这也成为中药特别是中成药难以打入国际市场的原因。

5.1.2.2　商业秘密保护与国家秘密保护的矛盾

从宏观上看，产业化发展之路并没有完全改变中医药技术秘密对人的依赖，人才的流动依然是中医药技术秘密流失的重要原因。在该领域，有效的人力资源管理不可或缺，它在一定程度上超越了法律规制的范畴，更多地具有行政管理与法律规制综合治理的色彩，这就为公权力的渗透提供了可能性。

1. 事实认知

在技术秘密保护过程中，公法的作用不容否定。事实上，知识产权的公法化已成为不可逆的过程，作为知识产权类型之一的技术秘密，虽然本质上属于私权，但并不能拒绝公法的干预。但是公法干预必然要以私法自治的不力为前提，不能因为公法与私法皆保护私权利而无视二者性质上的泾渭之别[171]。对公平和效率价值的实现同样也是私法的追求，在私权利完全可以实现自我维护的空间内，公权力不适宜代替私权利发挥作用。而从现阶段操作实践看，在已有的中药保护品种中，一部分被列入“国家秘密”[1]，从而被纳入公权垄断的体系中，虽然这在一定程度上有助于提升秘密信息的受保护程度，但是仍然存在理论解释上的障碍（见表5.1）。

表5.1　国家秘密和商业秘密的区别

标准	国家秘密	商业秘密
主体	国家	自然人、法人
法律属性	公权	私权
取得方式	法定程序确认	自动取得
保密方式	保密部门专职负责	自行保护
排他性和流动性	绝对排他性、不可转让性	相对排他性、可自由转让
保护期限	法定期限	无期限/约定期限
范围	国防、军事、政治、经济、社会、外交、科技等	技术信息、经营信息

国家秘密属于公权，根据《中华人民共和国保守国家秘密法》的规定，我国对国家秘密的确认和保护是基于对政治、经济、国防和外交领域的国家安全和利益而做出的选择，它与私法意义上的技术秘密（商业秘密）存在本质区别。我国的国家秘密中一部分属于技术性信息，若涉及国家安全或国家利益（如某些尖端武器的技术设计），这类信息被收归国家秘密范畴不存在理论障碍，但是覆盖到中医药领域，就会出现法理上解释不清的局面。中医药领域的技术秘密，特别是占据其中最大比例的中成药技术秘密多为特定药品的配方、制作加工工艺等信息，它关涉药品生产企业的经济利益，而与国家安全没有直接的关系，更不会直接影响到国家的整体利益。尽管这些知识产品背后所蕴含的中医药知识具有公共属性的特征，但是表现在物化了的中药成品上，其外化载体带有明显的“产品”属性，是权利人局部经

[1] 如云南白药、漳州片仔癀的配方等早已划归国家秘密，其配方的所有权收归国家，企业只有生产经营的权利，对配方无处分权。

济利益的体现❶，将其纳入国家秘密范畴等于人为排除了技术秘密私权的自我调节功能，使私法层面上权利人本该自由交易的信息行政化。

有学者将保密专利与国家秘密做类比，认为“既然保密专利的管控并没有以‘归国家所有’作为充分必要条件，那么以知识产权的另一类别‘商业秘密’的形式存在的技术信息或发明却只能归国家所有的话，在逻辑上就很难讲得通”[172]。笔者不赞同此说法。保密专利通常涉及国防科技信息，它在性质上仍然归属于专利，对知识产权的基本属性的分析适用于保密专利，因而其产权可以不归国家而属于项目完成单位甚至个人❷。而国家秘密与商业秘密则分属不同的运作轨道，商业秘密是“私权”，国家秘密却不是国家知识产权，不可纳入知识产权的私法体系中。作为国家主权的一种特殊表现形式，国家秘密的落脚点在于国家利益之上的“公”的观念[173]。

对于纳入国家秘密的中医药技术信息，另有研究者认为一旦这种商业性质的秘密信息成为国家秘密，就意味着它所代表的这项财产权利遭到了侵害，因为这时财产权利人已经不再是企业，而是变成了国家。当国家把具有经济价值的商业秘密信息上升为国家秘密时，本质上是一种对企业财产权的“征收”行为，因此必须给予原所有人以经济补偿[174]。笔者认为，上述“行政征收论”的说法是否准确有待商榷。从当前我国的操作实践看，国家秘密的产生都是由私权利人主动向政府主管部门申报，经过层级审查，最终由国家科技部批准而获得的❸，并非由政府依职权主动征收产生；对于已获批准的国家秘密，政府通常以科技奖励的形式给予创造者报酬，这在性质上更接近于行

---

❶ 有关列入国家秘密的中医药品种，有种解释说其具有战时物资储备的意义。如云南白药就被列入作战部队必备的急救药品中。然而这种以药品的治疗功能为理由的说辞并不具有说服力，但凡药品都具有治病救人的功用，这不能解释为何没有西药配方被列入我国的国家秘密范畴中。

❷ 参见2001年12月国防科工委颁布的《关于加强国防科技工业知识产权工作的若干意见》，以及2004年9月由国务院和中央军委公布的《国防专利条例》。

❸ 依照我国法律，国家科技保密管理工作由科技部直属的国家科学技术奖励办公室具体承担。

政奖励而非行政征收后的补偿。而对纳入国家秘密的中成药品种，生产企业并没有因此丧失对该技术信息的控制，生产企业仍然可以利用该信息继续保有市场竞争优势、获取经济利益，其市场收益不上交国家而是归企业自己支配。因此，将技术信息列入公法的国家秘密范畴并不真正具备行政征收的特征。更耐人寻味的是，掌握国家秘密的中药生产企业，事实上皆将自己保有国家保密配方的事实广而告之，作为对外扩大市场份额的宣传，企业因“国家秘密”的引入不仅没有损失，反而进一步获益。

由此可见，中医药国家秘密的出现并非对私权利主体的权利限制，而是带有了一定特权保护的色彩，进而成为生产者竞相申请的目标。虽然对列入国家秘密的信息在使用、转让或技术出口时，当事人应当遵守保密规定或者办理相关的审批手续❶，但国家秘密此时已经成为生产者手中的“王牌”，企业通常不会对已列入国家秘密的中医药信息轻易披露或转让。这种运用公法手段对企业的中医药技术秘密实施的强保护，在一定意义上确实有助于提升信息的保密程度。但不可否认的是，把私法性质的中医药技术秘密划入国家秘密，更多的是出于政策权衡而非理论演化的结果。相对于西方国家商业秘密与国家秘密的界限分明，我国法律对相关秘密信息的语焉不详，容易诱发对中医药技术秘密的过度保护，导致信息公布的不透明，使生产者与市场竞争者在主体地位上失去彼此间公平竞争的前提。

2. 价值选择

“公共利益”是公权力干预私权的正当理由[175]，具体到中医药领域，它与个体利益之间的对抗，表现为公众健康与私权利人经济利益之间的价值衡量。通常认为，经济利益之上的公民生命、健康的意义更高，因此对公众健康权的维护应优先于私权利个体的财产利益。在权利设计过程中，法律理念的价值位阶超越了法律技术，中医药技术秘密的客体属性蕴含着对公众生命健康权的维护，因而在其之上的

❶ 参见由国家科学技术委员会、国家保密局 1995 年 1 月发布实施的《科学技术保密规定》。

权利配置应体现出对公共利益的保障。这在一定程度上解释了公权力对药品信息进行管控的动机，但仍然不能成为将中医药技术秘密划归公法管辖的理由。

以公众健康为由，干预中医药技术秘密，在法律上可以表现为技术秘密的强制披露制度、强制许可制度等，但国家秘密制度显然并不位列其中。如前所述，中医药国家秘密的确立并非基于公众健康的考虑，而是在国家利益和国家安全的视角下提出的，这就使其缺失了一定的说服力。即便是对于我们这样信奉社会整体价值观的国家，权利配置上将药品领域的技术信息纳入公法，也没有彰显出对国家整体利益的维护效果。而且就其中的国家利益来说，由于利益价值本身不存在位阶高低之分，不能预设孰优孰劣。即便个人利益做出让步，也往往不是因为国家利益的地位显赫，而是源于“在公共利益的远大设想中，涵盖了对个人利益的周到考虑，也就是每个人都会从公共利益中获得改善”[176]。

现代社会解决公益与私益冲突的办法是对二者进行评价，由政府权衡彼此的大小，当公共利益大于放弃个人利益带来的损害时，则公共利益优先。但是这种判断标准却忽略了政府的利益捆绑问题。政府不是抽象的存在，虽然充当着国家利益的代表，但却是一个相对独立的利益共同体，自利性的本能容易引发政府的擅权行为[177]。中药企业的国家秘密申请，由于掺入了商业性因素，因此在对其进行审查的操作中，不排除公权力主体为谋取自身利益，而借国家利益之名滥用权力的可能。中医药技术秘密向国家秘密转化的同时也会为公权力的寻租提供可能。

将商业秘密性质的中医药技术信息划归国家秘密，另一个难题在于政府信息公开的制度安排。国家保密制度的设立，从信息环境层面分析是出于对信息安全的维护。而 2008 年《政府信息公开条例》确立的“公开为原则，不公开为例外”的规定，则使“国家秘密”面临着信息公开与信息安全的对立。这是社会信息化发展过程中需要付出的成本之一[178]，它意味着，基于保护公共利益的需要和对公众知情权的维护，政府不得以维护国家安全为由简单拒绝秘密信息的公开。

对于《政府信息公开条例》与《中华人民共和国保守国家秘密法》之间立法理念的冲突，学界倾向于以前者优位。笔者赞同该观点，但由此又产生了制度选择上的新问题：基于政府信息公开的需要，中医药国家秘密面临信息披露的压力；而对于仍属于商业秘密层面的中医药技术信息来说，基于法律对财产私权的尊重，权利人却可以继续采取保密措施，其公开压力远不及国家秘密。即便是那些处在政府掌握中的企业商业秘密，依照《政府信息公开条例》，其公开与否在原则上也要“经权利人同意”。可见，对划入商业秘密的技术信息，法律应该首先承认和保护私权利主体的财产利益，政府无权随意公开，寄希望于用国家秘密提升保密程度的中医药信息，在面临信息公开要求时出现了保护选择上的矛盾。

5.1.2.3 技术秘密保护与药品标准规制的矛盾

中医药的持续发展，需要中医药政策的协调推进，当前形势下，中医药的标准化成为政策聚焦的重心。所谓中医药标准化，是指对一定范围内的重复性事物和概念所做的统一规定，它通过制定、发布和实施中医药标准以实现统一，获得最佳秩序及社会效益。标准化是对科学和技术经验加以消化、提炼和概括的过程，制定标准的对象是规律性、重复性的事物，中医药的标准化政策正是基于其具有可重复性的特征。

1. 中医药标准化战略的生成

中医药标准化包含中医标准化和中药标准化。在中医研究领域，个体化诊疗被视为中医科学的生命力所在，但是个体化诊疗并不排斥规律的存在。作为临床医学的代表，中医的诊疗理论来自于世代医师行医实践的传承，这些实践经验之所以能够被学习，就在于它具有可重复性。在反复的个体化诊疗实践中，古代医家总结出了中医药理论、诊疗方法，以及药物配伍、方药组成等规律，并使之沿袭和流传，这正是中医药标准形成的基石[179]。

然而在中医标准化的过程中，其操作规程的逐步分化和细化却不断引发质疑之声。不少研究者认为，即使中医有规律可循也并不意味着操作规程的绝对统一，过度标准化会阻碍对中医理论的灵活应用。中医以“证”为核心，要求根据病人的身体体征“对症下药”，不完全拘泥于病种的束缚；而过于追求中医的标准化、强调对诊疗操作的整齐划一，容易破坏中医个体诊疗的特色，使辨证论治的治疗理念受到冲击。

与中医标准化过程中面临的上述困难相比，中药的标准化之路所引发的争议则少了很多。中药品质和声誉的确立，需要从产地到药材、从药材到饮片、从饮片到成药、从成药到市场都能够按照一定规则形成一系列连续、顺畅的映射关系。而所有映射有效的保底条件是约束特征集能达到有关标准[180]，使得中药品质有所保证。这就要求政府对中药材、中药饮片、中药提取物和中成药都实施标准化控制。相应地，中药的标准化就包含了中药材的标准化、饮片的标准化、中药提取物的标准化及中成药的标准化等几大类别❶。早在 2006 年，国务院就在其十六部委联合发布的《中医药创新发展规划纲要（2006—2020 年）》中提出了建立国际认可的中医药质量标准规范体系的目标；2013 年 2 月，《国家中医药管理局关于加强中医药标准化工作的指导意见》中进一步明确了中药标准化建设的方向，至此对中药实施标准化控制成为必然。

知识经济时代，在关税壁垒被破除的背景下，技术标准已经成为一国占据和控制国际市场、保护和发展本国市场的最有效手段。国与国之间的经济竞争正逐渐转化成为世界范围内技术标准之间的竞争，各国越来越重视标准化问题，标准化工作被提升到国家战略的高度。对一国而言，某一领域内国际标准的取得，不仅能够增强其在市场上的竞争优势，而且会一定程度地诱导技术后进国家或地区在战略路径

❶　它们又可以具体细化为中药材质量标准、中药饮片质量标准、中药复方制剂质量标准、中药有效部位及提取物质量标准、中药注射剂质量标准、中药制剂研究指导原则、中药毒性试验评价标准、中药药理实验标准、中药临床评估标准、中成药临床分类标准、中药使用说明书标准、中药药品生产管理标准等内容。

上的跟踪模仿甚至依赖，进而有条件占据国际经济竞争的制高点。药品领域同样如此。在技术全球化的今天，药品技术标准同企业成长、药品产业发展及国际经济竞争力都具有密切关系，药品标准成为国际贸易中重要的技术壁垒。为此，西方国家普遍采取了鼓励性措施推动以药品标准化为目的的项目研究，并将研究开发政策与标准化政策作为“车之两轮”[181]，利用国际标准将本国药品技术推向全球。在这种背景下，我国积极倡导和推进中药标准化战略，其目的就在于借助本国的中医药资源优势提升中药产业的国际竞争力。

中药的标准化是一个动态的全过程，它既涉及标准化的客体——中药材、中药饮片、中药提取物和中成药等，又涉及标准化的主体——中药企业、政府及标准化组织。同时，由于中药标准特别是其中的技术标准会牵扯中药技术方案或其实现手段，而后者通常以知识产权的形式出现，因此标准与知识产权之间也存在着密切关联，知识产权组织也因此成为中药标准化的主体之一❶。

与中药标准相关的知识产权主要包括中药专利、中药技术秘密、中药标识、植物新品种权等内容，它们在性质上都被纳入权利人私权控制的领域。而技术标准在本质上则不具有任何“私”的属性，它代表了一种事实状态的客观存在。虽然标准的创制是标准化主体的主观行为，但在标准被采纳后所发挥的功能却是市场力量自发作用的结果，非人力所能左右。在这一点上，中药标准与中药知识产权发生了错位，二者之间的冲突因此显现了出来。

2. 药品标准的公开化要求

中药标准项目及其涉及的专利及技术秘密的分布情况见表5.2❷。

---

❶ 知识产权机构与标准化组织之间存在职能上的交叉，国家知识产权局虽不负责中药标准化事务，但在具体工作的开展中仍然需要将知识产权战略与标准化相结合，处理好中药标准对知识产权保护的影响，特别是中药标准类证据对专利申请、复审、无效、诉讼及行政复议的影响。

❷ 有关中药标准项目与相关中药知识产权的关系及分布表，详见张建武《中药标准化与知识产权战略的协同发展研究》，知识产权出版社，2011年版，第146页。

表5.2　中药标准项目及其涉及的专利及技术秘密分布表

标准项目	中药药品				知识产权
	中药材	中药饮片	中药提取物	中成药	
处方				●	专利或技术秘密
炮制		●			专利或技术秘密
制法			●	●	专利或技术秘密
性状	○	○	○	○	
鉴别	●	●	●	●	专利
检查	○	○	○	○	
浸出物	●	●			
含量测定	●	●	●	●	专利
性味与归经	○	○	○	○	
功能与主治	●	●	●	●	专利
用法与用量	○	○	○	○	
注意	○	○	○	○	
规格			○	○	
贮藏	○	○	○	○	
制剂		○			

注：“○”代表品种涉及的标准项目，“●”代表该标准项目涉及的知识产权。

资料来源：张建武．中药标准化与知识产权战略的协同发展研究［M］．北京：知识产权出版社，2011．

与西药标准限定的是产品本身的性能不同，中药标准限定的是实现产品性能的具体技术方案，这其中附有大量的技术性内涵，如果这些技术通过专利或技术秘密的形式呈现，技术标准就注定绕不开专利或技术秘密。随着中药技术信息越来越多地以专利或技术秘密等形式呈现，有效处理标准与知识产权制度运行中的利益冲突成为必然。在这个问题上，专利以公开换权利的运作方式，通过公开专利信息以换取法律的保护，从而在私权垄断与知识共享之间架设了一座桥梁。基于这一思路[182]，信息披露这一做法再次被引入，成为制定中药标准的重要原则。

中药标准中的信息披露主要针对标准方案及其中所涉专利信息的

披露，信息披露多少、如何披露会直接影响到中药标准制定过程中相关技术方案的选择及标准的可执行度。按照国际标准化组织（ISO）的做法，各国基本均将标准制定的过程分为预备、立项、起草、征求意见、审查、批准与备案及复审七个阶段。大多数标准化组织把信息披露义务限定在标准制定之始，知晓专利存在之时披露义务即存在[182]。

然而，上述信息披露的制度设计在面对中药技术秘密的保护需要时，却无法与后者实现对接。按照药品标准化要求，中药核心技术一旦被纳入中药标准体系，其内容就必须无条件地全部公开，如果该技术采用的是秘密方式进行的保护，就会无法满足中药标准的公开化要求。在这种情况下，为保住自身的技术优势，中药企业有可能采用两套技术方案，对于其中予以公布的配方，隐瞒配方中的某一药味或者其真实含量以应对审查，而在实际生产中却使用另一套方案。显然这种做法违反了国家药品管理的基本规定：根据《中华人民共和国药品管理法》，药品所含成分与国家药品标准规定的成分不符的，应被认定为假药。由此，该企业有可能因保护技术秘密的行为而使自己陷入生产“假药”的危险之中，这也成为中药企业被迫放弃技术秘密转而申请专利的一个原因。然而现实的困难是即便技术标准与专利技术相捆绑已成为中药技术标准发展的主要趋势，如果该企业的专利申请失败或者该技术不具备申请专利的条件，其技术创新的优势就将无法获得。中药标准的提高本属于技术创新活动，而中药专利申请的困难加上标准激励机制的不健全，在无形中却降低了中药企业面对标准化战略的创新积极性。

反过来，中药标准是否可以借助技术秘密的方式来保护呢？对于技术标准，当前国际上通行的做法是将其作为作品，按照著作权法给予保护❶。在知识产权法领域内，标准作为作品受到的保护，其重点

---

❶ 国际标准化组织（ISO）于1951年发布了第一个标准《工业长度测量用标准参考温度》并同步声明其版权归ISO所有，至今这仍是ISO对于技术标准的重要保护方式。详见张平《冲突与共赢：技术标准中的私权保护》，北京大学出版社，2011年版。

体现在权利人对标准的复制权、出版权和销售权的控制上，而他人对标准内容的使用并不构成侵权。这是因为标准在内容上具有公共物品的属性，制定标准是为了推广使用，它在性质上属于公知公用技术而不构成私权。这就为以技术秘密制度覆盖中药标准带来了困难：作为已纳入公有领域的标准应为公众所共享，而按照公有领域禁止逆转原则，标准将无法再回归到权利人的私权范畴进而主张技术秘密的保护。

5.2 政策导向的影响

中医药知识产权战略的选择与中医药的现代化、国际化发展战略的提出密切相关。中医药现代化战略的提出始于20世纪90年代，它当时首先需要面对的是对中医药科学性的审视。

面对西方科学的强大压力，中医药界开始了积极的现代化努力，尝试运用现代科学的知识和方法阐释中医药的理论，使其能为他国接受。从这个角度说，中医药现代化和中医药国际化有着必然的联系。中医药国际化，也就是通过中医药的现代化，使中医药为国际社会所理解和接受❶。

5.2.1 中医药现代化发展路径的争议

5.2.1.1 中医药现代化战略提出的背景

有学者将中医药现代化等同于中医药科学化，认为中医药理论作为前现代社会的产物，对人体、疾病的认识有限，所以中医药的发展就应当打破经典，拒绝崇圣尊经，走彻底科学化的道路。但是其所理解的“科学”实质上指的是“分析科学”，落实到医学上，就是指西

❶ 中医难以被西方社会接受的原因之一，在于其方法学上的虚化特征。中医强调用思辨为主的方法来认识和治疗疾病，在强化辨证论治体系的同时，又过于强调行医者的主观感受和“顿悟”能力，这成为其治疗体系难以规范化的障碍。因此中医药现代化的主张之一就是对中医研究方法的现代化。

医。由于中医的辨证论治体系基本上依赖宋代以前的对人体科学的研究成果，从方法论角度分析，它缺少批判和创造的逻辑求同比较，过分追求对传统经典理论神圣化、饱和化的“寻根”式研究，因而对于处在现代化发展进程中的中医药，其促动力较为软弱。科学史的研究表明，一门科学想要飞速发展，需要建立自己的构造性自然观、受控实验、开放性技术系统，并形成三者之间的循环加速机制[183]。而中医受以个人经验做合理外推的认知模式的影响，其技术化操作带有直观倾向，因而上述三个系统未能完整建立起来，且三者之间的循环加速机制也没有形成。这就决定了中医发展到一定程度后其发展速度必然会慢下来，但这并不等同于否定中医的科学性所在。

作为临床医学的代表，中医药不同于分析科学之处在于医学有必然的可错性[16]。可错性源于每个个体病患的独一无二，因此诊治过程中做出错误的预见，对行医者而言几乎无法避免。中医与西医纵然有古今差异，技术上有先进、后进差异，但各自独立存在的价值无可否认，中医与现代科学不存在科学与不科学的区别[27]。用重视细节和实体的分析还原方法研究重视整体和关系的中医，不过是以西医之长攻中医之短，结果只能显出中医细节研究的不足，却无法继承和发展中医整体调节的优势，所以研究来研究去，越研究越觉得中医不科学。这是中医西化的误区，看似科学，其实是“对科学的迷信和误解”[184]。

5.2.1.2 中医药现代化的发展轨迹

中医对疾病的治疗通过中药来实现，相对于中医理论释解的困难，中药在进行客观定性和定量的描述上、在运用现代科学技术进行把握和控制上，都相对更容易操作。因此中药的现代化成了中医药现代化的重点[185]。

以此为起点，我国中医药现代化的战略目标定位为：①构筑国家现代化中药创新体系；②制定和完善现代中药标准和规范；③开发一批疗效确切的新产品；④形成具有市场竞争优势的现代化中药产业。其中，在继承和弘扬中医药优势的基础上，以创新为核心，研发出疗效好、安全性好的中药产品，是中医药现代化的现实目标之一❶。由此可见，产业化、标准化、国际化和中药知识产权保护构筑起了中医药现代化的支点，中医药的发展沿此脉络而展开。《中医药创新发展规划纲要（2006—2020年）》进一步明确了我国重视发展中医药现代化的目标。

然而遗憾的是，在科学技术是第一生产力的号召下，中医药现代化的研究最终落实到了用西方医学技术手段和结构化的方式来展示其内容的层面。由于过分追求所谓的高技术、新手段而缺乏对自身方法论的研究，加上近年来受分子生物学、基因组学、蛋白组学的影响，中药的现代化呈现出了只在细胞、分子等微观领域进行研究的倾向。似乎若能解释中药发挥疗效的物质基础和其复方中的有效成分，中医药的发展就会迎来质的飞跃。然而这种对中药的改造和重组不过是对西药研发思路的简单模仿，在生命科学领域，越是局限在分子水平、基因水平，距离生命越远，越是忽视了中医整体观的优势[186]。中医模型的不可复制性，使带有明显中医辨证施药特征的中药研究很难沿此道路顺利开展，最后的结果是欲速不达，反而制约了中医药理论及技术的进步。

中药现代化的模式主要有三种：一是在中医理论指导下的现代中药模式，二是在西医理论指导下的化学药模式，三是在西医理论指导下的植物药模式[187]。鉴于操作的相对简便及保护手段上的配套需要，中药生产厂家更偏好后两种研发模式。虽然后两种研发模式不失为中药现代化的发展方向之一，并且其中不少研发品种的临床疗效值得肯定，但是与第一种模式相比，它们都属于中药的去中医化研发，其实质仍然是把中药作为药用资源，按照西医原理用药，因此其面临的直接后果就是造成了对中医药的割裂。

因此，中医药的发展必须坚持现代化和传统化两条腿走路的方针，其中所谓传统化，不是要恢复中医走街串巷的悬壶济世或者中药前店后坊的经营套路，而是要求在实现中药产业化的基础上，追求中

❶ 见科技部等八部委制定的《中药现代化发展纲要（2002年至2010年）》。

医理论与中药技术的同步现代化。如果中药的现代化意味着“看病用机器、成药变片剂、汤药靠提取”，那么长此以往，中医理论对中药用药的指导将得不到很好的贯彻或体现，中医临床辨证论治的物质基础就有可能会丧失。

中医理论是中药学的基础和核心，是中医药可持续发展的动力和源泉。对中药药效物质的研究应体现中医理论的指导，只有这样才是符合传统中医药内涵的现代中药模式，这也是中医药界普遍认可第一种发展模式的原因所在。但这一模式的操作难度也最大[188]。基于研发的现实难度，我国在中药现代化路径上采取了相对保守的选择，对中医理论于中药的指导作用采取了规避的态度，甚至国家立法层面也呈现出这种思维。在《药品注册管理办法》（2014 年修订稿）中，有关中药新药研发要求以“中医理论”为指导的规定，较之前的《新药审批办法》有所减少，对其中按照现代中药复方制剂和天然药物复方制剂模型进行研发的，其中医内涵明显被淡化。中药新药申报资料目录中已看不到对“用中医药理论阐述适应病症的病因、病机、制法和方解”的明确要求，而以单味或复方中药的有效提取物开发中药新药的，在申报时甚至可以不需要提供有关中医药理论或经验的论述资料。显然，这些规定为药物研究人员避开中药研发之道而行“植物药”研发之实提供了便利，由此造成的结果只能是中药新药对中医内涵的逐步抛弃，同时将更难以遏制“洋中药”的涌入。

5.2.2 中医药国际化发展目标的论争

5.2.2.1 中药国际化的发展态势

自 20 世纪 90 年代以来，随着中医药现代化、国际化战略的推进，我国的中药产业获得了较快的发展，中药产业的销售及利润贡献率持续增长，已占到全国医药行业总利润率的 1/4 以上。特别是出口贸易，自 2002 年中药出口首次突破 10 万吨之后，连续五年逐年递增，2007 年中国中药出口达到 25.4 万吨。其后虽然受全球金融危机和欧债危机的影响，中药出口量自 2008 年开始萎缩，但仍基本维持在每年21万吨左右[189]。到2014年上半年，我国的中药出口额达到了16.91亿美元，同比增长了13.41%[190]。

从产业利润来看，中医药现代化、国际化战略的推行是中药出口量增加、中药海外市场逐渐扩大的重要原因，中药出口企业的数量已达到2800余家[191]，中药出口市场看似前景乐观。然而这种市场的表面繁荣却未能掩盖中药产业面临的困局，产业危机在此发展过程中渐渐显露。

我国中医药产业组织的总体态势是多、杂、散，产业集中度低下。中药企业中90%以上为中小企业，大型企业仅有几十余家，排名前十位的企业的市场份额很低[192]。产业集中度低导致中药资源的保护缺乏足够的组织者和支持者，由于没有足够强大的产业组织整合产业链，中药材在栽培、加工、销售等环节管理松散，生产过程缺乏严格的质量控制，中药出口贸易仍然停留在企业各自为战的初级竞争阶段。相应地，从中药产品的出口结构看，中药材等粗加工产品的出口量占据了一定的比重。这种按照国外的药品标准和消费偏好进行的中药初级产品的贸易，本身就是对国内中药资源的严重浪费。

虽然我国中药提取物的出口量不断增加，并逐渐取代中药材成为我国中药出口比重最大的一项，但是它仍然没有脱离低附加值产品的状态（见表5.3），加之质量竞争力不强，尽管出口数量上涨，但出口均价却在不断下滑[193]。而且与西药类产品和医疗器械类产品相比，我国中药类产品的总出口额所占比率也明显偏低（见表5.4）。

表5.3 2005—2012年我国中药产品出口商品结构统计

年份	中药材（含饮片）		中成药（含保健品）		中药提取物	
	出口额/亿美元	占总额比重/%	出口额/亿美元	占总额比重/%	出口额/亿美元	占总额比重/%
2005	3.84	46.30	1.52	18.40	2.93	35.30
2006	4.10	37.56	2.04	18.70	4.77	43.73
2007	4.80	40.70	2.20	18.60	4.80	40.70
2008	5.21	39.80	2.58	19.72	5.30	40.48
2009	5.54	37.92	2.52	17.26	6.55	44.83

续表

年份	中药材（含饮片）		中成药（含保健品）		中药提取物	
	出口额/亿美元	占总额比重/%	出口额/亿美元	占总额比重/%	出口额/亿美元	占总额比重/%
2010	7.76	39.90	3.54	18.20	8.15	41.90
2011	7.67	32.89	4.36	18.69	11.29	48.41
2012	8.58	34.32	4.78	19.12	11.64	46.56

数据来源：中国医药保健品进出口商会。

我国的中药资源接近80%源于野生，在处于濒危状态的近3000种植物中，具有药用价值的占60%～70%。由于对中药资源的掠夺式经营和不合理利用，近些年我国的中药资源严重萎缩。以野生动植物为主的300～400味常用中药资源中，已有百余种出现了资源量急剧下降的情形，中药资源的分布范围迅速缩小，一些道地药材优良种质已濒临灭绝[194]。不仅如此，随着野生中药资源的减少，生态危机问题也开始令人担忧[46]，中药提取物行业所造成的资源破坏和环境污染问题越来越突出。正如国际野生动物保护学会所言："以牺牲生态为代价的出口实在不值得。"如果中药国际化的目标换来的是国内中药资源的枯竭和生态环境恶化的结果，这种代价不免过大。

5.2.2.2 中医国际化之困

在中医药国际化进程中，有一种观点是：若想实现国际化，必须舍弃中医理论，并把对中药的研究细化到分子、原子阶段，以迁就西方的标准，只有这样才有机会获得美国的FDA药品认证，从而被国外认可。当前这一主张为不少中药企业所拥护，它反映了国内企业对"洋中药"抢滩中国市场的一种情绪反弹。但是以"通过FDA认证"作为中医药国际化的风向标甚至唯一指标，显然是不可取的。中药通过美国的FDA认证可以视作中药现代化与国际化的一种结果，但不应作为中药发展的方向。我国国内中成药中已有包括复方丹参滴丸、桂枝茯苓胶囊、扶正化瘀片等十个产品进入了美国Ⅱ期或Ⅲ期临床试

表 5.4　2018 年我国医药产品进出口统计

（单位：亿美元，%）

商品分类	进出口			进口			出口			顺差	顺差同比
	进出口额	同比	占比	进口额	同比	占比	出口额	同比	占比		
总计	1148.51	-1.56	100.00	504.29	-9.75	100.00	644.22	5.96	100.00	139.93	184.31
中药类	57.68	10.99	5.02	18.59	19.38	3.69	39.09	7.39	6.07	20.50	-1.57
提取药	30.94	18.26	2.69	7.26	19.80	1.44	23.68	17.79	3.68	16.42	16.92
中成药	6.67	7.90	0.58	4.03	9.53	0.80	2.64	5.51	0.41	-1.39	-18.07
中药材及饮片	13.16	-6.02	1.15	2.85	9.16	0.56	10.31	-9.49	1.60	7.46	-15.03
保健品	6.92	22.86	0.60	4.45	38.09	0.88	2.47	2.45	0.38	-1.98	-142.92
西药类	632.87	-8.83	55.10	264.04	-22.26	52.36	368.83	4.03	57.25	104.79	602.12
西药原料	386.69	2.19	33.67	86.21	-1.16	17.10	300.48	3.20	46.64	214.27	5.06
西成药	171.30	-16.89	14.92	130.30	-24.05	25.84	41.00	18.64	6.36	-89.30	34.82
生化药	74.88	-31.72	6.52	47.53	-41.21	9.43	27.35	-5.13	4.25	-20.18	61.20
医疗器械类	457.96	8.88	39.87	221.65	8.89	43.95	236.30	8.88	36.68	14.65	8.77
医用敷料	30.43	8.90	2.65	4.35	18.24	0.86	26.08	7.48	4.05	21.73	5.56
一次性耗材	74.73	14.32	6.51	35.35	20.70	7.01	39.37	9.14	6.11	4.02	-40.77
医院诊断与治疗	252.04	4.87	21.94	151.26	3.39	29.99	100.77	7.18	15.64	-50.49	3.44
保健康复用品	81.84	15.53	7.13	21.65	31.15	4.29	60.19	10.79	9.34	38.54	1.89
口腔设备与材料	18.92	17.36	1.65	9.03	16.15	1.79	9.89	18.50	1.54	0.86	50.93

数据来源：中国医药保健品进出口商会。

验阶段，但尚无一项通过 FDA 认证❶。退一步讲，即便另有其他一二类中药产品通过了国外药品认证，也并不意味着中药就由此具备了真正的国际竞争力。相对于国家和企业对中成药研发的巨大投入而言，此类研发方向的产出效益并不与之成正比。

有学者评价当前的中药国际化进程是：虽然在一部分分支学科上呈现着轰轰烈烈、繁荣热闹的景象，但在学科本质上，“继承、发展、提高”三步战略中的第一步都没能得到有效落实[195]。笔者赞同该观点。中医药的发展应该是在自身的理论框架之内进行，对中药的研发不能轻易放弃对中医传统理论和技术的把握。所谓的现代化、国际化应从继承入手，如果任意突破其框架，势必会违背学科发展的客观规律。

中医药的国际化是一个整体概念，包含了中医与中药的共同的现代化和国际化，只有中医学和中药学的整体推进才是中医药国际化的关键所在[196]。然而由于中医学本身带有丰富的东方文化内涵，使得中医在国际上的传播和交流比较困难。也正是基于对这种困难的考虑，有研究者主张绕开中医，而是把中药的国际化作为实现目标的突围路径。但事实证明，废医存药的做法不仅给中医学的生存带来了不可逆的损害，于中药的发展也未有裨益，中药在很多情形下的滥用和乱用正是离开中医指导的结果。“药之害在医不在药”，国外曾出现的马兜铃酸事件、龙胆泄肝丸事件、小柴胡汤事件等所谓“问题中药”的争议，皆为中药西用引发的后果。这种废医存药的所谓权宜之计带来的中药信誉危机，也是导致海外市场对中药持有偏见的重要原因。

5.3 技术秘密保护制度运行中的不足和缺陷

5.3.1 人力因素的影响

用波兰尼关于隐性知识的理论[197]来审视中医药，它本身就是一

❶ 复方丹参滴丸于 2016 年年底在美国完成三期临床试验，成为全球首例完成 FDA 三期试验的复方中药制剂。

座隐性知识的宝库。在中医药隐性知识的构成中，一部分属于技术层面的非正式、难以明确的中医技能；另一部分属于认知方面的知识，如信念和领悟等。这些知识仍一定比例地分散在民间，尚没有从一个小范例的局部扩展到整个中医学共同体[197]。而这种局面的形成，未必应简单地归结为中医的保守所致，从知识产权的角度看，这些隐性知识得不到有效的保护才是重要原因。因难以计量，缺乏明确的产权标的，隐性知识的保护具有较大的难度，各国的知识产权制度更多侧重于对显性知识的管理[198]。

5.3.1.1　中医药隐性知识保护之困

作为一种个性化的知识，中医药隐性知识对主体的附着性较强，如前所述，其存续以传承人承载为主，师徒传授的教育方式始终被认为是最有效的掌握中医药隐性知识的方式。这种学习需要主体间建立关于该知识的“共同心像思维”，在双方不断地重复接触中实现认知的共鸣、感悟与内化。这就意味着这类知识很容易随着传承者的变化而衰减或流失。

中医药知识带有社会的、心理的和意识形态的要素，由于它的抽象性，加之可以将自身体现在众多的物质载体——中医药产品上，所以在进入知识产权体系后，权利人往往拥有较大的潜在权利，有条件借助隐性知识的不确定性来控制更多的有形和无形财产，成为资源的垄断者[199]。这类隐性知识往往是知识产权权利人获取预期效益的关键，如果不掌握这类知识，即便该类知识产权被他人获取，也未必能够获得预期收益。而由于隐性知识本身难以转移的特性，企业往往通过“挖人”的方式转移劳动力，进而获得所需要的隐性知识[200]。最终，人才流动成为中医药隐性知识保护之痛。

5.3.1.2　人才流动对中医药技术秘密的影响

企业拥有的中医药隐性知识不存在于企业的“大脑”中，而存在于企业技术人员的个人的大脑中，对这类知识的使用，需要通过技术人员来实现，因此，企业对这类知识的控制就体现为对相关员工的控制。反过来，企业的技术人员通过与企业的工作相结合，也有条件进一步获得和掌握新的隐性知识。当这类知识最终以技术秘密的形式呈现出来时，双方应借助相应的机制来确认其产权。但在该环节的操作中，我国的中药企业对技术创新的关注多是考虑其预期经济效益的增加，而忽视了对该类技术的权利归属的认定。尤其当这些创新内含隐性知识而存在表达困难时，企业更不愿花费心力研究如何将其转化为知识产权并以法律权利的形式固定下来，因此这类知识随人员的流动而流失就变得非常容易。

技术秘密的丧失大多与掌握着本单位秘密信息的管理者或相关技术人员的流动密切有关[201]，这成为技术秘密流失最主要的渠道。当他们自立门户或者跳槽去其他企业时，手中掌握的原企业的技术秘密就成为重新择业的筹码。人才的流动对技术秘密的保护引发了新的法律问题，法律应如何规制竞争行为，在保护企业不受不正当竞争行为侵害的同时，又能保障劳动者个人能够享有不受限制地谋求最适合于自己的职业的权利。

近年来，学界对如何平衡技术秘密保护与公民择业自由权之间的关系开展了诸多研究，对上述两种权利的保护都有着令人信服的理由。技术秘密保护的正当性自不待言，如果企业的技术秘密权得不到有效维护，中医药知识的创新和发展便将无从谈起。一方面，随着企业规模的扩大和管理的进一步细化，企业的技术秘密被信托给更多的内部员工以分散信息流失的风险，但是“除非因违反信任责任造成的危险能够降低到最低程度”[101]，否则这种信托的最佳状态就不会出现。另一方面，企业对员工离职后再就业的任何限制，都可能会构成对劳动者的劳动权和择业权的侵犯。如果因知悉了企业的技术秘密，劳动者就被限制自由流动并丧失寻求新的发展的机会，这种结果不仅有可能会直接影响其正常生活，也破坏了自由竞争的市场秩序。

5.3.2　权利救济的不足

5.3.2.1　中医药技术秘密侵权的认定

相对于其他类型的知识产权侵权案件，技术秘密案件的审理难度大是一个公认的事实。这主要是因为技术秘密侵权的认定不容易判断，原告在收集侵权证据时存在较大困难，往往对法院有所依赖，而法院必须直面技术事实，而不能像审理专利案件一样把对技术权利的认定问题直接转移给专利局[202]。

技术秘密侵权的行为类型主要有三种：不当获取、不当披露、不当使用。如前所述，判断技术秘密侵权，一个重要的操作标准就是“接触＋相似”。其中“接触”指的是侵权人有条件并有合理的机会获取该秘密信息；“相似”是指侵权人所使用的技术信息与被控侵权的信息在内容上相接近并达到实质相似。“接触”和“相似”不是各自独立的两个构成要件，而是相互联系密不可分的。如果证明“相似”的证据不够充分，就应对“接触”采取严格的证明标准；如果已达到“极其相似”甚至“相同”，对于“接触”的证明要求就可以适当降低。美国法院将这种操作称为“反比规则”，这种“接触＋相似”的认定方式已成为一种相对稳定的侵权认定方式。但在操作过程中，法院对有关“接触点”的界定及技术秘密的鉴定、质证和二度泄密的防范等问题仍较难把握，加上中医药技术秘密案件通常涉及药品配方，有时即便经过了技术鉴定，也难以确证当事人双方的产品是否成分相同或相似，往往是既不能证明相似，也不能证明不相似，从而导致司法审判可能陷入僵局。

5.3.2.2　举证责任问题

鉴于技术秘密属于无形财产，可以同时为多个主体所掌握，对侵权者采用何种手段获得技术秘密、其获得和使用是否已经取得利润及利润多少等相关证据，通常都控制在侵权者手中，技术秘密权利人难以收集到。为缓解原告的举证困难，学界一直主张对技术秘密案件适用举证责任倒置规则。这一提议曾一度为不少学者反对，有学者认为这样做会降低技术秘密权利人维护技术秘密的责任，同时方便了一些企业以侵犯技术秘密为借口惩治离职员工或打击竞争对手[203]。加上“如果待证事实本身是证明起来难度相当大的事实，倒置证明责任也就接近于倒置了实体法上败诉的后果”[204]。

司法实践中有关技术秘密举证的做法则不统一。1998 年最高人民法院曾在《关于全国部分法院知识产权审判工作座谈会纪要》(以下简称《纪要》)中声明，对“在方法专利和技术秘密侵权诉讼中的被告，应当提供其使用的方法的证据，被告拒不提供证据的，人民法院可以根据查明的案件事实，认定被告是否构成侵权”，这一表达意味着最高人民法院事实上肯定了审理技术秘密案件举证责任倒置的做法。但由于《纪要》不构成法律渊源，其内容不产生法律层面的约束力，该规定仅具有昭示和声明的意义。随后最高人民法院在 2004 年的“成都佳灵电气制造有限公司诉成都希望电子研究所等侵犯商业秘密”一案中[205]，又否定了此类案件举证责任倒置的做法。

举证责任倒置对当事人双方都会产生程序与实体的双重后果，特别是它将败诉的风险直接转移给被动进行诉讼的人，因此一般认为对该规则的确立必须来自于法律的明文规定[206]。

第 6 章　中医药技术秘密保护制度的建构与运作

6.1　制度建构的思路——制约因素的克服

在中医药知识产权领域中，每一个利益相关者都有动力推动私权利的界定和实施。然而权利的完全自我实施虽符合私法的本质，现实中却存在操作困难，因此以私法保护为基础，再辅之以专门法的设立包括公法的协作保护，为本问题的研究确立了基本思路。但是专门法的设立并不意味着必须要创设新的权利类型，与创设权利的现实困境及创设后易引发的制度缺陷危机相比，如何有效地整合现有制度以充分发挥其保护功能，才应该是解决问题的突破点。制度建构及完善的过程也是一个对中医药的法律保护理念、保护路径和保护方法进行审视与选择的过程。

6.1.1　公法保护与私法保护：保护路径的选择

从保护路径来看，公法与私法保护对象的混淆不清会在一定程度上影响中医药技术秘密权的行使。技术秘密关系到权利人的经济利益和竞争优势，对技术秘密的确认和主张属于私权，应当充分体现权利人个体的意志，国家不宜过度干预，而把中医药技术秘密划归国家秘密中，抑或是采用行政手段实施品种保护，都一定程度地反映了该领域法律规制的不完善。公法制度与私法制度的纠葛混用不仅存在法理上无法解释的尴尬，而且实践操作中也容易破坏我国中药管理体系的有机统一，使该领域面临着政府职能越位或缺位的可能。

6.1.1.1 中医药技术秘密与国家秘密的权利边界

1. 中医药国家秘密设立的现实背景

我国的保守国家秘密法颁布于20世纪90年代初，以当时的计划经济体制为背景，带有浓厚的计划管理的时代特征。在社会政治、经济形势都已发生巨大变化的当下，其过于宽泛的立法授权已不适应社会关系调整的要求因而受到诟病。对国家秘密的确认和保护应当基于国家安全和国家利益，而依照现有规定，所谓的“国家安全利益”范围极广，不仅仅限于国防、军事与外交，还包含了“国民经济与社会发展中的秘密事项”，通常情况下不为公法触及的社会层面的事务也因此被纳入国家秘密范畴，并被赋予了维护国家安全的内涵。由于缺乏具体标准的控制，国家秘密面临无限扩张的可能。

不可否认的是，我国把私法性质的技术秘密划入国家秘密，更多情况下是出于对当时经济安全的考虑。多年来我国的保密管理存在一种乱象：一方面，国际上一般不视为机密的某些军事、政治性信息，在我国却被控制在保密领域内；另一方面，被各国普遍重视的经济性信息，我国的保密工作却没有做到位。在对外经济交流过程中，相比于西方国家，我国对经济间谍的防范任务更为艰巨。因此在面对我国具有独特优势的中医药技术时，国家会不自然地维持一种公法保护的思维惯性，特别是在各国都把制定知识产权战略提升为国家任务的外部环境下，公权力需要强化对知识产权的监管，以克服企业的经济短视或避免市场流通中的技术流失风险，提高本国的经济竞争力。

然而，虽然经济问题是政府工作的重心，国家知识产权战略的实施也意在推动经济的发展，但是政府对经济问题的关注不能据此成为公权力注入甚至取代私权利空间的理由，知识产权的私权属性并没有随着国家关注力的加强而发生变化。而且从当前中医药国家秘密的运行现况看，其权利行使仍带有商业秘密的特征，虽然有学者认为商业秘密与国家秘密可以存在内容交叉，并希冀建立一种“国家商业秘密”来解释这种特殊的权利运作，以解决二者之间的理论冲突[207]，但从世界各国的实践来看，由公权力主体作为知识产权的属主往往不能使知识产权发挥应有的作用。当国家作为秘密信息的所有权人时，其角色应是民事主体而不是行政主体，从民法的角度分析其财产应为民事主体享有所有权的财产而非“国家所有”的财产[208]，因而在运用该技术信息进行市场活动时，国家不得依据其公权力的身份发挥作用。这种权利归属上的纠葛会模糊设立中医药国家秘密的动机，使制度的功效难以发挥。当前国际上一些国家仍坚持认为我国不属于市场经济国家，其中一个理由就是我国把“商业秘密”定义为“国家秘密”，因此唯有做出改善，才能避免授人以柄[209]。毕竟，知识产权的作用“主要在于富民，而难以像科技那样可以通过国家的掌控和操作直接实现强国”[29]。

知识产权法对知识产品提供保护的前提有二：一是知识产品具有经济价值，二是知识产品的权利人对权利予以确认和主张。这种确认和主张虽不绝对排除公权力的介入，但仍然需要以公权力的不过度干预或不过度保护为前提。特别是当知识产权人能够借助私法满足对自身权益的维护时，公权力就没有了介入的理由。知识产权是一种特殊的私权[210]，其特殊性的表现之一就是在其权利产生、流转、保护等各个环节都与行政权力有着密切联系。同时知识产权的另一个特殊之处，就在于它在具备私益性的同时还具有社会性，而知识产权的社会性决定了其权利存在的界限。中医药技术秘密的法律保护也正是基于此思路展开的。技术秘密权是法律赋予的带有一定垄断色彩的权利，而自由市场的规则与垄断存在天然的对立，政府有必要在权利保护与自由竞争之间寻求平衡，但这并不意味着政府可以取代私权利的行使。因此，现实的建议是对国家秘密内涵做限缩性解释[211]，规范国家秘密的定秘范围、提高定秘主体的专业性并且确立“司法最终裁决”的法律原则，将私权利层面的事务，特别是利益捆绑强度较高的信息留给司法调节，而不再由“国家秘密”统一笼罩。与之呼应的解决机制则包括行政技术的质的提升、定秘异议制度的引入及定秘程序的科学规范等。

2. 中医药国家秘密向商业秘密的回归

规制的设立不只是法理的逻辑演绎，还要考虑国情的现实需要。把私权利层面的商业秘密纳入国家秘密中，无论是参照国家秘密制度的法理本源，还是对其运作实践进行实证检验，都有着难以说通、不尽合理之处。然而具体到中医药领域，该做法却有了“情有可原”之意：在药品专利化趋势日益明显的当下，专利制度严重挤压了技术秘密的发展空间。而中医药不同于西药的特质使其专利化之路异常艰难，专利授权率偏低，且因专利申请程序中信息的公开而进一步丧失技术优势。在这种背景下，公权力运用强制手段为中医药技术秘密“正名”似乎就有了必要。把商业秘密性质的中医药技术纳入国家秘密之中，中医药企业的技术保密措施就获得了法律保护的正当性，企业的药品生产、审批、上市之路也得以顺畅。至此，不同保护手段下的中西医实际力量对比高下立见，它为中医药在我国获得的这种政策性保护提供了注解。

但是法律究其根本属于规范的知识，而不是非规范的社会现象，法律具有自身的知识属性[212]。在具体规则的设计上，立法者固然应参考本国的利益需要，但必须首先体现对法律内在规律的基本关照，否则法律就会沦为工具。专利制度构建了一国知识产权战略的主要内容，一国知识产权的发展通常以专利为指针，与专利相比，技术秘密特别是中医药技术秘密只是知识产权体系中的一个片段，固然无法与专利的优势地位相对抗，只能居于补充和辅助的地位。有学者据此认为，中医药技术秘密是一种古旧的保护手段，为现代社会所不容，只有如西药一般走专利化之路才是出路。然而，事实是专利面对中医药的保护主题捉襟见肘，后者的多元化形态使得专利无论是在覆盖范围上还是适用标准上，都无法与其完全对接，而中医药的发展也在追求专利化的进程中慢下脚步，并随着国家专利政策的驱动渐渐偏离了轨道，走向了以提取所谓活性单体为指标的西药化之路。

因此，解决问题的根本出路还在于回归中医药的本质，正视技术秘密的制度价值，还其以合理的生存空间。在这方面，公法的作用不是尝试打破私法秩序、取代私权利主体去创制新的权利类型，而是应确立良好的外部环境，为中医药技术秘密的发展去除政策阻碍。在与之配套的行政管理与执法层面，政府的职能则应表现为遵循法治分权的原则，明确与市场调整及司法救济的分界，其公权力的行使应定位在对市场竞争秩序的引导和维护、知识产权预警机制的确立以及服务平台的构建上。唯有这样，才能“体现出以法律维护个人利益空间的必要性和良苦用心”[164]。

6.1.1.2　中医药技术秘密与中药标准的协调

在中医药技术秘密领域，公法调整与私法调整的冲突还体现在中药标准中。中药标准的确立是政府行使公权力对中药进行监管的体现，中药标准的公开化要求与中药技术秘密的保护需要之间的冲突，反映了公法约束与私法保护之间的冲突，而有效协调二者之间的关系，也是技术秘密制度在该领域适用的前提。

1. 企业的应对策略

对于药品标准与技术秘密保护的冲突，企业当前的应对之道在于对药品标准公开范围的调整上。对于其中列入“国家秘密”的中药品种，因该产品所有权归国家并受保守国家秘密法的保护，有关其配方和工艺的生产及质量标准都为国家控制并指定由生产该品种的企业所使用，不做对外公开。因此，涉及该产品的标准不具有公开的效果，由于具备独占性，这类标准自身在一定程度上也带有了国家秘密的性质。

国家秘密具有公法属性，当作为国家秘密的中药品种面对同样属于公法范畴的中药标准时，二者在法律性质上的共通性为这类标准的不公开提供了理由。作为国家药品标准之一的《卫生部药品标准中药成方制剂》中，之所以某些中药产品的处方、制法或规格等项目未收录或者记载不全，原因就在于企业申请了国家秘密[213]。但是用国家秘密的方式保护中药产品的做法也面临着诸多争议，加之其保护对象非常有限，因此这种做法并不能全面化解秘密保护手段与药品标准公开化要求之间的矛盾。

对于运用商业秘密手段进行保护的中药品种，显然相关企业不公开这类药品标准的做法难以获得如国家秘密一样的政策支持。生产者因此会尝试在国家标准之外再制定单独的企业标准，通过更为严格的质控指标来优化产品质量。应该说，这类企业标准的制定完全有可能包含企业自己独特的生产技术，此种方式不仅可以保密，而且不受时间限制[214]。这种做法对于属于独家品种的中药产品而言具有较为突出的效果，凭借独家生产的优势，企业对拥有技术秘密的中药独家品种通过制定独立的企业标准以排除技术性信息的绝对公开，从而在保护手段及药品标准这两个领域都占据了控制地位。独家品种的存在使该类药品标准也等于被列入不公开的领域，当药品行政管理部门需要运用标准对该药品进行质量监督时，对于标准内容中所涉及的技术信息便具有了事实上的保密义务。

不过对于非中药独家品种来说，上述企业标准的独立存在无法有效保护生产者的利益。而且，受制于中药现代化及国际化目标的发展要求，今后国家在药品生产上的基本趋向是所有上市药品无论中药、西药，都必须公开其标准并进入国家药典，否则将面临不再被列入医疗保险目录和基本药物目录的可能，而这对于企业后续的再生产会产生重要影响。

2. 技术秘密的协调策略

中药的标准化是一个通过制定合理的中药标准并得以实施，从而生产出“安全、有效、稳定、均一”的中药产品的过程。在国际贸易领域中，标准化是中药打入国际市场的关键举措。作为中医药现代化、国际化发展过程中的一个重要内容和环节，中药的标准化进程不会因知识产权制度的存在而被阻断。在与知识产权融合的过程中，中药标准特别是中药技术标准就转化为技术体系中各种中药生产技术所具有的知识产权[45]。

中药标准是一个涵盖技术与管理的规范体系，中药标准化过程的复杂之处在于它不仅需要解决技术范畴的问题，即中药的标准化无法照搬或直接沿用国际上公认的西药检测标准，更要从法律层面考虑标准所牵涉的知识产权问题。作为矛盾的存在，中药标准与中药技术秘密代表着不同的利益选择。在中药标准信息公开过程中各利益主体有着不同的利益追求，这构成了二者冲突的根源：中药标准信息公开过多，可能会泄露和损害权利个体的技术秘密；公开过少，又达不到推行标准信息公开的预期目的。但标准的统一不是绝对而是有条件的，标准自身就是利益协调的产物，而如何妥善处理信息公开中的各种利益关系，就成为中药标准化进程中政策制定的一个难点。

在中药标准化政策制定和实施的过程中，政府始终扮演着主导性的角色。药品国家标准之所以带有强制性，正是政府运用国家行政力量去推广的结果，其中重要的考量因素是药品对公众健康的影响以及实现中药发展目标的需要。但中药的标准化战略不宜走单一性的道路，任何将标准化战略过于简单化的做法，在付出经济代价的同时，都可能面临法律实施上的风险[215]。中药产业化进程中激烈的市场竞争，加上市场准入难度的不断降低，都为国家标准之外的技术和产品的存在提供了很大的空间。中药生产者追逐个体利益最大化的需要，也使其存在做出与政府行为不同的选择的可能，而最终中药产品还是要交由市场来检验。因此，政府的中药标准化政策应当考虑多从引导性的角度出发，赋予中药企业一定的选择权，政府于其中应更多地发挥监督性而非强制性的作用。

相应地，在处理中药标准信息公开与保密制度的协调问题上，笔者建议，可以运用更加灵活的办法。考虑到中药标准体系中国家药典与中药注册标准的差异，以及中药技术秘密体系中国家秘密、中药保密品种及商业秘密共处的现状，中药标准不宜采用一律公开的做法，而应该体现出差异公开和适度公开的要求，即出于行政监管、质量监督和安全性保障的需要，药品监督管理部门有权力获知涉及中药标准的全部信息，中药生产者对此应当如实公开，不应有任何隐瞒；在了解和掌握上述信息后，药品监管机构首先应最大限度地方便公众获取，以体现法律对公众知情权的维护，但是具体到披露内容的处理上，则应体现适度公开的要求，做到有所区别。

私法上的商业秘密权与公众知情权是平等的民事权利，没有绝对的位阶之分，当二者发生冲突时，需要权衡的因素在于信息披露是否给利益相关者带来了实质性影响。在披露内容上，笔者建议可以通过限定公开范围并制定公开程序，以保证信息公开的恰当和适度：对于凡是涉及中药的性状、鉴别、含量测定、性味归经、功能主治、用法用量，以及规格、贮藏等信息的标准项目，应当一律公开，不做保留；而对于中药处方、炮制和制法等核心技术，则可以对其公开程度及保密措施进行双向调节，只要该信息尚未进入公共领域并且没有使商业秘密权利人滥用市场优势地位的可能，就应当允许权利人进行信息保留。

上述有关政府处理信息的差异化公开的做法并非单纯的理论设想，而是在实践中已有先例，美国就有类似的情形。2009 年 3 月 20 日，时任美国 FDA 副局长的 Frank Torti 在一份给全体工作人员的备忘录中申明：FDA 在处理政府信息时对公众采取公开和透明的原则，但也应履行保护某些机密信息的义务，这些信息包括技术秘密（know - how）❶、商业秘密信息（confidential commercial information）、个人隐私信息（personal privacy information）、机构内部及机构间特许文件（privileged intra-agency and inter-agency documents）、执法记录和信息（law enforcement records and information）。对于违反规定公开上述相关信息的，当事人有面临赔偿起诉的可能[214]。

由此可见，在处理信息自由与秘密信息保护问题上，对信息的披露和公开的理解不应绝对化，利弊权衡是划分信息披露边界的原则。具体到中药标准问题上，在尊重和保护权利人知识产权的基础上，应从技术和管理两个层面来调整中药标准，以实现其与权利人个体利益的协调。

---

❶ 这里的技术秘密包括生产中使用的不能立即识别的原料、生产工艺、质量控制程序、无菌技术及产品标签上没有标明的配方。

6.1.2　信息公开与信息保密：保护手段的协调

6.1.2.1　中医药技术秘密制度的价值选择——冲突的解决

中医药技术秘密作为智力成果，本质上是一种信息。信息具有价值，而中医药技术秘密的价值就在于能为持有人在市场竞争中带来特定的财产利益。有人从信息的共享性特征出发，否定技术秘密私有产权的存在，事实上是混淆了知识产权的“客体”与“客体上利益”的区别。

1. 个体利益与公共健康利益的协调

知识产权法赋予权利人权利行使的排他性和专有性，这种排他性建立在对“客体”与“客体上利益”进行区分的基础上[106]。知识产权客体的共享性并未拆解知识产权的排他性，同理，技术秘密制度也是如此。信息本身具有高度共享性，同一时空条件下可为多个主体服务，这一特性反映在经济学中就形成了只消费信息而不出资的“搭便车”现象[102]。为克服“搭便车”现象，法律为技术秘密设置了产权，以提高权利人技术研发的积极性。这样一来，技术秘密的客体就被赋予了保密性，成为秘密信息而不再为公众所知，技术秘密也就成为并非人人可得的稀缺资源。因此，专利制度中有关公开智力成果的要求便无法适用于技术秘密，而技术秘密的经济价值正是蕴含在其秘密性之中，一旦公开，则权利人利益尽失，由此，对技术秘密的保护似乎站在了公共利益的对立面。

在知识产权领域，人们倾向于割裂公共利益与个人利益之间的关系，以二者的对立来看待价值选择。尤其当个体利益诉求出现多元化冲突时，通常需要进行“利益评价”，以选择更重要的价值实施保护。但是技术秘密的私有产权属性与知识、信息的公共属性之间，并非非此即彼的决裂关系，技术秘密制度之所以获得了存在的正当性，正是在于它对公共利益的依赖和促进。因此，技术秘密立法也必然需要考虑私权与公共利益之间的平衡，而公共利益的增量正是依赖社会个体的不断创新和对私有信息持续的开发与利用。

虽然中医药技术秘密与中药专利对于信息公开采取了截然相反的态度，但同样以鼓励技术革新和药品研发为目的。当信息特别是中药领域的技术信息不为该领域专业人员普遍知悉且很难借助反向工程获得时，权利人会倾向于采取保密措施以防止该信息泄露。这种技术上的控制优势能够保证权利人充分获益，而且从长远看，不仅没有阻碍医药技术的革新，反而有助于鼓励新药研发和技术扩展、促进中药信息的利用，进而带来公共健康利益总量的增加，中医药技术秘密制度的价值由此得以彰显。

2. 利益平衡理念下的公共利益抗辩

中医药技术秘密对个体利益的维护，也会呈现出与公共健康利益之间的紧张关系。保护技术秘密与维护公共利益之间的平衡，实际上是私益与“长远公益”之间的平衡，与“现实公益”之间则存在不能完全协调之处。产权化了的中医药技术秘密不可避免地会导致中药信息一定程度的囤积，而权利人对秘密信息的垄断则会无形中增加同类企业参与竞争的难度，形成市场进入的壁垒进而阻碍人们对药品的获取，破坏公共健康的可用性和可及性[216]。

这种私人利益与社会公益之间的矛盾反映在信息环境层面，就是信息独占与信息共享的矛盾。而处理信息权利法律关系的核心原则，还在于知识产权的利益平衡原则。

作为矛盾的协调进路，利益平衡的路径可以简要表述为：知识产权制度应当以平衡精神为指针，在知识产品的创造者、传播者和使用者之间维持利益上的平衡，在私人垄断与公众分享之间保持平衡，实现社会利益总量的最合理分配[217]。但是这种宣言式的表达不应仅止于昭示效果，还要面临落实为具体制度设计的任务。事实上，利益平衡在私法领域几乎随处可见，而不单单限于知识产权法[217]；所谓的平衡，如果缺乏解决具体问题的针对性，就会显得没有说服力。

一般认为，在中医药技术秘密保护与中药信息资源共享之间，舍弃公共利益绝不是一种理性选择。但是公共利益是一个尚未闭合的概念，需要借助个案予以明确。抛开具体情境抽象地寻找公共利益只是一种学究式的纸上谈兵而已，并不具有可操作性，反而可能会带来更多的利益失衡。在中医药技术秘密的利益关系体系中，同业竞争者的利益具有相对性，面对中医药技术秘密权利人的个体利益，同业竞争者的经济利益与药品消费者的利益虽不相同，却都构成了“公共利益”；而在面对药品消费者的场合中，竞争者利益与技术秘密权利人的利益虽针锋相对，却都构成了“私人利益”。可见，权利界定的相对性和情境性使得个体利益与公共利益的分界线变得模糊，“一味强调权利人的让步与退避就有可能异化为竞争者私益的扩张，而消费者却未必得到好处”[218]。“泛平衡论”的唯公共利益优先的主张在解决实际问题时显得过于机械。

由此，对作为技术秘密权利限制的公共利益抗辩规则的理解也不能流于形式。公共利益抗辩规则高举公益旗帜，为技术秘密中信息的披露和公开提供了法定理由。技术秘密保护与信息披露反映的是两种不同利益主体之间的利益扩张冲突，在利益平衡理念下，法律对其冲突的解决和利益关系的协调需要借助于具体制度和规则的设计来实现。而利益无法定量描述，制度层面探讨利益平衡更多的具有法律上的意义而非数学上的意义[218]。因此，利益平衡首先应当遵从利益的平等原则，公益与私益在法律层面不存在位阶高低的绝对差别，无论公共利益与私人利益都应平等对待，不应预设孰优孰劣，唯有放在具体个案中，二者才宜做出取舍。

3. 对知情权的解说

知情权是肯特·库柏于20世纪40年代中期提出的，是指相关主体获取信息或请求对方披露信息的权利[219]。中医药技术秘密与知情权的对立，主要集中在对消费者权益保护的研究层面。市场交易中，信息的知情权被赋予了消费者一方，这是因为当事人双方对信息的掌握存在现实差别：消费者限于知识背景和信息的不对称，往往无法充分获取交易信息；生产和销售者一方则处于信息掌握的优势地位，有条件利用其优势使消费者做出错误选择，从而使合同失却公平，破坏合同存在的根基❶。

技术秘密与知情权的对立属于信息保密与信息自由的对立，它是社会信息化发展进程中需要付出的成本之一[178]。对于包含技术秘密的中药产品而言，消费者知情权的存在，使得权利人不能以获得技术秘密保护为由，对抗药品信息的披露义务。从表面上看，消费者知情权的授予对二者冲突时的价值选择给出了既定的解决方案，知情权似乎成为揭示中医药技术秘密的抗辩事由；但是从法理上分析，以消费者知情权为由主张抗辩自身就面临着缺乏合理性的质疑。

医学与法学一样，并非绝对精确的科学而更属于一门职业[220]。中医药学同样如此，它离不开行医者的实践。中药的发展是在中医理论指导和临床实践的基础上展开的，中药理论带有很强的临床性，许多经典复方都是多年临床实践的结晶并随着时间的推移处在不断地更新与变化中。中药理论中众多的概念和术语大多与中医的病因、病机、治法及“证”相关联，这些内容带有浓厚的专业色彩，对于普通的药品消费者理解起来有较大的困难。而且从知识产生过程来看，医学与法律的术语、名词、概念及方法等，都是通过人们对“自然的真实”进行感受和观察后形成的[221]，带有较强的主观性，不同的人会产生不同的理解。因此，即便中药技术信息实现了共享，对于信息接收者来说也并不能产生完全相同的感知和判断。

如前所述，中药复方的特点是成分复杂，其功效表现为多味药之间相互的协同作用而非各单味药成分的几何相加。经中药配伍，复方中的众多活性成分与溶媒、辅料会形成一个新的综合理化环境，进而影响各组分到达机体作用部位的数量和强度，最终产生治疗效果。有些中药配料含有有毒成分，但是经配伍加工后，在新的理化环境下不仅毒性减退或消失，甚至可以起到以毒攻毒的疗效。因此对于普通药品消费者而言，单纯地依靠中药配方公开的成分并不能准确判断药品

❶ 例如《中华人民共和国消费者权益保护法》就在第8条规定了消费者享有知悉其购买、使用的商品或者接受的服务的真实情况的权利，《中华人民共和国产品质量法》在第27条规定了生产者有如实披露产品相关信息的附随义务。

的功效，有时甚至可能因其中某一味所谓的争议成分而引发恐慌，并因此使生产者背负未必公正的指责❶。

中医药技术秘密最终多以产品为物质载体呈献给消费者，相对于技术秘密权利人的私益只能依法律的确认而存在这一事实，基于“保护消费者知情权”为理由的公共利益抗辩则属于“放之四海而皆准”的[222]。知识产权领域中，对知情权的研究不能以彻底否定私益为结论，否则就会自毁技术秘密立法的逻辑基础，利益平衡原则也将无从发挥作用。

由此，对中医药技术秘密中的知情权的分析不妨考虑换一个角度，将关注焦点集中在政府知情权的层面。因为知情权既是一种民事权利，也是一种公权利，公众知情权在一定程度上可以借助公法的调整得以实现。公法上对中药信息知情权的维护表现为两个过程：一是中药生产厂家面对政府监管部门的信息披露，二是政府将药品信息面对公众的再披露。鉴于中药信息披露对政府与公众作用及影响的不同，因此有必要做出层次划分。

6.1.2.2　中药信息披露的边界划分——制度设计的出路

中医药技术秘密的利益主体，除技术秘密权利人外，还涉及消费者、同业竞争者和政府的药品监管部门。其中药品消费者和中药企业的同业竞争者可以统一划归到社会公众层次，属于利益相关者；政府监管部门则构成公法层面的利益主体，它对药品实施监管的动机以实现公共健康安全为指向。

需要说明的是，即使依据“公共健康”对中医药技术秘密实施抗辩，也并不意味着中药信息内容的完全公开和对所有主体的公开。基于利益平衡的原则，中医药技术秘密的披露应限定在合理的范围内，

---

❶　例如云南白药含草乌成分的事件。2014年4月初，云南白药在新修改的药品说明书中公开了其配料中含有毒成分草乌，曾引起了一定的恐慌，很多人据此担心该药对人体有毒。但事实上，中药品含毒性成分的情形并不少见，经过独特的炮制、生产工艺，其毒性可消除。云南白药集团事后也解释其药中所含草乌为经过炮制后的材料，而且含量控制在安全范围之内。

尽可能减少对权利人的利益损害，“信息公开的方式与程度必须与用以抗辩的正当理由相对应”[169]。笔者认为，这种对应具体反映在对披露对象和披露内容的划分上。

1. 披露对象的划分：利益相关者的层次

中药生产者对中药信息的披露对象包括两个：一是社会公众，二是政府。出于维护技术秘密权利人合法利益的需要，向社会公众披露与向政府披露应有所区别。

英国大法官戈夫勋爵曾对基于维护公共利益的信息披露划定过一个限度，“向那些有义务依据信息开展工作的人披露可以认定为是合适的，而不加区分地公开可能是不合适的”[169]。对中药生产企业的同业竞争者而言，只要该信息尚未进入公共领域并且权利人没有借此滥用其市场优势地位的可能，技术秘密权利人就有权回避该信息的披露。

当然上述限定对政府不适用，中药企业的一切药品信息都应对其披露而不能予以保留❶。政府监管主体有条件运用其专业知识背景对全部信息的真实性和科学性予以审查，对中药品生产的全环节予以监督，以最大限度地保障公民用药安全、维护公众健康。

对政府监管主体的信息披露要求根源于法律对技术秘密制度的限制，但在行使时仍需要满足严格的适用条件：一是相关部门的监管权力必须来源于法律、法规的明确授权，二是政府监管主体获取信息应是出于行使监管职能的需要并为执行职务所必需。在我国，药品信息对政府披露是药品获得上市批准的前提，中药企业对此并无异议，当前的争议焦点主要是，当政府获知这些信息特别是其中的核心技术秘密信息后，是否还需要承担保密义务，还是它保有向公众公开的权力。

依照法理，政府对他人非公开信息的披露构成了技术秘密的强制披露。该制度在适用上有严格的条件，我国的药品管理法并未对此做出规定，但参考环境法的既有规定可以看出，强制披露的适用多为例

❶ 我国的新药注册、药品上市、医师执业的考试及考核等制度，为中医药信息面向行政监管主体的披露和公开提供了较为充分的制度保障。

外，政府首先应负有保密义务[1]。2008年5月1日生效的《政府信息公开条例》也对此予以明确：行政机关不得公开涉及国家秘密、商业秘密、个人隐私的政府信息。但是，经权利人同意公开或者行政机关认为不公开可能对公共利益造成重大影响的涉及商业秘密、个人隐私的政府信息，可以予以公开。这为今后创设具体的中药信息披露规则提供了法理依据。

由此可见，中医药技术秘密权利人对政府的信息披露仍属于一定范围内的"不公开披露"，相关信息并未因政府知悉而进入公有领域从而丧失专有性，对信息的控制仍然处于私权利范畴。这对于缓解技术秘密的信息公开的压力能产生积极意义，它借助政府监管职能的行使能够维护公众的知情权，最大限度地保障公民用药安全，在实现公共利益的同时又不致使权利人丧失私权利，从而有效统和了信息公开与保密的冲突，为中医药技术秘密制度的设置提供了出路。

需要说明的是，《政府信息公开条例》虽然规定了政府的保密义务，但与此同时还确立了政府信息"公开为原则，不公开为例外"这条国际通行的基本原则。这样有关政府掌握的中医药技术秘密究竟是保密还是公开，似乎陷入了两难，但事实上，二者并不存在矛盾。因为深究《政府信息公开条例》的立法目的，可以发现该条例的主要作用是规范政府的行政行为，通过公开政府信息的办法保障公权力机关依法行政，防止权力滥用。因此对公众来说，需要知悉的信息主要应该是政府的行政性信息。而中医药技术秘密是一种商业性信息，其权利人不是政府，而是参与市场交易的企业，政府对该信息的掌握并非出于自身接受监督的需要，而是对他人实施监督的需要。因此对于此类信息，法律应当尊重私权利主体的财产权，政府无权随意公开。

此外，在技术秘密的强制披露问题上，还有一个问题需要澄清，那就是披露主体的确立。披露主体不同于披露对象，它指的是谁负有

[1] 例如《中华人民共和国大气污染防治法》规定了检查部门有义务为被检查单位保守技术秘密和业务秘密；《中华人民共和国环境保护法》规定了检查机关应当为被检查机关保守技术秘密和业务秘密；《中华人民共和国水污染防治法》规定了检查机关有义务为被检查的单位保守在检查中获取的商业秘密。

对信息强制向公众公开的义务，是信息的所有者——中药企业，还是信息的监督者——政府？

有学者认为，在自由市场者看来，政府只需扮演守夜人角色，其作用在于界定权利与责任并确保合同的履行，无须过多干涉人们的经济行为。在这种思维进路下，立法机关只需要界定利益相关者的知情权并明确企业的信息披露义务即可。一旦企业不履行义务而被诉至法院时，法院应确定企业是否应当进行信息披露及采取何种补救措施，而政府则不需要主动介入企业的信息披露[223]。笔者赞同该观点。从效率原则出发，由政府进行强制信息披露似乎更便捷，但是却面临法理上解释不通的尴尬：企业的技术秘密应该归企业所有，政府不应当有最终的支配权。因此，在强制披露程序中，政府应该作为企业行使披露义务的监管者，而不是代替企业予以披露。

2. 披露内容的划分：公有领域与技术秘密领域的边界

公共利益抗辩规则对中医药技术秘密作用的关键，是准确划分公有领域信息与技术秘密信息的边界。对于若不公开则影响利益相关者做出正确选择或因不公开而损害公共健康的信息，公众应享有知情权，技术秘密权利主体不能以保密为由拒绝披露。

依照公共利益抗辩规则，技术秘密的保护范围是很狭窄的，不能超过所谓“真正秘密”的限度。这就意味着对于已经处于公有领域的中医药信息不应再纳入保密范围，也不能主张排他权。这是技术秘密“保护范围有限性”原则的体现，应与独立开发、反向工程等一并列入对技术制度的限制性规定中。

中药复方中有一部分属于经方和验方，其中很多出自于《金匮要略》《伤寒论》《千金方》和《本草纲目》等古籍，其方药组成和药物配伍具有一定的稳定性。对于这类复方而言，其配料早已属于公有知识，其复方组分不应再纳入私权垄断的主题中。

而对于仍处于私人领域的信息，权利人则享有不全面公开的权利。如前所述，在中医药领域这类信息囊括了疾病的特定诊治方法、中药的加工制配工艺、药品配料中某些关键组分的信息或配比信息等。技术秘密的包容性使其覆盖范围不只限于经验方的制作工艺，中药方剂中仍有一些配料未完全公开的复方，或者虽然配料已公开，各组分之间的配伍比例仍未对外公布❶，对这类技术秘密的保护就应包含组分特别是组分之间的精确配比方案。只要权利人采取有效的保密措施，它们就不会丧失其专有性，法律对此可以通过设立不公开披露制度实现它与公共利益的对接。

对于传统知识而言，现代立法实践及理论研究倾向于根据其公开程度来划分公有领域和非公有领域，但这个标准对技术信息不宜简单套用。知识的公有与私有的划分是法律工具作用的结果，法律规范则是立法者根据调整社会关系的需要来制定的[224]，某些情况下知识或技术的公开为法律所认可而并不因此丧失专有性。虽然技术秘密对知识和技术的控制要求远超其他知识产权制度，但法定范围内的局部公开并不能将它与公有领域的公有知识画等号。因此，在进行信息披露时，具体披露的内容还有赖于对披露对象的界定，利益相关者的层次不同可能导致信息披露边界不同，因而不可划定统一的标准，其整体趋向在于强调秘密性技术制度的正当性的同时，也保障了保护范围的有限性以避免对公众共享技术的垄断。

纵观技术秘密的发展历史，始终伴随着信息公开与信息保密的论争。而技术秘密制度最终为知识产权体系所接纳，正是利益衡量的结果，技术秘密唯有对公共利益有利，才能获得其正当性[225]，同时其背后隐藏的个体利益与公共利益之间的利益权衡，也为信息公开与保密手段的协调提供了契机。

6.1.3　现代化路径与国际化目标：发展方向的反思

6.1.3.1　中医药的现代化路径：战略定位的重新审视

中医药现代化战略包含了知识产权战略、标准化战略、国际化战

❶　如雷允上六神丸、云南白药、漳州片仔癀、奇星华佗再造丸、同仁堂安宫牛黄丸、上海和黄麝香保心丸等中成药的配方，以及稀有贵细中药材人工制成品的配方，如人工合成麝香、牛黄等都未对外公开。

略等，在实现战略目标的过程中，其路径的选择值得深思。回顾中医药现代化的进程，自 1997 年我国首次提出“中药现代化”以来，现代化的成果并未完全达到预期[226]。在发展“现代中药”的口号下，中药研究走上了西方药学 18 世纪以来发展化学分离、提取化学单体或其合成物的老路，但这样做充其量只是把中药研究开发成为取得国际市场认可的西药而已[227]。

有学者总结我国的中医药研发思路是以“限制”为主的发展，到以“创新”为名义的“西化”，再到以“现代化”“国际化”口号对中医药进行根本的“改造”[112]。它反映在了中医、中药管理的诸多环节，也映射到了知识产权保护领域，集中表现为对专利制度的过度依赖。不可否认，完善的中药专利制度的建立势必会对实现中药产业化、国际化发挥积极的推动作用，其理应成为我国中医药知识产权战略的重心。然而中药专利获取的困难却使这一愿望难以真正落实。再加上并非所有的中药都可以用西药方式表达，如果以专利研发作为唯一模式，则意味着在丢弃中医用药特色的同时，也从知识产权制度上阻碍了其他保护手段的合理存在。

以当前的中医药现代化思维，审视技术秘密对中医药的保护，自然会得出该制度背离了现代化发展方向的结论。技术秘密的保护在中医药发展史上曾发挥过重要作用，但是在现代化背景下，它却被斥为落后的、原始的、无法与国际化目标对接。中药产业化的现实压力也使技术秘密在与西药专利的对比上处于明显劣势。企业为迎合产业化政策导向，获取更多的域外经济收益，必然要考虑满足国外对进出口药品管理的条件，而以技术秘密为名不公开药品的配方和工艺的做法，显然是无法满足该要求的。

中医药的现代化是中国社会现代化转型的一个缩影，现代化战略的设计与政策的制定者密切相关。在保护、发展中医药的政策组织过程中，政策制定者有义务把握中医药理论与技术的特质，清晰地认识和评价中医药所具有的经济价值和社会价值，从而准确地掌控政策的运行。然而从目前来看，政策制定者仍被认为缺乏承担上述期望的勇气[112]。究其原因仍在于西方科学技术的强大辐射力：在西方的现代生产技术占据绝对优势、西方的现代制度（包括西医、西药制度）占有绝对的话语权的大环境下，中国的政策制定者不由自主地也陷入了“文化认同”的危机，被迫选择和接受了西医、西药发展的“国际路径”，致使中医药的科学内涵及传统保护方式渐渐遭到漠视。

6.1.3.2　中医药国际化的推行：发展目标的慎重选择

有人认为我国中医药现代化的方向应最终定位在走国际化的道路上，鉴于近年来西方国家以中医养生已蔚然成风，“中医药热”在欧美有逐渐升温之势[80]，这是中医药走出国门的良好契机。若能把握此机遇，中医药的国际认可度将会提升，甚至与西药相抗衡的日子似乎也指日可待。对此，笔者认为应采取冷静和审慎的态度。当今全球医药市场上化学药的主导地位仍是不可撼动的，国际社会对中医药的兴趣主要是源于对化学药研发的需要。多数西方国家对直接用中草药治病仍然持怀疑态度[228]，所以，纵然中医药在国际上有发展潜力，这种潜力在相当长的时间内恐难转为现实。

从中药产品出口结构看，如前所述，我国中药出口产品大部分为原料和半成品，而欧美市场上对传统原料药的需求接近饱和，价格低迷且增长乏力，这种局面短期内恐难有改；在中成药领域，自2004年《欧盟传统植物药（草药）注册程序指令》实施以来，我国出口欧盟的中成药也受限严重。根据该指令，中成药获得进口欧盟国家许可的前提是其配方中每一个成分都要进行检验。而高额的检测花销、检测对技术秘密保密机制的破坏等都成了我国中药企业难以跨越的门槛。2014年5月1日起英国禁止在其本国销售任何未经注册的传统药，更进一步限制了中成药在欧洲的发展空间。据统计，2014年1—6月我国中成药的欧盟出口额仅为446万美元，同比下降20.86%[190]。美洲市场上，中成药的出口状况同样不容乐观。2013年年初加拿大卫生部就发出通告，警告公众不要购买服用天麻头痛丸、石斛夜光丸、内障明眼丸、白凤丸等中成药，其认定它们的成分中汞、铅等重金属均超标。此前英国药品管理局还曾发布警告，提醒慎用未经英国官方注册通过的中药，称这些中药含有高含量的铅、汞、砷等[229]。

这种以安全性不达标为由，在海外“封杀”中成药的案例并不少见。除去生产质量因素，应该说用药理念的不同是使我国的中成药出口海外频频受阻的重要原因❶。临床证明中药产品中含有的所谓重金属在炮制去毒后不影响入药使用，但由于缺乏临床数据和明确的中成药药理分析，西方国家并不认可其科学性，中成药由此频陷质量信任危机。一纸不良反应报告或毒性超标通告就能让某类国产中成药信誉扫地，再走出去难度就更大[230]。长此以往，我国的中药出口结构将难以得到改善，中成药的国际竞争力也在不断下降，这对中药国际化造成的负面影响将是长期的。

由此可见，中药药效的物质基础始终是制约中药国际化发展的重要瓶颈。虽然国内企业和中药研发机构为了迎合国外近乎苛刻的标准，纷纷加大研发的成本，其结果却不令人满意。

中医要迈出国门，进入国际医药主流市场是一个长远的目标，短期内并不可能实现。有学者一针见血地指出，中医药发展到今天这种地步是由于改革过程中的西药化政策导向，以及医疗、教育、科研领域的西式观念造成的[186]。伴随着国际化目标的提出，中医在医、药、教、研等各方面都开始以西医、西药的模式作为标准。然而实施多年来，中医理论的发展不仅未见有真正的突破，而且自身创新的不足反而令其日渐受制于口号的束缚。寄希望于用西医、西药的观念和方法解释、验证甚至改造自身，其发展结果却是“国家每年为中医科研投入亿万元资金，能在防病治病方面发挥作用的却不及20%；中医硕士、博士的研究做到了细胞、分子、基因水平，却不会开方治病”[195]，这种局面不能不令人深思。

在国际上，有关中医药的接受度和影响力的评价是一个多少有些

---

❶ 2013年5月，云南白药、汉森制药、盈康制药等也陆续被曝产品“涉毒”，北京同仁堂生产的健体五补丸、牛黄千金散和小儿至宝丸等产品也相继被指含有过量朱砂而被认为汞超标。而事实正如国家中医药管理局官员所述，中成药中的所谓汞超标的说法实际上是把汞和朱砂混为一谈的结果。朱砂是汞的化合物，它与汞不是一个概念。中医理论、中药药典中都公认朱砂具有安神、明目的作用，中药配伍技术完全可以实现朱砂增强疗效、减少副作用的效果。

令人尴尬的话题。由于历史、文化背景的差异，中医不太可能真正驰骋于国际主流医药市场[187]。与其忙于在国际上一厢情愿地推行中医理念，不如脚踏实地立足于本土，首先解决国人的健康问题；与其尝试用西医理念改造中医理论，不如对中医体系进行正本清源的清理，保持中医的特色和优势，将继承式的发展摆上重要位置。

在中医药现代化研发过程中，我国迫切需要的不是技术跟踪策略（如筛选活性成分）或赶超策略（如银杏叶的开发），而是在药物设计理念上的创新策略，建立符合中医药特质的知识产权战略。研究开发现代中药，只有从中医理论和临床经验中理解中药方剂的内涵才能超越西药的生产和保护思维[231]。中药工业生产的首要目的，应先定位在国内保证稳定发展上，而不是首先进军国际市场。国内市场占据了世界市场的一个巨大份额，无论短期还是长期，“如果能牢牢把握国内医药市场并辐射到海外华人市场，就已经是了不起的胜利和成功”[187]。反过来，中药产品进入欧美国家的主流医药市场，当然应是我国中药企业追求的目标，但是如果为了进军海外市场而对中药进行削足适履的改造❶，则不能称为成功。

6.1.4　防御性策略与进攻性策略：保护理念的定位

6.1.4.1　两种策略的综合运用

一个完整的中医药技术秘密保护体系应注重将进攻性策略与防御性策略相结合。其中进攻性策略除主张对秘密信息的保护之外，更关注通过技术秘密的运作以抢占和垄断市场。在对技术秘密的取得上，除了自主研发、合作开发等传统方式，进攻性策略还强调通过产权转让等方式获取其他企业的技术秘密；在技术秘密的应用上，除了自用，进攻性策略还强调通过技术许可等方式加快技术秘密的商品化和产业化进程。

防御性策略则侧重于对技术秘密信息的保管和维护，其基本手段

❶ 包括中药配方、生产工艺的改造及保护手段的改造。

包括被动性防御和主动性防御两种。被动性防御即通过将中医药知识和技术公开化的方式使其进入公有领域，以防止他人利用该信息直接获取专利；主动性防御则是主张从具体制度入手，通过法律规制和企业内部管理两个层面，着手对秘密信息进行有效控制并防止他人侵权。

对中医药技术秘密的产权的确立是实现进攻性策略与防御性策略相结合的前提。尽管权利的内容存在一定的模糊性，但技术秘密的知识财产的性质已经获得普遍承认，它是权利人就该信息获得财产利益的基础，唯有明确中医药技术秘密的产权，利益的获得才具有正当性和稳定性。作为一种排他性的权利安排，产权的本质特征就是具有突出的主体性[148]。健全的中医药技术秘密的产权制度应该有效保证权利人对自己产权的支配权，反对一切外在力量对自己使用和支配产权的非法干预。这是实现产权效率的基本要求，也体现了中医药技术秘密产权的道德维度。

由于知识产权与普通的有形财产权存在较大的不同，因此在理解其权利保护的依据时，经济学的考量是另一个重要因素[232]。技术秘密的产权化要求需要首先确认权利的边界和技术秘密的范围，以明确权利人实施保护的空间。这个范围不宜过窄，否则就无法有效地实施保护和管理；也不宜过宽，否则就会造成对有限的管理资源的浪费，徒增权利人利益维护的困难。

法律上确认和保护中医药技术秘密的私有产权，从静态角度来看虽然会增加边际成本，但是技术秘密权利人可以通过使用许可、转让等方式使社会总收益适当提高，从而维持社会总的知识产品存量的持续增长，其激励效应将进一步彰显。

6.1.4.2 多方协作下的制度契合

中医药知识的群体性和承继性特征没有消弭私权利存在的空间，多数物化了的中医药知识完全可以具备知识产权所要求的个体性创造的特点，因此在尊重知识产权制度赋予权利人私权的基础上，协调性的制度安排有助于合理选择中医药知识产权的权利类型及权利结构，以实现多重保护制度之间的契合。具体来讲，其制度安排主要可以包括两个层面：一是中医药技术秘密与专利、商标等其他传统知识产权制度的协调保护；二是中药企业内部技术秘密管理措施的协调。

技术秘密的保护通常与对专利的保护交叉运用。对于选择用技术秘密维护的信息，除确立产权外，当前条件下的制度设计还需要围绕合同、侵权责任及权利救济展开，同时还要借助保密条款和竞业禁止条款的缔结及规范，防范技术信息随人员流动而流失，弥补中医药技术秘密的人身依附缺陷。有关该问题的阐述，将在本章下一节展开。

6.2　多重策略制度设计的探索

6.2.1　技术秘密与传统知识产权保护方式的协调

中医药技术秘密保护的历史由来已久，但在现代工业化生产条件下，技术秘密的适用受到了冲击：由于药品自身的特殊性，其工业化生产必须经过国家药品监管机构的严格审核，包括从所选原料、配方、生产工艺到最终产品都必须详细呈报，并要制定相关的质量标准[233]，这就使得保密的难度加大。尤其在中成药领域，新开发的中药新药通常很难如现有的保密品种一样，受到信息可以绝对不公开的待遇，有关中成药的法律保护有时候需要多重方式并用。

6.2.1.1　中医药技术秘密与专利策略的选择

中医药知识产权体系中，专利抑或技术秘密都把已经文献化的中医药知识和技术排除在外，文献化的知识和技术多被纳入“公有领域”，从而失去了主张私权的可能，而且从当前研究趋势来看，学界有关将中医药知识和技术进一步文献化的呼声也比较强烈。但文献化在抑制他国就相关信息获取知识产权的机会的同时，也否定了本国就该信息获取技术秘密保护的可能，其实质是弱化了自身对中医药信息的控制强度，并演化成为“公共权力不适宜地入侵或挤占私人领域的一种手段”[224]。

法学视野下的中医药保护主要是指“权利介入与维系”。如果说公权力介入的动机是动员全社会促进传统知识整体的传承和发展，那么私权利介入就是解决传统知识本身的财产利益保护[234]。两种力量之间可以相互补充，但总体来说，私权利介入是当前中医药保护急需完善的领域。

私权利的介入主要涉及知识产权保护手段的选择问题。什么样的保护手段最优，最终的评价还需要借助保护效果来检验。专利与技术秘密手段的选择也依赖于这个最终的评价。知识产权的私权保护，以利益杠杆的性质[234]对中医药领域的相关利益进行了延展：首先，它尊重个人知识或活动在自然状态下的自由、自治，而技术秘密的保护手段的存在就体现出了这一点；其次，法律对公开表达责任分配的制度安排并没有完全替代或取消秘密保护手段的存在，它提供的是可供选择的保护模式。

中医药的产业化进程从一开始就需要考虑知识产权的法律保护问题。中医药领域的技术成果，无论是选择技术秘密还是专利，抑或其他知识产权方式进行保护，其目的都是推动技术成果的实施，使其物尽其用。而在成果转化的过程中由于泄密或侵权的风险总是不能完全避免，如果持有人能够在初期就建立一个较为完善的保护模式，无疑将可以更好地抵御潜在的风险。

中药企业从药品的研发、生产、上市包括技术的转让、许可等诸多环节都面临知识产权的选择，其中采用技术秘密与专利相结合是关注的重点。两种制度在权利内容上存在很大的互补性，技术秘密所长往往为专利所短，反之亦然。在中医药知识产权领域中，任何一种制度都不可能完全取代另一种，但是在如何协调技术秘密与专利适用的比重上，其最终策略的制定受制于多个因素的综合影响，其中主要的关联因素表现为技术本身的价值❶、侵权发生的风险高低，以及一国法律制度所给予保护的预期。

---

❶ 其评估指标包括技术的复杂程度、创新程度、技术特征的可表达性、可传授性，以及对掌握技术所要求的条件等。

在选择专利保护还是技术秘密保护的问题上，一个关键性考量因素是受保护对象的特点。对象不同，保护手段往往不同。中医药知识和技术的特殊性决定了某些技术成果更适合采用技术秘密保护，这些技术成果主要为：药品成分复杂，难以通过反向工程获知其技术要点的中成药处方；流程复杂、操作规程严密的中药饮片及中药品的炮制加工方法和制造工艺；创新程度并不太高，但难以为外人了解的某些技术性诀窍；技术经济寿命较短，更替速度较快的技术成果；人身依附性较强，带有明显隐性知识特征的中医诊疗等技术性操作。相比较而言，更适宜采用专利保护的技术成果主要包括：市场潜力比较大但创造性较低的中药新剂型改良等技术成果；竞争对手容易通过反向工程予以掌握的技术成果；涉及中药药品国家标准，不予以公开将难以获得上市批准的中药配方等。

对于一项技术，如果法律制度预期的风险小于技术秘密保护的成本，那么选择专利保护相对更有效[235]。中药技术领域，中成药的剂型及拆方是其中比较典型的代表。在剂型创新问题上，如前所述，由于中药产品的剂型制法并无过高的创新性，企业在新剂型技术操作上通常不具备技术垄断的条件，采用技术秘密保护并不能使其获取市场竞争的优势地位。新剂型涉及中药产品的“制法”，属于实现中药产品性能的具体的技术方案，具有可专利性，因此运用专利保护更易操作。

此外，中药标准的存在也是此类技术申请专利的原因。当一项技术被纳入中药标准体系后，其内容就必须无条件全部公开，如果此时未申请专利，则该技术将面临被他人无偿使用的危险。通常情况下，当一项中药标准建立时，相关的技术已经取得或正在申请专利保护，这样中药标准的使用者在使用该技术标准时就无法绕开相关专利[214]。不过对于中药验方、秘方来说则有所不同。鉴于当前中药企业对很多中药验方、秘方包括偏方的药物成分和作用机理进行分解离析的水平普遍偏低，尚无法形成国家标准[236]，对于这些药品的配方和工艺，采用技术秘密保护就更具优势。

与此相类似，中药的拆方研究作为制药技术领域的“中药现代化”的一种表现，其拆方后取得的化学单体或化合物更适宜申请专利保护。它沿用西方国家研发天然药物的思路，在生产工艺上强调运用还原方法进行拆方提纯，以降解有效成分至分子、亚分子水平。近些年我国的中药拆方研究取得了一些进展，与此同时也面临着很大的争议，主要的反对声音来自中医界。中医理论认为方剂的物质基础是方内各药的整体功效，但拆方研究恰恰把它拆掉了。拆方力图把中药的功效归结到某些特异性的物质成分上，由此导致的结果是药物提取分离得越纯，距离中医的本质就越远；中药的质量标准做得再好，也不能与疗效挂钩[237]，因此从严格意义上来说中药拆方专利在性质上仍属于西药专利。

6.2.1.2 中医药技术秘密与专利结合的类型

中医药领域技术秘密加专利的组合并不少见，将两种保护手段相结合，相较于单一的技术秘密保护或者专利保护，有时优势会更大。先以技术秘密的方式保护中医药技术成果，待保护条件不再具备或者专利保护时机成熟时转而申请专利保护，是不少药品生产厂家维持技术优势的路径之一。很多中医药创新成果的最初呈现都是以秘密信息的方式被加以保护的，其形式可能是企业自守的商业性技术秘密，也可能是国家秘密或者中药保护品种。由于后两种保护形式有时效限制，当保护期限届满时，企业需要另行寻求其他的保护方法❶。通常

---

❶ 在这方面，梧州制药的妇炎净胶囊是一个典型代表。1995年9月20日，国家科委、国家保密局将广西梧州制药公司研发的“妇炎净胶囊配方及制作工艺”列为国家秘密技术项目（国科发成字［1995］363号），保密期为10年7个月。2002年6月14日，“妇炎净胶囊”被国家药监局列为国家二级中药保护品种（［2002］国药中保证字第0850号），保护期7年，自2002年6月22日至2009年6月22日止。其质量标准在1995年、2000年、2005年以保密形式被国家药典委收录于《中华人民共和国药典》，其处方在药典中的表述是“本品为苦玄参、地胆草、当归、鸡血藤、两面针等药味经加工制作成的胶囊”。2004年10月18日，梧州制药公司又将“妇炎净”的处方剂量及制备方法以“一种治疗妇科疾病的中药复方制剂及其制备方法”向国家知识产权局申请发明专利，于2006年12月6日获得发明专利授权（专利号：ZL200410060988.7）。此外，武汉健民药业的龙牡壮骨颗粒也是采用了技术秘密与专利相结合的保护办法。龙牡壮骨颗粒为治疗佝偻病的中成药，在1994年申请了中药一级保护品种，其配方和工艺受到严格保密，保护期为10年。在品种保护期限届满前，武汉健民药业对该中成药申请了发明专利，于2002年5月获得了专利保护。

情况下可以考虑的方案主要有以下两种。

1. 以技术秘密保护为主，专利保护相辅

这种情况表现为两种可能。一种是技术秘密通常为一整套独立成体系的技术，权利人以该技术为核心，实施技术秘密保护，然后围绕该技术，就其配套的某一个环节或者某一项非核心技术申请专利。其目的在于技术秘密一旦泄露，他人仍不能完全应用此技术生产出完整的产品[89]。另一种是以专利保护产品外观，以技术秘密保护产品的制造方法和工艺。

在技术秘密信息中，选择将其中部分技术特别是外围技术申请专利是中药厂家比较常见的做法❶。此外，对中药产品的外观设计申请专利也是一种保护中药技术秘密的有效手段。通过外观设计专利保护中药产品，有助于加深购买者对产品的外在印象，并将产品本身与其外观设计和包装联系起来，即便他人用相同或者类似的技术方法再生产出同类产品，由于包装不同，购买者也往往习惯于购买最初认知的产品。这种通过外观设计专利间接保护产品内容的做法，对于技术秘密的保护具有积极的效果。

2. 以技术秘密为轴心的专利权保护

这种做法是将中医药技术成果的大部分申请专利保护，仅就其中最核心或最关键的某一点以技术秘密的方式予以保留不公开。保留的技术通常为两种：一种是实施专利所必需的关键性技术，另一种是最佳实施例。对于第一种类型，常见的做法是，在满足专利申请说明书要求公开的基础上，申请人对说明书中所述质量标准、部分优化条件

---

❶ 在这方面云南白药集团的知识产权保护策略是一个比较典型的代表。云南白药粉剂和云南白药胶囊是云南白药集团的核心技术秘密，在市场上拥有绝对的独占性。云南白药集团一直坚持用技术秘密的方式保护该配方并设置了严密的保密措施。在此基础上，围绕着核心技术秘密又衍生出诸多相关产品，如云南白药膏、药酊、喷雾剂、胶囊等现代剂型，以及白药创可贴、白药痔疮膏等关联产品，专利保护被陆续引入其中。这些专利技术的辅助实施有力提升了企业的经济竞争力，云南白药集团逐渐形成了以云南白药粉剂和胶囊作为核心技术秘密，以白药气雾剂、白药创可贴和宫血宁胶囊等专利产品作为辅助的知识产权保护体系，成为中药行业中运用技术秘密保护的典范。

等细节做技术秘密的保留❶。这种情况下，竞争对手仅依据专利申请书记载的内容并不易仿制出与专利产品标准相同、效果相同的药品，专利申请人得以既保留了关键性技术信息，又获得了获取专利保护的机会。但这种做法在实际操作过程中并不容易把握。如何在专利申请公开内容与技术秘密保留内容的选择中保持平衡，是一个比较困难的工作。它带有一定的风险，由于有违专利充分公开的要求，有时候申请人保留的内容会成为阻却其获得专利授权的原因，很可能在专利申请阶段就被审查机构驳回。即便获得授权，一旦遭遇侵权纠纷，就可能面临被对方以此为由主张专利无效的风险。一般情况下，对中医药研发中的改进型发明，如果发明点是产品制备的优选参数、储存的最佳条件等，往往不适宜做技术秘密的保留；而对以西药方式开发中药产品的发明，如果以产品本身作为要求保护的对象，对新化合物制备的最优参数或者储存的最佳条件等，就可以通过技术秘密的方式进行保留[238]。

对于第二种情形，权利人的技术秘密信息一般是在申请专利前就保留下来的，也有可能是在专利实施后在后续研究的技术完善的过程中附加进去的。该信息并非必不可少的关键性技术，只是一旦少了它就通常达不到最佳效果。技术秘密的存在不影响专利的实施，根据说明书便能达到基本效果，但要获得最佳效果，仅靠专利说明书无法实现，它需要被许可方与权利人在技术秘密许可合同或者专利许可合同中增加技术秘密有偿公开的条款[89]。

6.2.1.3 中医药技术秘密与商标权保护的结合

技术秘密与商标的结合主要体现在企业知识产权战略的转化上，利用商标辅助保护中医药技术秘密是一种有效方法。对于拥有较强市场竞争优势的中医药产品来说，其使用的商标也容易获得较高的知名

❶ 例如，某种治疗消化道溃疡的药物，其药味组成中肉桂的重量配比范围是15～40份，这是专利权项要求保护的范围，但申请者保留了35份的最佳重量配比作为技术秘密进行保护。详见丁晓玥、潘勤、孙琳等《中药企业的商业秘密保护研究》，载于《齐鲁药事》，2012年第5期。

度，鉴于商标对特定品质的产品有表彰作用，中医药技术秘密可以依此建立起与品牌之间的联系。随着时间推移，生产者对技术秘密的依赖就逐渐转化为对该知名商标的维护。品牌成为企业技术秘密的外在表现和价值凝结，由技术秘密扩展到品牌战略，即由技术秘密产生的产品和服务及时通过市场化策略确立品牌的地位，能够使技术秘密的价值随着品牌价值的提升实现扩展。

在这方面，可口可乐公司树立了一个典范。可口可乐的配方 100 多年来一直以技术秘密的方式被保护，至今无人能够借助反向工程或独立开发的方式掌握该配方。但从市场运营效果来看，可口可乐在市场中最为人所知的，并非是其配方被以技术秘密的方式加以保护这一事实，而是其商标标识的强大的市场影响力。多年来，可口可乐公司不断通过广告宣传的方式持续维护和拓展其品牌的社会影响，逐渐使人们对其产品中技术秘密的关注转向了对其品牌的信赖。这种知识产权战略重心的转移对可口可乐公司而言无疑是成功的，它有助于将其核心产品的社会影响力辐射到其他外围产品中去。

在中医药领域，与可口可乐公司有着相似策略的是北京同仁堂药业集团。作为药品生产、经营和中药材加工的中药老字号，同仁堂多年来掌握着诸多中药技术秘密信息，这其中就包括知名中成药产品“安宫牛黄丸”的配方和被视为我国四大中药炮制流派之一的“京派”炮制技术等。在保留上述技术秘密的同时，同仁堂积极寻求其他知识产权手段的协同保护，其中商标战略成为其主导性战略。截至 2012 年，同仁堂在国内共申请注册商标 110 余个，在全球 50 多个国家和地区相继办理了商标注册手续，并在我国台湾地区完成了第一个大陆商标的注册。其商标战略的运用提高了产品的知名度和社会认可度，同仁堂的品牌优势得以不断显现[239]。

6.2.2　中医药技术秘密权属的确立：权利规则的运用

6.2.2.1　权利规则的基本要求

在知识产权框架下，中医药技术秘密作为技术秘密的一种类型，其保护同样受到权利规则和义务规则的支配。两种规则共同作用并行不悖[97]。中医药技术秘密的财产性质决定了对其产权归属的确认是权利行使的前提，中医药技术秘密的改进及技术信息竞争力的保持需要权利规则的积极运行。

权利规则的运用首先表现为对技术秘密的产权式保护：权利人有权主张对技术秘密信息的支配权；当权利受到侵犯时，有权主张排除他人的干涉；权利人之外的其他任何人都负有尊重其财产权的义务，否则权利人可以要求侵权者承担相应的法律责任。

权利规则的另一个要求是司法救济的保障。依据权利规则，获得司法保护的前提是证明技术秘密的存在，有关秘密信息的内容、构成、它与其他信息的边界以及所采取的保密措施，都需要得到权利人的明确阐释。这种对权利客观存在状态的举证被视为案件审理的出发点。

依照 TRIPS，有关商业秘密（技术秘密）的实体制度的制定属于各国国内法事务，而随着技术秘密制度的发展，现行立法的分散状态显然无法有效和全面地回应上述权利维护的需要。在这方面，独立的商业秘密法的制定能够更好地体现和反映技术秘密的财产权属性。

6.2.2.2 中医药技术秘密权的主要内容

对技术秘密的立法不能简单沿袭传统知识产权体系已形成的内在和外在形式。传统的知识产权类型被限定为具有排他性、专有性、地域性和时间性等特征，而技术秘密并不完全具备这些特征。技术秘密是一种相容性的权利，没有如专利权一般的垄断性和排他性效果，其秘密信息的获得既可能借助独立开发、反向工程等正当手段，也可能被他人通过非法途径掌握，而要准确区分获取手段的合法与否有时候并不容易，因此其权利的生成带有一定的模糊性，特别是对中医药技术秘密更是如此。

通常情况下，财产的保护需要以具有清晰的产权为前提，要明确产权就需要划出一条可观察的权利界线，对权利的测度、描述等都公之于众[103]。然而中医药技术秘密是通过信息的不公开来维持自身价值的，若公之于众就会丧失其价值存在的基础。加上很多中医药技术信息从构成来看未必都能达到一定的创造性高度，而只是相对于特定的多数人来说该信息处于秘密状态、“与公共知识相比有一定的区别”而已，这就使其权利范围有时变得不易识别，如果简单套用技术秘密财产权自身的逻辑进行制度架构的设计，显然难以完全协调。

中医药技术秘密涵盖了显性知识和隐性知识两类。其中作为隐性知识传播的技术秘密在严格意义上并不属于财产权，无法适用财产法中的权利规则，只有显性知识可以表现为法律上的独立财产，划归到知识产权意义上的技术秘密的范畴之中。与此同时，中医药隐性知识与显性知识之间并没有绝对的界限，现有的显性知识往往就是隐性知识阐明或者再阐明的结果；而基于企业追求创新的动机，已被阐明的显性知识还存在进一步再阐明的必要和趋势。这就使得二者之间的边界带有一定的流动性和不确定性，中医药技术秘密的权利性状和权利属性因而显得更为复杂。因此，笔者建议，将来在我国的商业秘密法创制之时，在立法提供了一个较为完整的框架，完成了对商业秘密顶层设计的基础上，应兼顾不同类型商业秘密的特性，实现对其相关权利类型的整体协调。

1. 保护宗旨

对中医药技术秘密的立法，应首先体现出技术秘密制度自身的保护价值。如前所述，它应具体表现为两个方面：一是分别从知识产权角度的激励创新、市场经济领域的维护良好的商业道德和竞争秩序等维度，实现对公共利益的维护；二是从个体权利角度表现为对私权利的尊重和保护。其次，还应体现出中医药技术秘密的独特性，即通过立法来延续、促进中医药技术和理论的发展，并实现合理使用。

2. 权利类型（保护对象）

中医药技术秘密是指在中医药领域中的、不为公众所知悉，并为权利人采取保密措施的中医诊法疗法、中药的配方及炮制加工生产工艺等技术。中医药技术秘密在构成上应分作两类。一类应纳入知识产权范畴的技术秘密体系中，其权利内容和运行完全符合技术秘密财产权的基本要求，与其他类型的技术秘密并无二致。这类中医药技术秘密具有财产属性，其权利获得应包括研发取得（包含合作研发）和继受取得两类。商业秘密法应承认当事人通过协议方式约定中医药技术秘密权利归属的行为。在权利的排他性上，商业秘密法应承认技术秘密的弱排他效力，对于借助独立开发和反向工程获得的技术信息，应保护开发者独立的财产所有权。

另一类中医药技术秘密则不能划归财产权范畴，而是遵循师传徒受的传承方式得以维系。如前所述，这类属于隐性知识的技术信息，带有比较强烈的人格权属性，其传承遵循着中医药学自身的发展规律，法律应对传承人和被传承人在技术信息传承过程中的传与承的行为予以确认，要求当事人订立书面的师承协议以明确双方的权利义务和法律责任。对于其中属于非物质文化遗产代表性项目的，则依照《中华人民共和国非物质文化遗产法》的有关规定开展传承活动。

3. 权利行使

作为财产权行使的中医药技术秘密，在权利类型上归属于支配权，商业秘密法对它的确认、保护及权利行使的限制应符合法律对支配权的要求。其权利客体的范围自权利产生之时起就已特定，但考虑到技术信息的保密状态，通常情况下唯有在发生侵权纠纷时，才涉及对权利的构成及客体的认定等问题，但这不应影响技术秘密权的成立。

在进行诉讼时，权利人对权利内容的举证面临泄密的风险，为避免举证不能，权利人有可能为此被迫牺牲一定的保密利益。为克服这种状况，可以考虑放弃权利规则的绝对化要求而采用相对主义规则[120]，即对于中医药技术秘密的构成，不要求权利人完整而清晰地自证其结构和内容，而是允许其从其他相关事实中进行间接证明，即只要证明权利足以存在的可能状态即可。

4. 信息披露

基于药品对公众健康的重要影响及药品标准的公开化需要，中医药技术秘密制度中应包含对信息披露机制的设计。与中药标准化过程中的信息披露属于合同法框架内的事前预防机制不同，中医药技术秘密制度中的信息披露不属于当事人之间的约定义务，而是一种法定义务，其披露的时机既包含事前也包含事后。

（1）披露对象和披露事项

中医药技术秘密的披露对象应包括两个：一是技术秘密权利人向政府监管机构披露，二是技术秘密权利人向社会公众披露。如前所述，对政府监管机构，法律应要求权利人做全面的信息披露，即涉及中药标准项目的全部内容都应当公开，并应同时满足以下两个条件：一是作为披露对象的监管机构，其权利必须来源于法律、法规的明确授权；二是对该类信息的披露应为监管机构执行职务所必需。对公众的信息披露，则应当遵循适度和恰当的原则，其中，对凡属于中药的性状、鉴别、含量测定、性味归经、功能主治、用法用量，以及规格、贮藏等信息的中药标准项目，应一律公开；对中药处方、炮制和制法等核心技术，则应当允许权利人限定公开的程度和采取相应的保密措施。

（2）披露主体

商业秘密法应当明确当事人的披露义务。中医药技术秘密权利人有义务分别向政府监管机构和公众披露相关的技术信息，若权利人怠于履行该义务，将承担相应的法律责任。

（3）强制披露

在获知权利人的相关技术信息后，政府应负有保密义务，非经法定条件和法定程序，不得对他人所拥有的技术秘密信息予以披露。但是经权利人同意或者行政机关认为不公开可能对公共利益造成重大影响的，可以予以公开。

5. 管理体制

由于多年来我国对中医与中药实行分开管理，中医药技术秘密的行政管理牵涉到了国家中医药管理机构、国家药品监督管理机构，以及国家保密机构、科学技术部等多个部门。其中，国家药品监督管理机构主要负责中药材、中药饮片、中成药、中药提取物的管理，国家中医药管理机构主要负责中医人才管理、中药资源普查和保护等。这种分而治之的格局在相当长的时间内将会持续，所以现阶段有关管理体制的完善应当主要从政府权力协调及责权相配的角度，为中医药技术秘密的发展创造良好的外部环境，以去除政策障碍。

此外，对于纳入国家秘密的中药配方，由科技部负责日常的管理工作，国家保密局则主要负责对《中华人民共和国保守国家秘密法》的执行及对相关涉密文件的管理。在这个问题上，基于前文对中医药技术秘密的私权利性质之分析，有必要对国家秘密的内涵予以限缩，使已纳入国家秘密范畴的中药品种回归商业秘密领域，使中医药技术秘密逐渐脱离科技部和国家保密局的行政监管，而由政府的药品监督管理部门负责日常事务的管理。

6. 法律救济

就中医药技术秘密的保护实践看，由于我国的反不正当竞争法对技术秘密的规制主要是基于对市场公平竞争秩序的维护，并没有对权利规则要求下的产权式保护予以关注。虽然它没有否定技术秘密的财产权属性，但将技术秘密置于反不正当竞争法中予以规制，意味着只有当对技术秘密的侵犯达到对市场秩序破坏的程度，法律才进行调整。这种做法不仅容易形成对技术秘密认识的歧义，造成技术秘密的财产权性质与保护模式之间的割裂[240]，也使得保护手段难以真正到位。

相应地，在进行综合性的商业秘密立法时，条文所涵盖的救济手段应当是全面的，既应包括民事救济手段，也应包括刑事救济手段，其中应以民事救济为主。作为知识产权的中医药技术秘密以支配权的内容呈现，民事法律对其产权式保护是通过赋予权利人基于该产权之上的请求权而得以实现的❶，这些请求权应涵盖实体性请求权和程序性请求权，既包括知识产权请求权，也包括债权请求权。有关该问题

❶ 作为知识产权的技术秘密蕴含着排他力，从权利人角度分析，支配权的实现方式之一表现为请求权的行使，其目的在于保障权利人实现法律配置于己的特定客体上之利益。具体阐述见朱谢群、郑成思《也论知识产权》，载于《科技与法律》，2003 年第 2 期。

的阐述，将在下文展开。

6.2.3　权利保护及救济手段的完善：义务规则的运用

6.2.3.1　义务规则的基本要求

义务规则的运用源于技术秘密自身的道德维护功能。法律对技术秘密的确认不仅在于它属于当事人的一项财产权益，还在于它对商业道德的维护和促进。技术秘密权利性状的模糊决定了权利规则所确立的产权式保护模式不是制度完善的唯一思路，义务规则在该领域的运用同样必要。义务规则是从技术秘密权利生成和维持的外部因素进行考量的，其出发点在于使技术秘密制度的存在能够维持人们获得和利用信息的道德水平，鼓励通过合法手段获取竞争优势，防止不正当攫取他人成果的行为。

运用义务规则来保护技术秘密，是将“诚实商业行为的方式”作为保护的实质性标准，它体现为对技术秘密的“设防性”“反向式”保护，即通过他人利用技术信息的手段是否“正当”来反观持有人对该信息是否拥有权利。由于这种做法是通过限定他人的行为边界来确认权利人的财产利益，属于一种被动的保护手段，它需要放在个案中根据案件的具体情节来确定，不具有普适性的效力[241]。

义务规则的切入点集中在他人获取秘密信息的手段上，而对于以非法手段取得他人信息的行为，法律则赋予权利人排他权以对抗该行为。相对于技术秘密权利人对信息的支配权而言，这种排他权的实现方式主要表现为请求权的行使，即权利人有权请求法律排除他人的非法干涉，以保障自己实现法律配置于特定信息之上的利益。

6.2.3.2　请求权的设置

从请求权的性质上区分，可以把技术秘密权利人的请求权分为知识产权请求权和债权请求权。而知识产权请求权从内容上又可以分为排除妨害请求权和预防妨害请求权，其中前者是对现实侵害实施的救济，后者是对威胁性侵害实施的救济。

从我国的立法现状看，无论是民法典、侵权责任法，还是反不正当竞争法，都没有对预防妨害请求权做出规定，而只是设置了排除妨害请求权。而从立法内容看，反不正当竞争法对商业秘密（技术秘密）侵权行为的界定❶，以妨害人主观上存在过错为成立要件，这在一定程度上限制了权利人排除妨害请求权的行使力度。排除妨害请求权从构成上分析不应以妨害人有过错为成立要件，也不论实际损害是否已发生，而是只要有妨害存在，妨害人就应承担法律责任。我国的知识产权法体系中的专利法、商标法、著作权法及《计算机软件保护条例》对排除妨害请求权的确立，都已经把证明对象无合法来源或合法授权作为承担法律责任的唯一条件❷。笔者认为，在进行商业秘密的专门立法时，对有关技术秘密的现实侵害行为的构成，有必要排除其中对过错要件的要求。当技术秘密权利受到侵害之时，法律应赋予权利人选择停止侵害、排除妨碍等方式寻求救济。

相对于排除妨害请求权，预防妨害请求权属于对防止技术秘密侵害的事先预防，是对知识产权排他权效力的强化。预防妨害请求权同样不以相对人有过错为成立要件，也不以损害后果的发生为要件，只要存在妨害权利人的排他权行使的可能或者危险，即便妨害结果未发生，权利人也有权要求该行为人消除危险。在内容上，依照预防妨害请求权的内容，当权利人的利益面临威胁性侵害时，法律应当赋予其消除危险的权利主张，禁止可能侵权的人一定时期内的活动，以达到保护技术秘密不被泄露或非法使用的目的。

有关威胁性侵害的预防，在注重对技术秘密的产权式预防性保护的美国和日本早有先例。美国采取的办法是禁令救济。禁令救济是指当商业秘密（技术秘密）被侵害或者面临侵害威胁时，权利人向法院申请禁制令，要求侵害人停止披露、使用或其他对商业秘密（技术秘密）有侵害危险行为的制度。实践中它既可以适用于对秘密信息已经

---

❶ 参见《中华人民共和国反不正当竞争法》第9条。

❷ 参见《中华人民共和国专利法》第60、70条，《中华人民共和国商标法》第57、64条，《中华人民共和国著作权法》第47、48、53条，《计算机软件保护条例》第23、24、28条。

造成实际侵害的侵权行为，也可以适用于侵权行为尚未实施但已构成威胁性侵害的情形。

日本采用的是差止请求权制度。差止是英文 injunction 的音译，是指当权利被侵害或有被侵害之虞时，权利人请求停止侵害，以及防止将来侵害发生的权利[242]。作为大陆法系国家，日本的技术秘密制度是被纳入反不正当竞争法中加以保护的，但随着对技术秘密的财产权属性的认知，日本适时转换了技术秘密的法律保护模式，开始承认并赋予了权利人对威胁性侵害的预防妨害请求权，这也体现出了技术秘密领域中产权理论与反不正当竞争理论的妥协。

在我国，技术秘密的预防性保护在中医药领域也应包括这种预防妨害请求权的赋权和行使。因此立法应当考虑增加有关技术秘密的威胁性侵害的禁止性规定，赋予权利人预防妨害请求权，以进一步明确技术秘密的产权属性。

除上述两种知识产权请求权之外，技术秘密侵权救济还包括权利人对债权请求权的行使。债权请求权在内容上主要表现为金钱给付、赔偿损失等，损失的计算方法以补偿性赔偿为原则❶。实践中它与知识产权请求权常常交织在一起并可以发生转化[100]，而技术秘密救济制度的丰富和完善有时候依赖的就是这种转化❷。这两类请求权应当对应存在，在不同层面发挥作用。

除侵权情形之外，债权请求权还适用于违约的情形。它往往与保密协议或者竞业禁止协议的签署相关联，其源于义务人对契约义务的违反。有关该问题的研究，涉及技术秘密的契约式预防性保护问题，下文将予以展开。

---

❶ 美国 2016 年 5 月 11 日生效的《保护商业秘密法》（*Defend Trade Secret Act*，DTSA）中对商业秘密（技术秘密）损害赔偿的计算囊括了补偿性赔偿和惩罚性赔偿两种规则，具体包括实际损失、不当得利、合理许可费用、惩罚性赔偿及律师费等几项内容。在我国，惩罚性赔偿是否有必要纳入技术秘密侵权的计算，值得进一步研究。

❷ 如技术秘密的善意第三人取得制度的设立就是依赖于排除妨害请求权向债权请求权的转化。确立技术秘密善意取得制度的国家法律通常规定，在善意第三人向权利人支付了相应报酬后，可以继续使用该秘密信息，该规定就是用债权请求权（支付报酬）替代了排除妨害请求权（停止使用）。

从性质上分析，知识产权请求权和债权请求权都属于实体法性质的救济手段，与之呼应的是程序性救济手段的设置。我国的民事诉讼法中有保全制度的规定，其中的行为禁令可以扩展到对技术秘密的保护之中。有研究者认为我国的行为保全制度类似于美国商业秘密法中的“禁令”制度，实际上美国的禁令是一种兼具实体与程序内容的救济制度，而行为保全属于程序性的救济制度，它以权利人（申请人）对被申请人的作为或者不作为的请求为起点，由法院对被申请人做出为或不为一定行为的强制性措施，来保障权利人的实体性请求权的实现。

技术秘密的不公开特性对该类案件的审理提出了更多的保密要求，而诉讼的进行却有可能使秘密信息面临二次泄密的风险，为此，除设置上述请求权制度之外，法律还有必要赋予权利人更多的程序性权利，并对审判模式进行相应的调整。在这方面，除现有的对商业秘密（技术秘密）案件的不公开审判、不公开质证、审前保密承诺书的签署等做法，审判三合一模式的正式确立及保密令制度❶的设置也都是有益的尝试。

6.2.4 契约机制的运用：作为技术秘密的一般性保护

6.2.4.1 中医药隐性知识的转化

中医药的现代化生产走的是集约化、规模化道路，不再以过去的小作坊为单位，这就意味着技术秘密权利人不得不将其秘密与企业内部成员分享[243]。中医药技术秘密以人为载体、需要由人加以掌握和运用的特性，也使得人才流动的过程往往同时伴随着秘密信息的流失。这源于制度本身的设计，一定意义上无法完全克服，现代社会所

❶ 英美法系对保密制度的研究相对发达。美国的 Centurion Industries Inc. v. Steurer, 665 F. 2d 323 (10 th Cir. 1981)、Heat & Control Inc. v. Hester Industries Inc. , 785 F. 2d 1017 (Fed. Cir. 1986)、American Standard Inc. v. Pfizer, 828 F. 2d 734 (Fed. Cir. 1987) 三个案件为保密令规则的确立奠定了基础。具体内容参见李峣、冀宗儒《知识产权诉讼中的保密令制度比较研究》，载于《知识产权》，2015 年第 11 期。

能做的是尽量避免因技术秘密运行中的不足所引发的损失隐患。

在减少人才流动对技术秘密流失产生消极影响的问题上，一个必要的措施是将中医药技术秘密与企业员工的一般知识、技能和经验进行区分。对于已经显性化了中医药技术秘密来说，权属的确立是实施保护的前提，这一点对企业尤其重要。技术秘密范围的事先界定和明晰可以避免事后认定的烦琐与纠葛，从而起到预防纠纷的作用，但有时要严格区别企业的技术秘密与员工的一般知识和技能并不容易。中医药技术的研发离不开技术人员的操作，在操作过程中，技术秘密信息往往与技术人员的个人知识、技能和经验密切联系，很多情况下两者是交叉在一起的，它们或多或少都带有隐性知识的特征。因此，必须结合具体事项进行综合判断，其中较为重要的衡量因素主要包括[244]：技术产生的方式，即谁是真正的技术创造者，该信息能否与其他可以自由使用的信息区分开来；研发人员之外的人对该信息的知悉程度、该技术的开发投入、研发者的离职能否引起该信息的竞争优势丧失；企业就该信息采取了哪些合理的保密措施等❶。

知识产权视野下，技术秘密对中医药的保护，首先关照的是显性知识。如前所述，从财产权角度分析，中医药显性知识本身从严格意义上来说不能称为财产，究其本性而言，它是具有公共属性的人类共享的资源。这一是因为任何中医药知识都是在前人知识的基础上形成的，难以与公有知识分开使用；二是因为知识本身并不具有财产意义上的“稀缺性”，“无法像有形产品那样，可以通过对客体的排他性占有而实现对客体的权利”[29]。所以法律对中医药显性知识的保护，实

---

❶　最高人民法院在再审的“山东食品公司等与马达庆、青岛圣克达诚贸易公司不正当竞争纠纷案”的裁判中，明确相关认定标准为：（1）职工在职期间掌握和积累的知识、经验、技能属于职工个人人格的组成部分，职工可以自由利用。（2）该知识、经验和技能要与单位的商业秘密相区分。职工所掌握的知识、经验、技能中属于单位商业秘密的，职工不得违反保密义务和保密措施，擅自披露、使用或允许他人使用其商业秘密，否则应当构成侵权行为。（3）职工利用其在职期间所掌握和积累的知识、经验和技能增加其经营能力的，不构成违背诚实信用的原则和公认的商业道德。具体内容参见《中华人民共和国最高人民法院（2009）民申字第 1065 号民事裁定书》，载于奚晓明主编《最高人民法院知识产权审判案例指导（第三辑）》，中国法制出版社，2011 年版。

质上只是对权利人对该信息拥有的“支配权”的保护，这种保护借助中医药技术方案、中药方剂等载体得以物化，以技术秘密的形式呈现出来。对于尚无法实现向显性知识转化和分离的中医药隐性知识，则无法等同于显性知识对待，而只能退守到公法领域，借助法律对中医药传承制度的确认而得以保护和延续。

为减少中医药隐性知识流失的风险，实现其向显性知识转化是一种积极的思路。随着现代化科技手段的应用和发展，越来越多的中医药隐性知识能够借助信息技术，以较低的成本向显性知识转化和分离。转化后的显性知识可以以技术秘密的方式进入知识产权体系中。

当然，即便是实现了向显性知识的转化，在知识的传播和应用过程中，人力因素的影响仍不能完全摈除。知识的拥有者为个体，个体的变化或流动始终是导致知识溢出的重要原因。而且中医药隐性知识与显性知识之间并无截然的界限，二者可以实现相互转化，这个转化是一个无休止的循环过程[245]，中医药知识和技术的创新也正是依赖于这种知识之间的动态转化。在这个过程中，技术人员自身的经验和技能同时获得提高，企业可以通过鼓励创新的方式激励技术人员将这些个人经验和技能显性化。当然这是一个主观选择的过程，能否转换及转换多少，除了受当事人的披露意愿、对该类经验技能的价值的认识，以及如何将它们准确地表达和外化出来等主观和客观因素的影响，还取决于企业的激励措施的设置❶，因而带有不确定性。从一定意义上说，企业通过与技术人员事先签订协议，约定技术秘密的成果归属以避免事后的产权纠纷，应是一种相对保险的选择。如果约定成果归属企业，企业对该秘密信息享有法定产权，它需要以支付报酬的方式充分保证创造者的个人利益。与此同时，技术研发人员的个人经验、技能等“剩余知识”的保留不影响其保密义务的履行，他需要对所知悉的企业技术秘密承担保密义务；如果约定成果归属个人，则应当允许相关技术人员对自己所获得的秘密信息享有产权，企业则可以

---

❶ 保持技术人员的相对稳定是中药企业维持技术秘密的一个重要因素，在这方面，有效的激励机制的设立是一个正确的做法。

通过与权利人进行技术转让或以许可的方式从该技术秘密中获取经济利益。

6.2.4.2　预防性保护手段的运用

对于技术秘密，法律需要设置直接的、事后的、针对泄密后果的保护，而之所以需要另行再建立契约机制，为技术秘密提供间接的、事前的、针对泄密风险的预防性保护，是为了弥补事后救济的不足，这种不足正是源于技术秘密自身的特点[246]。

技术秘密的契约式预防性保护手段主要包括签署竞业禁止协议和保密协议两种。竞业禁止协议与保密协议在维护技术秘密的功能上有所区别。在商业活动中竞业禁止协议的约束范围通常要大于保密协议，涉及面更为广泛。与竞业禁止协议相比，保密协议的设定则更为直接和明确，不过相对于竞业禁止协议，保密协议对威胁性侵害的预防性效果不如前者。实践中，掌握或知晓技术秘密的企业员工在离职后从事与该秘密信息相关的工作或职业的，是该对企业技术秘密构成威胁性侵害的最主要情形❶，竞业禁止协议的签署就在于以事前预防的方式对这些潜在的侵权者的行为予以防范，降低侵权行为实施的概率。相应地，竞业禁止协议就表现为企业对雇员就业权的限制，协议的签署也因此成为法官据以认定当事人法律责任存在的依据。

1. 竞业禁止协议的签署

确立离职后的竞业禁止义务是必要的，但必须正确处理由此引发的技术秘密保护与劳动者就业权之间的冲突。在二者的关系上，就业权是公民的宪法权利，竞业禁止条款属于私法保障，通常当事人之间基于私法做出的约定不得违反公法规范，特别是不得与宪法规范相违背，然而当员工“离职竞业危害到原企业的事业发展并成为一个突出的社会问题时，重新审视宪法上的就业权就很有必要”[247]。此时，确

---

❶ 有报告显示，有 40% 的雇员会将在原雇主处获知的商业秘密信息用于新雇主处，见 Latest Updates on Federal Trade Secrets Legislation，http：//www. tradesecretslaw. com/latest - update - on - federal - trade - secret - legislation/. 最后访问日期：2021. 4. 2。

立竞业禁止规则对于维护社会经济秩序的稳定必不可少。

在这个问题上，美国的立法实践为我们提供了一个较好的范例。商业秘密（技术秘密）的预防性保护在美国各州的法律中并不统一，部分州采用了“不可避免披露原则”，偏重保护雇主的利益。不可避免披露原则的基本判断标准是：如果某一状况对商业秘密构成了一种不可避免的泄露或使用，则这一状况就构成了对商业秘密的威胁性侵害。但该原则的实施备受争议。对商业秘密的威胁性侵害，当事人可以通过主体间事先的约定进行判断，法官也可以把该约定作为判定威胁性侵害存在与否的依据，而不可避免披露原则却相当于用法律来设定竞业禁止协议[248]，它实质上属于一种司法推断行为，有时候并不需要当事人提供大量证据来证明侵害的必然发生，而是更多地依赖法官的自由裁量[240]，这种依赖法官的主观意志的做法无疑会增加判定的难度和风险。

2016 年 5 月 11 日，美国《保护商业秘密法》经奥巴马总统签署正式生效，新法案更倾向于保护雇员的流动和劳动自由，对不可避免披露原则形成了冲击[249]。它规定保护商业秘密的禁令不得“阻碍雇佣关系的建立，且此雇佣关系成立的条件应当建立在具有侵害之虞的证据上，而不仅仅是基于该人员知晓的信息”，并且不得与禁止限制商业活动的州法相冲突，禁令不得“违反禁止限制合法行业、交易或经营的州法律”❶。新法案在商业秘密保护与劳动自由之间进行了平衡，体现出了利益平衡的原则，对我国今后的商业秘密立法具有一定借鉴意义。

在技术秘密保护与劳动者就业权平衡点的选择问题上，我国今后的立法政策应该是：除满足合同法的契约机制对诚实信用原则的基本要求外，还要顾及劳动合同法对“保护劳动者的合法权益”的宣示。我国的合同法、劳动合同法与劳动法，对劳动者就业权问题都有规定，但立法主旨各有侧重。而劳动合同法与合同法分立的立法格局，使得对劳动者的劳动自由权益保护的法理阐释更为复杂。因此，立法

---

❶ 参见美国《保护商业秘密法》第 2 条。

在确定技术秘密的保护限度时，应强调竞业禁止协议须以保护技术秘密为限，协议不得干涉劳动者进入新的劳动关系的自由，不得过度或不当限制劳动资源的自由流动❶。

具体来说，在涉及中药企业的竞业禁止协议的签署问题上，企业与其相关人员应就竞业禁止的期间、范围、事项及相应的补偿等做出明确约定，但需要同时满足劳动者就业权的"最小限制"和"最大保障"的要求[246]。所谓"最小限制"，意味着雇员离职后，对于其就业权的限制，如果双方的约定足以保护权利人的合法利益，法律就不需要介入，竞业禁止归于当事人的约定义务而不应属于劳动者的法定义务。所谓"最大保障"，是指如果采用法定手段对劳动者就业权进行保障，不会过分削弱企业的合法利益，那么就不采取约定方式来保障。

此外，竞业禁止协议的签署还需要明确涉密人员的范围。由于企业的中医药技术秘密在内容上与企业技术人员的知识、技能和经验存在相互渗透的情形，即便企业在自己拥有的技术秘密信息上划定了界限，也难免因人员流动使特定信息被带离企业，因此涉密人员不应局限在直接接触技术秘密的人员之内，适当扩大竞业禁止协议的主体范围是一个相对有效的解决办法。但这并不是要求对竞业禁止协议的签署做宽泛化处理。员工在企业中的身份、职务的不同会影响他们对中医药技术秘密的威胁性侵害程度，对于一般技术人员而言，在工作过

❶ 有关竞业禁止的另一个研究热点是竞业禁止后的补偿问题。雇员因竞业禁止必然遭受经济损失，其不作为义务是以付出经济牺牲为代价的，这种牺牲给禁止其竞业的企业带来了竞争上的利益，因此让对方支付补偿费是完全合理的。发达国家的法律和实践都鼓励竞争禁止协议的受益者为协议支付足够对价，法官对合同是否存在补偿也会进行充分审查，不少法官习惯于将是否存在补偿作为确定合同是否合法的依据。但主流观点认为，在考虑合同是否有效时可以完全忽略有无对价补偿。受竞业禁止协议限制的雇员的情况和处境各不相同，如果企业在其在职期间支付了含有离职后竞业禁止的补偿费的高薪，或者竞业禁止对其生存状况并不构成严重影响，就未必要在竞业禁止协议或者条款中约定补偿协议。具体阐述见 Simon Mehigan and David Griffiths, *Restraint of Trade and Business Secrets: Law and Practice* (second edition), Longman, at 33。在这个问题上，我国的合同法和劳动合同法分别做出了不同的规定。合同法并不以支付对价为协议生效的要件，但劳动合同法及相关司法解释则禁止不设补偿金或补偿金过低的竞业禁止行为。

程中获知的中医药技术信息有可能是局部的和片段化的而并不完整，即便他们有泄密的机会，所带来的危害往往并不大；而对于企业的高级管理人员或者高级技术人员，由于他们有条件利用职权优势接触或者知晓完整的技术秘密，加上自身经营经验及商业信息储备的丰富，能够对相关中医药技术秘密的经济价值和利用手段有着更全面的了解，因而所导致的威胁性侵害相对也会更大。因此，竞业禁止协议需要根据当事人的实际情况，在权利和义务的设定上做出不同的区分和细化。

2. 保密协议的订立

中药企业为了保护自身的技术秘密，除需要与员工签署竞业禁止协议外，还需要与企业内部从事技术研发、技术生产、技术管理的人员，以及企业之外因经济合作关系获悉技术秘密的合作方签订保密协议，明确他们对因工作所获知的信息的不泄露义务。

作为对保守技术秘密的一种承诺，保密协议建立在双方当事人之间合意的基础上，其保密期限不限于双方存在雇佣关系或合作关系的期间内，也可以辐射到义务人解除或消灭这类关系之后。

为将雇员对企业技术秘密的侵犯概率降至最低，保密规范需要尽量细致并要有可操作性；协议当事人不应仅局限于涉密的技术人员，对于不直接接触技术秘密的操作但在工作中有机会了解该信息内容的其他人员，也应纳入保密义务人员的范围。相应地，在保密协议的签署问题上，涉密人员的范围除包括上述人员外，还应涵盖相关退休人员；保密协议需要根据涉密人员的不同岗位或者与秘密信息接触程度的不同，在保密事项、保密范围、保密措施及违约责任等方面分别做出约定。

劳动关系存续期间企业相关人员所承担的守密义务，在性质上属于雇员对雇主的忠诚义务和诚实信用义务的体现。虽然现代企业制度中“雇主”的人格意义越来越抽象，忠诚义务观念也逐步淡化，但诚实信用义务不能免除。诚实信用在劳动关系存续期间属于附随义务，不论是否签署保密协议，当事人都负有保密的法定义务。在劳动关系解除之后，保密义务一般通过协议的形式来确定❶。与竞业禁止协议相比，保密协议多是以技术秘密的现实侵害为参照物的，而且以保密协议方式设定的义务通常只是限制义务人对秘密信息的泄露和使用，一般不对泄露或使用的情形予以具体限定。

3. 内部管理制度的配套

中药企业研制开发中药新产品、新工艺、新方法的过程是一个技术秘密不断生成和成熟的过程。在这个过程中，无论是最初的技术设想还是后期技术方案的设计，对企业都可能具有经济价值，即使方案没有成功或者不成熟，若被竞争对手获知也有可能对企业产生不利影响[114]，这就需要对技术秘密产生的全过程实施动态管理，相应地，内部保密制度应涵盖从人员管理到物资管理等各个层面。

在人员管理方面，如前所述，竞业禁止协议和保密协议的签署及企业内部保密规范的制定都不可少。在物质和资料的管理方面，中药企业首先需要做的是确定技术秘密的保密客体。保密客体的种类可能是某类涵盖整个技术工艺或者方法的完整的技术方案，也可能仅仅是技术方案中的某一项或者某几项的关键技术。保密客体的确立使企业可以围绕该客体特别是其中的技术资料制定更具体的管理规章，覆盖资料的储存、保管、使用、销毁等各个环节。技术秘密的保护、管理和运用不是各自独立的，而是一个动态的过程，每一个环节都相互渗透、相互联系，对这些环节的管理要求，同时就是对相关管理人员的行为要求。

预防技术秘密的威胁性侵害是技术秘密管理的重点。由于技术人

---

❶ 有关保密义务是否有期限，学界存有争议。有学者认为在劳动权、择业自由权和技术秘密权之间，法律必须这样摆正天平：将在职和离职分为两个不同性质的阶段，员工在职期间有义务保守所知道的单位的一切技术秘密，包括重要的秘密信息和一般的保密信息。离职后保护义务则有所放松，如果没有明示合同，对原单位的一般的保密信息不负任何保密义务，只是对原单位重要的秘密信息才负有默示的保密义务。具体阐释见张玉瑞《商业秘密法学》，中国法制出版社，1999年版。也有学者认为保密义务应当一律不设期限，只要保密事务还存在，保密义务就应当存续，直至保密事务消灭。保密义务应当是与技术秘密共存亡的，其理论依据源于诚实信用原则的遵守。详见孔祥俊《商业秘密保护法原理》，中国法制出版社，1999年版。

员在研发成果出来之前离职并擅自带走研究成果是导致技术秘密侵权的常见情形，因此，设置预案和应急方案对于技术秘密的预防性保护就显得比较重要。对因员工流动所带来的技术秘密流失风险，企业有必要采取的应对措施是：建立人才流动跟踪机制，及时了解人才流动的去向，以判断泄密风险是否存在及风险的高低。对于存在信息流失风险的情形，企业应建立侵权发现机制[1]，针对可能发生的侵犯技术秘密的行为进行预防和应对处理，并配备应对技术秘密纠纷的专业机构和人员，对侵权行为采取相应的法律救济措施。

6.3 中医药技术秘密的应用

传统私法理论认为，在完美的市场经济中，确认财产权的归属及个人所有是解决资源配置最有效的方法。权利个体对自身创造的知识产品如果没有被法律赋予合理的专用权和禁止权，将会丧失使用这些资源的动力。知识产权的价值在于利用而非静态的持有，其价值彰显需要在动态的流通中实现。尤其是对中医药知识和技术而言，如果权利人不实施或不充分实施相关知识产品，就会阻碍对该资源的充分利用，这与“物尽其用”的法律理念是背道而驰的，可见，只有赋予中医药知识产品的可交易性，才是实现其有效利用的关键。

6.3.1 利益分享理论的补充

6.3.1.1 知识产权制度保护的目标利益：利益分享的合理性解释

近代知识产权法把鼓励创新与维护公共福利作为制度创设的依据，除尊重和保护个体权利人的专有权利外，更鼓励对智力成果的积

[1] 有研究者主张企业应该建立针对本企业及对方相关企业的技术信息系统和技术秘密侵权纠纷信息系统，以便在应对技术秘密侵权纠纷时及时采集并提供相关信息，以备企业决策和法律诉讼之用。详见刘新权《中央企业技术秘密的保护与管理研究》，华中科技大学，2007年博士论文。

极利用，以促进社会公共福利的实现。这是一种“利益平衡”式的价值追求，既强调保护权利所有者的利益，又试图实现私人利益与公共利益之间的平衡。然而现实中，个体权利人对经济利益追求的最大化，往往使得他们对中医药知识产品形成事实上的垄断，在一定程度上阻碍了医学技术发展，与知识产权制度设立的初衷相背离。

一直以来，我国的社会体制都维持了一种分享式的作者性，独占性权利的绝对化和排他性高估了个体权利对中医药知识和技术创造过程中的贡献，低估了公共领域及其他贡献人的作用。中医药保护的合理性之一在于它要达到的政策目标，需要在个人利益与公共利益的对比中有所偏重甚至取舍。基于中医药传统知识的特质，这种选择倾向于向后者倾斜，这正是知识产权制度合理性之所在[250]：知识产权属于私权，然而设定和保护知识产权的目的却具有公共性。

基于此，中医药知识产权的利益分享，试图打破个体权利人对中医药知识产品的垄断性独占，要求权利人适度放开对知识产权的“绝对化”标准，由权利人与他人尤其是利益相关者之间共享利益，这些利益相关者涉及生物资源的提供者、中医药研发的投资者、中医药知识产品的生产者等。它并非主张将公共利益绝对凌驾于知识产权人的个体利益之上，牺牲权利人的利益以增进公共福利，而是强调个体之间利益的差异性，并进一步肯定各利益相关者追求其特殊利益的权利。

6.3.1.2　产权归属的效率分配

知识产权制度对中医药的保护，不在于简单地阻止中医药资源的经济利益为他人获得，而是要最大限度地发挥中医药的价值，推广和应用中医药知识，以更好地维护公众健康。相应地，就中医药技术秘密的内容而言，应该考虑在尊重知识产权制度赋予权利主体私权利的基础上，建立一种协调性的制度安排，使多元主体之间有条件开展合作。

知识产权的使用是权利主体以物尽其用的原则选择其权能并具体行使的行为，财产的最佳利用是产权的效率目标，产权行使意味着产权主体在自己的行为边界做出了选择。由于中医药传统知识的群体性和技术秘密制度的相容性，在社会中往往存在着一定量的相关产权，由于产权主体各不相同，当他们行使产权时外部性就可能出现。外部性是不同产权使用行为之间冲突的结果，它使中医药知识产权无法达到最优使用的理想目标。克服外部性，不是消除其中的某一种行为，而是如何协调不同产权行为带来的冲突。知识产权制度由此配给了两种解决机制：一是共有产权，二是利益分享。

共有产权是在知识产权权利层面上进行分享，将所有利益相关者作为共同的权利主体，他们享有相同的权利形式和内容，除产权主体，其他任何主体的介入都算构成侵权。利益分享则是在所有权之外的分享，各利益相关者不是作为共同的产权主体，而是基于各自的利益需要享有不同的权利内容，并具有不同的法律地位。有学者对知识产权中的共有产权提出异议，认为它会导致后期合作研发成本过高[251]。但事实上利益分享与共有产权之间并没有绝对严格的界限，作为产权治理模式，二者都需要界定成员之间权利行使的关系和边界，对权利进行进一步细分，并依靠一定的权利构造使成员之间开展合作。

中医药技术秘密的形成是一个知识和技术不断拓展和创新的过程，一项技术的成熟往往历经多年，其间历代行医者都贡献其中，从而使它在一定程度上成为集体智慧的成果。在现代化生产条件下，即便是具备了知识产权法所要求的个体性创新的特点，中医药技术秘密也会存在资源享有者与管理者、使用者多重利益主体并存的情形，其产权界定和实施仍需要均衡多头利益，实现动态调整。

按照利益分享的要求，在中医药知识产品的流通过程中，产权人对他人尤其是利益相关者的获益要求不能简单地行使禁止权，而是与对方通过谈判签订契约进行利益分割。这是因为知识资产具有内部化的趋向，当知识产品外部交易的不确定性过高时，产权人反过来会将知识产品内部化，将其控制于自己手中而不是通过市场实现其价值。这在一定程度上会限制知识产品的使用，也不利于知识生产的社会分工。中医药知识产权的利益分享，对权利人行使权利提出了基本要求，它承认知识产权人的交易自由，但对其自我谈判的空间加以限制来避免权利个体对中医药知识产品的垄断性独占[199]。

中医药知识产权的利益衡量标准不单包括物质收益，更会牵涉到生命权、健康权等超越经济利益的价值追求，因此在设计该协调机制时，不应局限在私权利的绝对化层面上，“利益分享”对中医药的保护具有更现实的重要性。中医药技术秘密的利益分享应该是一个以增加中医药知识和技术的利用量为目标的过程，在这个过程中，各主体之间追求的不是此消彼长而是共同消长的关系[252]。对差异利益的追求意味着它是一个开放式的结构，其利益总量不是固定的，契约订立者的核心目标不是事先预定分享的比率，而是如何扩大总量从而保证整体利益的不断增长。这种利益不仅包括知识产权人和利益相关者的获益问题，还可能牵扯到行业利益、区域利益甚至国家利益，其利益总量的外延将受制于国家的产业政策、文化观念及经济现状。

6.3.1.3　技术移转对利益分享的实现

在中医药技术秘密中，技术移转（Technology transfer）是实现利益分享的一个有效途径❶。技术移转主要包括技术许可和技术转让两种方式，其中技术许可是将中医药技术秘密的使用权以排他、独占或者普通许可的方式转移给他人，权利人从中获取经济收益的方式。技术转让是将中医药技术秘密的所有权转移给他人，权利人主体发生变更的情形。相比较而言，技术转让在法律关系上具有技术“买断”的性质，其意义在于当技术秘密权利人没有足够的能力和条件通过自己的行为实现技术秘密的产业化时，可以通过市场交易将技术秘密的所有权交由具备实施条件的买主，如同有形物的买卖一样。而技术许可则属于一种技术“租赁”[253]，其意义在于它使技术秘密有条件借助许可行为在保护和鼓励技术的创新、实现其使用价值最大化的同时，

❶ 1945年白宫科学研究与开发办公室主任范内瓦尔·布什教授在呈送给总统的《科学——永无止境的前沿》的报告中最早提出了“技术移转”的思想。该文探讨的技术移转指的是通过知识产权移转技术。详见翟海涛《美国大学技术移转机构探析及对我国的启示》，载于《电子知识产权》，2007年第12期。

分享了技术秘密带来的利益，并最终使社会公众受益。如果没有许可机制，技术秘密权利人通常不会与公众分享自己的创新技术，因为这样容易使其面临信息被泄密却无法获得有效补偿的危险，而这一危险是技术秘密权利人所无法承受的[254]。

在将中医药纳入知识产权制度的过程中，如何在继续保持创新动力的同时又能推动知识的传播和应用，是中医药法律保护体系所面临的新挑战。正如有学者所说，在保护专有权利的基础上充分考虑利益的合理分享，才是现代知识产权法的基本精神[255]。中医药技术秘密的移转一方面为提供者保留了经济上的收益，另一方面通过提供者与接受者之间的市场交换行为推动了对秘密信息的有效利用，使技术秘密的价值得以实现，因而成为利益分享的有效途径。从国家和社会公共利益的层面来看，这类技术秘密的转让或许可行为有助于技术的应用和推广，应当受到鼓励和支持。

6.3.2 中医药技术秘密的许可与转让：进攻性策略的运用

6.3.2.1 中医药技术秘密的产权自主性原则

如前所述，作为智力活动的成果，中医药技术秘密最原始的形式是以逻辑语言的方式存在于行医者的头脑记忆中，通过口头方式进行传授，但是现代社会不再是以传统小作坊式的生产为主流，这就要求中医药技术秘密必须以更具客观化的载体形式表达出来。它需要通过许可或转让方式而为更多的人所知悉和使用，这进一步要求该技术信息能够摆脱对原始载体的依赖。技术秘密正是通过这种相对的独立性，使其内容有条件获得传播并彰显出其经济价值。

中医药技术秘密产权制度的运行实际上就是调节市场活动中当事人之间就该技术信息的权利和义务关系。这就需要确立一个调节的尺度或标准，这一尺度或标准的确立无非依据两方面的原则[148]：一是技术原则，即如何调节更有效率；二是伦理原则，即如何调节更公正合理。

依据这两个标准，中医药技术秘密产权制度运作的前置条件是对产权主体的确立。一方面，承认技术秘密权的主体性原则，确立所有人对信息的支配权，是法律对产权制度予以充分尊重和维护的体现，它符合产权伦理的要求；另一方面，它也能够进一步激励创造者的创造行为，并使权利主体有充分的条件和动力实现对自身的权利行使行为的约束，进而有助于法律对技术秘密的制度安排予以引导和规范。

从产权制度角度分析，中医药技术秘密产权主体性原则是实现产权效率的关键。这是因为，作为产权主体，技术秘密权利人最了解自身对经济利益的需要，也最有动力去满足自身的需要。在市场经济活动中，技术秘密权利人为了保证其产权使用的效率，需要选择最恰当的方式以尽可能小的投入形成尽可能大的产出。产权主体可以自己使用该信息，也可以许可他人使用自己的技术，还可以将产权转让给第三人并从中获取经济收益。特别是对由私人持有的中医药技术秘密，技术信息的许可或转让更成为技术秘密产权资源自由流动和重新配置的重要方式。

从中药企业角度分析，为了创造和获得尽可能多的经济价值，企业也有动力进行更多的技术秘密许可或转让行为。技术秘密按照其技术先进程度、技术信息的发展阶段，以及该技术信息在中药研发过程中的重要程度，可以被划分为核心技术秘密与非核心技术秘密两类。其中核心技术秘密一般为自己保有和使用，非核心技术秘密则可以通过技术许可或转让等方式获得经济收益。

6.3.2.2　影响中医药技术秘密移转的因素

中医药技术秘密的许可和转让置技术秘密于流转状态，由于客观上增加了信息知悉的主体数量，技术秘密泄密的风险亦随之加大，因此是否许可、如何许可或转让，都需要进行谨慎的考量。

一般情况下在决定技术秘密移转前需要考虑的因素，首先是技术秘密的领先程度和创新优势。对核心技术秘密，企业通常不会将其许可他人使用。这类技术信息的技术领先程度较高，企业能够借助该技术保持较长时间的市场竞争优势。但是技术秘密的发展是一个动态的变化过程，随着时间的推移，其价值会发生变化，对于不断通过技术创新或改进并得以保持技术领先优势的技术秘密，企业一般会选择继续持有；而对于技术先进程度逐渐降低、经济价值逐渐减少的技术秘密，特别是被其他企业所研发的技术超越了的技术秘密，企业会倾向于许可他人使用或者转让。

其次，被许可人的保密能力也是一个重要的参考因素。技术秘密的许可不同于转让，许可是一种有期行为，技术秘密权利人并没有失去对该信息的控制权，而只是将其使用和收益的权利让与被许可人，协议约定的期限届满后其权能仍回归技术秘密所有权人。因此在许可授权时，权利人必须考虑受让方也就是被许可人对技术秘密的管理能力和保护能力。如果存在较大的流失风险，即便许可行为能够使技术秘密权利人获得较大收益，但是与技术秘密流失后带来的利益损失相比，也是得不偿失的。

对于个人拥有的中医药技术秘密，在许可他人使用时，权利人考虑更多的是许可后的经济收益与自己把技术成果直接生产和销售后获得的经济收益之对比。相比较而言，中医药技术秘密在个人手中实现产业化的难度高于将其移转给企业之后的产业化难度。中药产品的市场化和产业化需要丰厚的资金、技术条件及规范的管理制度等一系列资源的组合，这些对于个人而言都不易获得。而如果授权企业运作，则可以有效提高其商业化利用程度，无论对技术秘密权利人还是对被授权的企业来说，都是一个双赢的选择。

从激励创新的角度来看，技术秘密创造者把技术信息的使用权和收益权让与他人而获益，属于对创造者的一种“利益还流”[256]，它加速了技术秘密的商业化利用，有助于实现经济利益的最大化及社会效益的最大化。因此，从促进技术秘密活用的观点出发，整备一个外部利用者获得技术秘密许可或转让的良好环境会更加有利。

6.3.2.3 利益分享模式下中医药技术秘密的移转

1. 协议条款的确立

制度的设置具有关联性，技术秘密的法律滞后于其他立法的发展，其财产权属性在一定程度上就是由其他立法推动的[84]。这一点在我国表现得更为突出。在当前缺乏商业秘密专门法的背景下，中医药技术秘密的移转还需借助其他法律来实现，在这其中，合同法能够起到关键作用。技术秘密的移转使技术信息处于动态的流通过程中，许可或转让得越频繁，这种流通性就越强，而技术秘密泄密的风险也就越高，也就越容易被侵权，因而法律应当允许当事人以契约方式对技术秘密移转的相关内容予以明确。

在中医药技术秘密移转问题上，当事人之间的协议能够赋予双方就技术秘密的许可或转让以自由协商的权利，尽管不排除其中限制竞争条款的出现，但协议的存在从另一个角度维护了技术秘密信息的安全。如果没有协议，技术秘密的移转很可能会由于缺乏有效的法律规制而导致混乱，对技术秘密的第三方利用也将成为空谈[257]。考虑到中医药技术秘密与专利的密切联系，有关秘密信息移转的条款可以单独自成合同文件，也可以包含在专利许可协议中，其条款应该涵盖技术秘密移转的客体、使用方法、使用地域、使用期限、移转的费用、当事人的保密义务及违约责任等。

从实践操作看，基于交易安全和利益维护的需要，在技术秘密移转协议特别是其中的技术许可协议中，当事人就许可事项不做任何限制的情形是很少见的，这类限制可以包括对使用区域、使用人员的范围限制等内容。此外，为了防止因技术移转而致技术秘密的经济价值和社会价值降低，技术秘密权利人在授权他人使用技术信息时，有时还会做出限制使用人对该技术进行改进的要求。

在技术改进问题上，从权利人角度来说，在技术移转之后最理想的状态是使用人直接将技术拿来使用，生产出的产品与权利人的原产品相同。但如前所述，作为移转标的的技术信息，如果不做任何的技术创新，随着时间的推移难免会陈旧过时，所以技术秘密的被授权使用人往往会倾向于考虑进行技术更新而非原封不动地维持现状，以便能够获得取代这一技术的新技术内容。如果对这种自主性的改进一律予以限制，无疑不利于技术的发展，因此法律应尽可能地避免权利人把对技术改进的限制局限在最小范围内：就双方而言，是否改进及改进的程度需要考虑使用者的技术水平、对技术进行改进和变动的能力大小、对协议的履约能力及诚信程度等要素[128]。实践中由于使用人对技术的不断改进，在技术移转协议届满后，原有的技术信息已经变成了近乎为受让者独有的技术秘密的情形也不在少数，此时对新技术秘密的产权及使用权的归属，仍然需要当事人进行事先约定。

2. 契约及契约管制

在利益分享问题上，进行技术移转的双方当事人通过协议约定双方的权利、义务，包括利益的分享方式和分享比例、基于该信息所产生的知识产权的归属等，而契约的存在就是要建立一种机制，实现成本的最小化以达到交换效率的最大化。由于该协议本质上属于对主权利行使的一种限制，所以它不能对抗其他相关个体或群体的专有权利的行使，利益分享的数量和比例以双方当事人的认可为条件。该标准带有一定的主观评判色彩，双方当事人在公平前提下就利益分享的层次进行划分，其结果只要为双方认可即有效，从而使不同个体的利益追求呈现出差异化。

在中医药领域，契约机制需要克服垄断及信息不对称等因素的影响。现代契约理论认为，现实条件下的最优契约集中表现为信息对称和激励相容。信息对称要求在协议谈判中建立有效的信息披露制度，契约执行机制中其报酬结构要因信息性质的不同而不同。但是实践中该制度并不能保证双方协议关系成立之后的信息交换的有效性，事实上，这种事后的信息不对称问题更具常态性。当事人之间的信息占有不对称，加上协议的订立成本及法律知识和谈判技巧的限制❶，使某些主体利用协议来调节信息移转与利益分享的能力有限。基于此，中医药技术秘密的利益分享合作契约的设计应当以承认信息不对称为前提，以降低交易成本为目标来减少信息不对称诱发的道德风险。降低交易成本需要激励相容措施与之配套[258]，它意味着协议双方均能够满意分享相关利益，也意味着违约的救济机制要能够确保协议的顺利

---

❶ 有关契约管制的阐述可参见任浩、郝斌《模块化组织契约有效性与契约结构设计》，载于《浙江大学学报（人文社会科学版）》，2009 年第 2 期。

维持及实施。

中医药领域中的利益分享合作协议曾带有短期性和暂时性，但随着中医药产业化进程的推进，现今利益分享的主要应用空间集中在了以市场为主导的中医药科技成果的推广上面，即中医药科技合作领域，它带有合作的长期性。利益分享机制实现了中医药技术秘密共享的社会化，从而解决了科技成果推广的动力问题，然而，在该领域中，利益分享合作契约的操作仍然须以对主体与利益的多元化的认识为基础。这就需要：首先，细化中医药利益分享合作协议，建立完备的信用评价体系和责任规则以规范当事人的行为，引导主体之间的互利互惠；其次，构建良好的外部交换环境，保障公正的交易秩序，以激励个体为获得长期利益而实施自我约束。在设计激励方案时，管制者则应着眼于被管制者内部效率的提高，充分考虑协议订立主体之间的利益整合问题，找到双方的利益契合点。利益分享理论看到了保护中医药知识产权所具有的激励功效，它通过协议肯定了利益主体的分享权，承认了利益相关者的协作性努力，也彰显了中医药知识和技术传播的基本特性。

第7章　结论与展望

7.1　结论

中医药与以专利为代表的现代知识产权制度的不适应，根源于两种文化背景下人们对知识或信息的评价标准不同[259]。若一味迁就现行知识产权制度的评价标准，将导致中医药的科学性得不到认可，这对其自身的发展并不利。因此立足于中医药的特性，寻求适合其发展特质的保护制度才是正确的选择。在这方面，技术秘密制度做出了良好的探索，现代社会不能因其截然不同于专利的设计而轻易否定它的价值。事实上，企图以“唯专利化”的思路来解释和框定中医药，不仅不可取而且也无法实现。

在这种背景下，研究中医药技术秘密制度在中医药法律保护体系中的定位及该制度的建立和运作就有了必要。对中医药技术秘密的审视，所面临的任务不仅是如何克服其适用过程中存在的内部及外部制约因素的问题，更有其制度建构的问题。

在影响中医药技术秘密适用的制约因素上，协调技术秘密制度与其他相关制度之间的关系是解决问题的入手点。这其中包括了中医药技术秘密与国家秘密的有效界分、技术信息的保密要求与药品信息和中药标准的公开化需要之间的冲突之克服，以及中医药技术秘密与以专利为代表的其他知识产权制度之间的协调运用等内容。针对这些问题，本书对有关公法与私法保护路径的选择、信息公开与信息保密手段的协调、中医药发展的现代化与国际化目标的反思，以及防御性策略与进攻性策略的定位等问题的探讨，都为冲突的解决提供了出路。

中医药技术秘密的特殊之处在于其秘密信息的分类。技术秘密在中医药领域分作两部分，一部分属于显性知识，另一部分涉及隐性知识，其中前者可以归入财产权范畴，后者因无法脱离操作者独立存在而不能直接进入市场成为法律意义上的财产。这种显性知识与隐性知识的并存状态意味着对中医药技术秘密的保护需要从制度上划分为两类，而对于其中带有明显的人格权属性的技术秘密，由于尚无法纳入知识产权范畴，其操作和研习必须依赖师徒传承的方式进行。

与此同时，中医药技术秘密中还有更多的技术信息已经实现了客观化，完全具备了在市场上被交易的条件和可能。对这部分技术秘密而言，明确其财产权权属既是对其知识产权属性的尊重，也是中医药技术秘密制度建构的基本要求。由于权利内容的不公开状态，相较于有形财产及传统的知识产权类型，技术秘密无论在权利性状还是在生成上都有欠清晰，因此对其权利范围的界定不能完全比照传统知识产权的立法逻辑。但是权利属性的复杂和范围的相对模糊并不代表其权利不能获得认可，当事人的“保密利益”[260]理应得到法律的维护。

由于缺乏专门立法，我国有关中医药技术秘密的保护仍然以反不正当竞争法为重心，但反不正当竞争法对技术秘密的规制，偏重于维护市场秩序而对其财产权的属性关照不足。因此在中医药技术秘密领域，有必要从其自身权利范围的界定和权利生成的外部因素两个角度，检视其保护要求，从权利规则和义务规则两个作用层面，厘清其保护模式。在这个问题上，独立的商业秘密法的制定将有助于发挥积极的效用。

中医药技术秘密产权范围的不易识别并不意味着独立立法的不可能，在该领域，单独的制定法的存在不仅能够弥补我国中医药技术秘密保护的制度空白，实现对不同类型技术秘密的整体协调，降低技术秘密权的维护成本[249]，也能够更好地展现中医药技术秘密的实体内核。但基于权利规则只能适用于显性知识领域，对中医药技术秘密的保护，需要区分其客体的不同特征而有所区别。

在立法完成顶层制度设计的同时，对中医药技术秘密的保护，应首先明确其保护宗旨。基于前文对该制度的价值分析，其宗旨应从维护公共利益、保护个体私权、推动中医药发展等几个角度展现。其次，它还应提供一个较为完整的立法框架。对于其中可以归入知识产权范畴的中医药技术秘密，应确立权利人对该技术信息的支配权，在此基础上，其制度内容应体现出权利规则的要求，相应地包含权利的取得、维持、使用、转让、信息披露及权利救济等内容；对于无法归入知识产权范畴的中医药技术秘密，法律对其实施的保护应最终归于对传承者和传承机制的保护。

鉴于中医药技术秘密权利属性的模糊，法律不宜对其权利构成之证明提出过高的要求，义务规则从获取中医药技术秘密的手段正当与否的视角，补充了对中医药技术秘密财产属性的描述。反过来，它也赋予了权利人相应的请求权，以对抗非法行为的侵犯和干涉。基于前文的分析，权利人的这种请求权应是全面的：既包括知识产权请求权，也包括债权请求权；既涉及实体法，也涉及程序法；既覆盖现实侵害，也覆盖威胁性侵害。

在制度运行过程中，中医药技术秘密对人力操作的依赖是其制度缺陷，这意味着伴随着人才的流动，秘密信息流失的风险将会加大。这在一定程度上源于制度本身的设计，无法真正克服，其制度完善的思路是力求将人的主观因素的影响降到最低，而实现中医药隐性知识向显性知识的转化是其中解决问题的关键。秘密信息的客观化构筑了中医药技术秘密的制度平台，在这方面，契约机制的有效运用能够产生积极的效果。契约机制的预防性保护是中医药技术秘密制度中的一个重要构成部分，它与技术秘密的产权式保护相呼应，属于义务规则作用的要求和体现。

最后，作为制度合理性的延伸，利益分享理论的引入则从另一个角度推进了中医药技术秘密制度的完善和应用。知识产权范畴中的中医药技术秘密，属于当事人的一项私权，但站在立法技术角度看，权利永远是以某种规范形式出现的，本身并不直接体现为利益评价[261]。无论公权或者私权，权利只是法律主体进行行为选择的一种自由，公权和私权的划分是对中医药保护方式所做的价值评价，其在法律规范层面上并没有差别，法律规范更关注的是对权利背后利益的维护。利益分享从这个视角出发，分别从中医药技术秘密权利人与其他利益相关者之间、权利人与技术受让人之间这两个关系层面，实践了产权归属的内部效率分配及技术信息的外部移转，这也为中医药技术秘密制度适用空间的拓展提供了可能。

7.2　研究的局限性

对中医药技术秘密保护制度的研究是一个法律命题，它触及法理学、民法学、行政法学、知识产权法等内容，与此同时，管理学、经济学及中医学的内容也融入其中。对中医药的法律保护体系的探讨离不开上述知识的铺垫，但由于笔者知识结构有限，对该问题的研究更多集中在法学层面，而对于从管理学、经济学等角度开展的研究则较少涉及。此外，本书在借鉴或引述上述相关理论时，限于笔者的知识背景，并不能完全避免理论解释上的浅显或者借鉴中的不适宜。

中医药技术秘密的研究横跨理论和实践领域，在本书写作过程中，笔者尽可能收集相关信息和数据，但仍存在实证性资料相对匮乏的问题。鉴于技术秘密的信息不公开加上该领域中国家秘密的存在，笔者较难查阅到相关数据，中医药行政管理机构也通常以保守国家秘密为由拒绝此类信息的披露。企业层面，由于担心技术泄密以及影响相关中药产品的生产，其掌握的技术信息一般不对外公布，有关这方面的资料记载多为内部文件。相应地，在案例收集方面，相对于专利纠纷案例，涉及中医药技术秘密的案例更是鲜有记录。

由于中医药的保护措施受制于国家中医药政策的影响，政策导向的变化会引发该领域相应规制的调整，因此对中医药政策的解读也是本书的一个研究内容。但由于政策本身的灵活性，加上中医药政策与国家政治因素具有紧密关联，国与国之间的政治、经济力量的对比会相应地影响我国的中医药政策和知识产权战略，因此，对国家政策走向的准确把握构成了本书开展研究的另一个难点。

7.3 研究展望

在专利制度无论是理论抑或实践已高度发达的当下，技术秘密保护制度的提出无意于对抗专利的优势地位。事实上，在与专利的对比中，中医药技术秘密只能居于补充性、辅助性的地位。但这并不意味着技术秘密保护效用的低下，基于中医药迥异于西医、西药的特质，技术秘密对中医药的保护相对更为实际和现实。技术秘密制度的存在体现和反映了中医药的内在品质和技术保护的需求，其制度发展不必因专利制度的发达而式微。为此，国家有必要借助法律和政策的制定，为技术秘密制度在该领域的发展拓展空间，这是正视中医药保护需求的结果。中医药的发展应遵循自身的规律，不必一味迎合甚至追逐西医西药的发展思路，否则就会不可避免地落入中药西药化的窠臼。

中医药资源的多元化意味着其保护手段的多样性，技术秘密制度构筑了其中的一个重要片段。技术秘密的运用并非要拒绝专利制度的存在，对中医药技术秘密的研究也并非要过分强化技术秘密适用的比重，而是在正视其价值的前提下，期待协调技术秘密与其他知识产权特别是与专利的权利配比，更新过度倚重专利制度的立法观念，以期完善中医药知识产权法律保护的实践。

中医药的技术秘密涉及显性知识和隐性知识。其中对显性知识的技术秘密保护是从它与专利制度的对比出发，在知识产权法领域开展探讨的；对隐性知识的技术秘密保护则是从公法视野审视中医药技术的传承与研习。本书对中医药技术秘密的探讨，从上述两个角度开展，但限于篇幅以及笔者的信息储备、研究能力的局限，研究的深入程度还有进一步开拓的空间。如何将法学、管理学、经济学有效结合并应用于中医药领域以探讨法律保护手段及相关保护体系的完善，是接下来该问题的研究方向所在。以交叉学科观察该问题，可以为其提供更新颖的视角、更广阔的研究思路，也有助于研究结论有条件获得更深刻的检验。

参考文献

[1] WIPO. Intellectual Property Needs and Expectations of Traditional Knowledge Holders. WIPO Report on Fact-Finding Missions on Intellectual Property and Traditional Knowledge（1998—1999）[R]. Geneva：WIPO，2001.

[2] HONKO L. Folklore and Copyright，Paper at the National Seminar on Copyright Law and Matters [D]. Mangalore：Mangalore University，2001.

[3] 李墨丝. 非物质文化遗产保护国际法制研究 [M]. 北京：法律出版社，2010.

[4] MILIUS D. Justifying Intellectual Property in Traditional Knowledge [J]. Intellectual Property Quarterly，2009（2）：593-608.

[5] 刘金龙. 发展人类学视角中的传统知识及其对发展实践的启示 [J]. 中国农业大学学报（社会科学版），2007（2）：133-141.

[6] ELLEN R，FUKUI K. Redefining Nature：Culture，Ecology and Domestication [M]. Oxford：Berg，1996：2.

[7] WIPO. Traditional Knowledge：Policy and Legal Options [R]. Geneva：WIPO，2004.

[8] UNESCO. Convention for the Safeguarding of the Intangible Cultural Heritage [R]. Paris：UNESCO，2003.

[9] 廖育群. 中医：是“科学”还是“非物质文化遗产”？[J]. 环球中医药，2009，2（1）：72-75.

[10] 王旭东. 中医“申遗”必须解决的两个问题 [J]. 中医药文化，2009（6）：8-11.

[11] 周安平，龙冠中. 我国非物质文化遗产传承人的认定探究 [J]. 知识产权，2010（5）：34-38.

[12] 李璐瑒. 传统中医药理念 [J]. 首都医药，2009，15（1）：35-36.

[13] 何裕民. 怎样评价中医学 [J]. 医学与哲学，1993（1）：31-35.

[14] 凌锡森. 浅谈中医学的科学性 [J]. 医学与哲学，1988 (4)：24 - 26.

[15] 王玉川. 谈谈关于中医教育的宣传工作问题 [J]. 中医教育，1984 (4)：7 - 8.

[16] 周东浩. 中医：去魅与返魅——复杂性科学视角下的中医现代化及营卫解读 [M]. 桂林：广西师范大学出版社，2008.

[17] 宋晓亭. 中医药知识产权保护指南 [M]. 北京：知识产权出版社，2008.

[18] 刘亚娴. 模糊、多向调节是中医临床思维的重要方法 [J]. 医学与哲学，1985 (9)：24 - 25.

[19] 祝世讷. 中药方剂的三个原理问题 [J]. 中国中医基础医学杂志，2000，6 (11)：51 - 54.

[20] 祝世讷. 药证对应：中药的药性、药效规律 [J]. 山东中医药大学学报，2008，32 (2)：91 - 93.

[21] 区结成. 当中医遇上西医 [M]. 北京：生活·读书·新知三联书店，2005.

[22] 祝世讷. 中医药自主创新的整体思路需要做战略性调整 [C] //中国科协学会学术部. 中医药发展中的若干问题与思考. 北京：中国科学技术出版社，2010：32 - 38.

[23] 王旭东. 中医文化导读 [M]. 北京：高等教育出版社，2008.

[24] 郑晓红，王旭东. 中医文化的核心价值体系与核心价值观 [J]. 中医杂志，2012 (4)：271 - 273.

[25] 何裕民. 解构与重建：论中医理论的出路 [J]. 医学与哲学，1990 (9)：32 - 35.

[26] 黄建银. 加强中医药文化建设，提升我国软实力 [J]. 中国当代医药，2009，16 (11)：2 - 3.

[27] 祝世讷. 怎样科学地看待中医的科学性 [J]. 山东中医药大学学报，2009，33 (1)：3 - 4.

[28] AOKI K. Neocolonialism Anti-commons Property and Biopiracy in the New World Order of International Intellectual Property Protection [C] // Globalization and Intellectual Property. Bloomington：Indiana University Press，2017：195 - 242.

[29] 粟源. 知识产权的哲学、经济学和法学分析 [J]. 知识产权，2008 (5)：3 - 32.

[30] WIPO. Reports of Intergovernmental Committee on Intellectual Property and Ge-

netic Resources, Traditional Knowledge and Folklore [R]. Geneva: WIPO, 2016.

[31] 郑成思. 知识产权法通论 [M]. 北京: 法律出版社, 2006.

[32] 宋晓亭. 中医药传统知识的法律保护 [M]. 北京: 知识产权出版社, 2009.

[33] 田润. 中药知识产权现状分析及发展对策研究 [D]. 广州: 广州中医药大学, 2009.

[34] 曹晖, 王孝涛. 中药饮片炮制: 一个中药现代化进程中被忽略的环节 [C] //中华中医药学会. 第三届中药炮制分会学术会议论文集. 2003: 172-178.

[35] 杨秀伟, 杨智, 肖诗鹰, 等. 中药复杂体系科学问题研究: 中药材 GAP 中的重大科学问题 [C] //药学前沿. 北京: 中国医药科技出版社, 2002: 274-285.

[36] 陈建南, 赖小平, 周华. 试从非线性视角看中医方剂实质 [J]. 世界科学技术——中医药现代化, 2001 (3): 35-39.

[37] 崔玲, 赵利斌, 郭治昕, 等. 日本汉方药小柴胡汤 (Sho-Saiko-To, SST) 申报进入美国医药市场的进展和借鉴意义 [J]. 世界科学技术——中医药现代, 2007, 9 (6): 12-16.

[38] 柏莹. 探讨日本文化背景对汉方药发展的影响 [J]. 中医药导报, 2013, 19 (8): 15-16.

[39] 孙维傲, 袁红梅, 丁磊. 中药无权专利实证分析 [J]. 中草药, 2014, 45 (10): 1496-1501.

[40] 叶时英, 李认书, 黄水雅. 中药注射剂发展现状及开发思路探讨 [J]. 中国中医药信息杂志, 2004, 11 (9): 832-833.

[41] 周超凡, 徐植灵, 林育华. 从药物组成看中药注射剂 [J]. 中国中药杂志, 2006, 31 (11): 950-952.

[42] 张冬. 中药国际化的专利法研究 [M]. 北京: 知识产权出版社, 2012.

[43] 游云. 中药复方专利保护及其侵权分析 [D]. 北京: 中国中医科学院, 2003.

[44] 李高侠. 中药的知识产权保护研究 [D]. 成都: 成都中医药大学, 2004.

[45] 华鹰. 中药标准化与中药专利保护 [J]. 科技管理研究, 2007 (4): 220-222.

[46] 梅智胜. 我国传统药物知识保护研究 [D]. 北京：中国中医科学院，2007.

[47] 韩兴. 专利制度危机背景下的技术秘密法律制度研究 [J]. 知识产权，2014 (8)：10-15.

[48] 中国保护知识产权网：美国专利商标局聘请经济学家协助研究专利政策 [EB/OL]. [2020-05-01]. http：//www. ipr. gov. cn/guojiiprarticle/guojiipr/guobiehj/gbhjnews/201004/635683_1. html.

[49] 陈广耀. 国家中药品种保护制度的建立与完善 [J]. 中国医学科学，2011 (7)：11-13.

[50] 毕可展，董润生. 知识产权与中药品种保护 [J]. 中国中医药信息杂志，1994，1 (3)：6-9.

[51] 沈瑜. 中药品种保护存在的问题及对策研究 [D]. 哈尔滨：黑龙江中医药大学，2011.

[52] 孟庆杰. 中药品种保护与专利保护辨析 [J]. 中国发明与专利，2011 (10)：97-99.

[53] 张富强. 论国际金融危机下现代责任政府的构建：兼析经济法的双重历史使命 [J]. 广东社会科学，2012 (5)：244-250.

[54] 陈奇星，罗峰. "经济人"和"道德人"并重：行政监督中的人性理论 [J]. 政治与法律，2004 (1)：40-43.

[55] 石佑启. 论法治视野下行政权力的合理配置 [J]. 学术研究，2010 (7)：32-40.

[56] 胡光志，靳文辉. 国家干预经济中政府失灵的人性解读及控制 [J]. 现代法学，2009 (3)：61-68.

[57] 李先元，陈玉文. 《中药品种保护条例》实施的现状、问题及改进建议 [J]. 中国医药导报，2008 (20)：118-120.

[58] 郝明虹，王谈凌，曹宝成. 中药品种保护对我国中药标准提高的促进作用 [J]. 中国药事，2009 (6)：548-549.

[59] BACHNER B. 知识产权与中医药 [M]. 张美成，译. 北京：法律出版社，2009.

[60] WIPO. Elements of a Sui Generis System for the Protection of Traditional Knowledge [R]. Geneva：WIPO，2002.

[61] 崔国斌. 传统知识保护的困境 [C] //国家知识产权局条法司. 专利法研

究. 北京：知识产权出版社，2002：234-259.

[62] 崔国斌. 知情同意原则的专利法回应 [J]. 环球法律评论，2005 (5)：571-580.

[63] 吴汉东. 知识产权国际保护制度的变革与发展 [J]. 法学研究，2005 (3)：126-140.

[64] JACOBY C, WEISS C. Recognizing Property Rights in Traditional Biocultural Contribution [J]. Stanford Environmental Law Journal, 1997 (1): 74.

[65] 薛达元，赵富伟，武建勇. 遗传资源及相关传统知识的获取与惠益分享 [J]. 科学，2014，66 (2)：32-35.

[66] 田文英，潘峰. 知识产权框架下基因资源利益分享法律制度构建 [J]. 中国科技论坛，2006 (1)：97-101.

[67] Kimberly-Clark Corp. v. The Procter & Gamble Distributing Co. United States Court of Appeal for the Federal Circuit, 973 F. 2d 911; 23 U. S. P. Q. 2D (BNA) 1921 (1992).

[68] Idacon Inc. and David B. Hatcher v. Central Forest Inc. United States District Court for the Eastern District of Oklahoma, 3U. S. P. Q. 2D (BNA) 1079 (1986).

[69] 欧飒. "生物海盗"劫掠非洲：西方开采非洲生物资源惹争议 [EB/OL]. [2020-05-01]. http://news. xinhuanet. com/world/2006-08/31/content_5032412. htm.

[70] MCMANIS C. Biodiversity and the Law: Intellectual Property, Biotechnology and Traditional Knowledge [M]. London: Earthscan, 2007.

[71] 倪贵荣. 《生物多样性公约》的回顾与前瞻 [J]. 上海大学学报，2012，29 (6)：1-12.

[72] WTO. Submission by Bolivia, Brazil, Cuba, Dominican Republic, Ecuador, India, Peru, Thailand, Venezuela [R]. Geneva: WIPO, 2003.

[73] GRAUL A, SEREBROV M, CRUCES E, et al. 2014 年全球新药研发报告 第二部分：趋势和挑战 [J]. 药学进展，2015，39 (5)：389-400.

[74] 徐家力. 原住民与社区传统资源法律保护研究 [M]. 上海：上海交通大学出版社，2012.

[75] 杜瑞芳. 传统医药的知识产权保护 [M]. 北京：人民法院出版社，2004.

[76] 杨明. 传统知识的法律保护：模式选择与制度设计 [J]. 法商研究，2006

(1): 114 - 120.

[77] MGBEOJI I. Patents and Traditional Knowledge of the Use of Patents: Is a Communal Patent Regime Part of the Solution to the Scourge of Bio Piracy [J]. Indiana Journal of Global Legal Studies, 2001 (3): 163 - 186.

[78] 周方. 传统知识法律保护研究 [M]. 北京: 知识产权出版社, 2011.

[79] 张鲁萍. 我国涉"商业秘密"信息公开之反思 [J]. 天津行政学院学报, 2012, 14 (2): 97 - 102.

[80] 梁其姿. 面对疾病: 传统中国社会的医疗观念与组织 [M]. 北京: 中国人民大学出版社, 2012.

[81] 郑璇玉. 商业秘密的法律保护 [M]. 北京: 中国政法大学出版社, 2009.

[82] 彭道顿, 李雪菁. 普通法视角下的知识产权 [M]. 谢琳, 译. 北京: 法律出版社, 2010.

[83] 冯晓青. 秘密保护中的公共利益 [J]. 人民司法, 2006 (10): 89 - 91.

[84] 沈强. TRIPS 协议与商业秘密民事救济制度比较研究 [M]. 上海: 上海交通大学出版社, 2011.

[85] 杨永苹. 我国传统医药知识产权保护的若干问题探讨 [D]. 北京: 中央民族大学, 2007.

[86] KELLI A, METS T, PISUKU H. Trade Secrets in the Intellectual Property Strategies of Entrepreneurs: The Estonia Experience [J]. Review of Central and East European Law, 2010, 35 (4): 315 - 339.

[87] 吕鹤云. 商业秘密法 [M]. 武汉: 湖北人民出版社, 2000.

[88] 汤瑞瑞, 卞鹰, 王一涛.《中药品种保护条例》和专利对中药保护的关系探讨 [J]. 时珍国医国药, 2009, 20 (5): 1291 - 1293.

[89] 温旭. 技术秘密的秘密及其法律保护 [M]. 北京: 中国政法大学出版社, 1992.

[90] 祝磊. 美国商业秘密法律制度研究 [M]. 长沙: 湖南人民出版社, 2008.

[91] 张玉瑞. 商业秘密法学 [M]. 北京: 中国法制出版社, 1999.

[92] 温旭. 技术秘密的产生及其分类 [J]. 工业产权, 1990 (3): 14 - 16.

[93] 冯晓青. 论商业秘密法与公共利益 [J]. 西南民族大学学报 (人文社科版), 2004, 25 (2): 44 - 46.

[94] 周作斌. 商业秘密保护理论的价值审视 [J]. 理论导刊, 2009 (12): 107 - 109.

[95] 单海玲．论知识经济时代商业秘密保护主流理论：保密关系学说与财产权论 [J]．政法论坛，2004，22 (5)：165－173.
[96] HULL J. Commercial Secrecy：Law and Practice [M]．London：Sweet&Maxwell，1998.
[97] 李明德．杜邦公司诉克里斯托夫：美国商业秘密法研究 [J]．外国法译评，2000 (3)：84－100.
[98] 刘金波，朴勇植．日、美商业秘密保护法律制度比较研究 [J]．中国法学，1994 (3)：109－116.
[99] 江帆．商业秘密理论与立法探讨 [J]．现代法学，2004 (3)：148－155.
[100] 朱谢群，郑成思．也论知识产权 [J]．科技与法律，2003 (2)：23－35.
[101] 孔祥俊．商业秘密保护法原理 [M]．北京：中国法制出版社，1999.
[102] 朱谢群．略论商业秘密财产权的理论基础 [C] //郑成思．知识产权文丛：第5卷．北京：中国方正出版社，2001：170－178.
[103] 谢晓尧．论商业秘密的道德维度 [J]．法律科学，2002 (3)：82－91.
[104] 郑成思．反不正当竞争法在国内外的新发展 [C] //郑成思．知识产权研究：第6卷．北京：中国方正出版社，1998：95－106.
[105] 孙海龙，董倚铭．知识产权公权化理论的解读和反思 [J]．法律科学，2007 (5)：76－85.
[106] 郑成思，朱谢群．信息与知识产权 [J]．西南科技大学学报（哲学社会科学版），2006 (6)：1－10.
[107] 郑成思．知识产权、财产权与物权 [J]．中国软科学，1998 (6)：23－29.
[108] 裴蓓．政府信息公开中的“商业秘密”的认定问题：广州“房价成本”事件引出的思考 [J]．山东警察学院学报，2007 (4)：16－19.
[109] 向光富．论中医药传统知识的概念、特征及其保护制度设计 [J]．理论界，2011 (11)：180－184.
[110] 刘霏．谁来拯救中医：被异化的中医教育妨碍中医学发展 [J]．首都医药，2008 (3)：18－20.
[111] 蔡建鹰，陈佳．正确理解中医药“申遗”与传承人才培养的问题 [J]．福建中医学院学报，2008，18 (6)：68－69.
[112] 马治国．中医药非物质文化遗产保护中存在的问题解析及机制完善 [J]．中国科技论坛，2008 (1)：88－92.
[113] 李永明．商业秘密及其法律保护 [J]．法学研究，1994 (3)：46－54.

[114] 刘新权. 中央企业技术秘密的保护与管理研究 [D]. 武汉：华中科技大学，2007.
[115] PYNNONEN B. Ohio Michigan Law on Post-employment Covenants Not to Compete [J]. Ohio State University College of Law, 1994 (55): 215 – 235.
[116] 王骏. 商业秘密权利边界之廓清 [J]. 知识产权，2013 (10): 76 – 82.
[117] Kewanee Oil Co. v. Bicron Corp, 416. U. S. 470, 181U. S. P. Q. 673 (1974).
[118] Religious Technology Center v. Wollersheim, United States Court of Appeal of Ninth Circuit, 769F. 2d 1760. 1986.
[119] 陈爱华. 日本关于商业秘密构成要件的认定 [J]. 知识产权，2012 (12): 91 – 98.
[120] 谢晓尧. 竞争秩序的道德解读 [M]. 北京：法律出版社，2005.
[121] 张耕. 商业秘密法 [M]. 厦门：厦门大学出版社，2006.
[122] 黄武双. 美国判例法：商业秘密价值性的确定与证明 [J]. 电子知识产权，2010 (12): 88 – 89.
[123] 汤茂仁. 民事法律保护研究 [D]. 南京：南京师范大学，2013.
[124] 林秀琴. 促进技术创新的法律机制研究 [M]. 北京：高等教育出版社，2010.
[125] 杨伟国. 无形资产评估与实务 [M]. 武汉：湖北人民出版社，2002.
[126] 邓恒. 商业秘密司法鉴定之实践检讨 [J]. 知识产权，2015 (5): 33 – 38.
[127] 国家知识产权局. 专利审查指南 2010 [M]. 北京：知识产权出版社，2010.
[128] 松永芳雄. 技术秘密评价与估算 [M]. 宋永林，高少萍，译. 北京：专利文献出版社，1983.
[129] 熊新忠. 中医药产业集群式技术创新研究 [D]. 武汉：武汉大学，2011.
[130] 钟凌云，龚千锋，杨明，等. 传统炮制技术流派特点及发展 [J]. 中国中药杂志，2013，38 (19): 3405 – 3408.
[131] 夏征农，陈至立. 辞海 [M]. 上海：上海辞书出版社，2009.
[132] 姚新生，胡珂. 中药复方的现代化研究 [J]. 化学进展，1999，11 (2): 192 – 196.
[133] 洪净，王一涛. 中药各类技术领域的知识产权保护形式探讨（二）[J]. 中国中医药信息杂志，1998 (4): 12 – 14.
[134] 田元祥，雷燕，曹洪欣，等. 基于中医医院制剂处方的中药创新药处方优化

模式的探讨 [J]. 世界科学技术——中医药现代化, 2012 (4): 1831 - 1834.
[135] 王乐. 基于中国古代哲学的中医理论发展研究及医家思维模拟方法初探 [D]. 北京: 北京中医药大学, 2011.
[136] 李文文, 张启明, 张磊, 等. 中医诊疗规律研究新方法 [J]. 中医杂志, 2014, 55 (6): 467 - 469.
[137] 王连心, 孟庆刚. 中医诊疗信息特点分析及方法初探 [J]. 世界中医药, 2012, 7 (3): 244 - 246.
[138] 张启明, 刘保延, 王永炎. 中医症状学研究 [M]. 北京: 中医古籍出版社, 2012.
[139] 张五常. 经济解释: 张五常经济论文选 [M]. 北京: 商务印书馆, 2000.
[140] 谢铭洋, 古清华, 丁中原, 等. 营业秘密法解读 [M]. 北京: 中国政法大学出版社, 2003.
[141] JAGER M. The Public Politics Underlying Trade Secret Law [M]. New York: Clark Boardman Company Ltd, 1985.
[142] 理查德·波斯纳. 法律的经济分析 (上) [M]. 蒋兆康, 译. 北京: 中国大百科全书出版社, 1997.
[143] 林秀琴. 促进技术创新的法律机制研究 [M]. 北京: 高等教育出版社, 2010.
[144] 朱谢群. 知识产权的法理基础 [J]. 知识产权, 2004 (5): 3 - 8.
[145] 李琛. 知识产权法基本功能之重解 [J]. 知识产权, 2014 (7): 3 - 9.
[146] 胡波. 专利法的伦理基础 [M]. 武汉: 华中科技大学出版社, 2011.
[147] 卓泽渊. 法的价值论 [M]. 北京: 法律出版社, 2006.
[148] 罗能生. 产权的伦理维度 [M]. 北京: 人民出版社, 2004.
[149] 周爱春, 谈建俊. 对我国商业秘密应否纳入边境保护范围的思考: 以安全与自由价值为考量视角 [J]. 知识产权, 2014 (10): 78 - 82.
[150] 罗伯特·墨杰斯. 新技术时代的知识产权法 [M]. 齐筠, 译. 北京: 中国政法大学出版社, 2003.
[151] 李扬. 知识产权的合理性、危机及其未来模式 [M]. 北京: 法律出版社, 2003.
[152] 理查德·斯皮内洛. 世纪道德: 信息技术的伦理方面 [M]. 刘钢, 译. 北京: 中央编译出版社, 1999.
[153] 张其成, 刘理想, 李海英. 近十年来中医药文化发展回顾 [M]. 中医药

文化，2009（1）：22－26.
［154］张耕．民间文学艺术的知识产权研究［M］．北京：法律出版社，2007.
［155］胡惠林．中国国家文化安全论［M］．上海：上海人民出版社，2005.
［156］陈传宏．中国医药产业创新战略研究［M］．北京：科学技术文献出版社，2000.
［157］吴汉东．知识产权的私权与人权属性：以《知识产权协议》与《世界人权公约》为对象［J］．法学研究，2003（5）：66－78.
［158］符颖．传统知识寻求知识产权保护的正当性［J］．湘潭大学学报（哲学社会科学版），2005（2）：113－117.
［159］郑万青．知识产权与人权的关联辨析：对“知识产权属于基本人权”观点的质疑［J］．法学家，2007（5）：35－43.
［160］肖志远．知识产权权利属性研究：一个政策维度的分析［M］．北京：北京大学出版社，2009.
［161］朱雪忠．传统知识的法律保护初探［J］．华中师范大学学报，2004，43（3）：31－40.
［162］章茂森．从中医的学科定位谈中医的教育［J］．亚太传统医药，2006（6）：8－9.
［163］让－伊夫·戈菲．技术哲学［M］．董茂永，译．北京：商务印书馆，2000.
［164］张新锋．专利权的财产权属性［M］．武汉：华中科技大学出版社，2011.
［165］路甬祥．创新与未来［M］．北京：科学出版社，1998.
［166］刘剑文．知识经济与法律变革［M］．北京：法律出版社，2001.
［167］张富强，许健聪．知识产权法公法化宜慎行［J］．知识产权，2014（2）：57－62.
［168］刘茂林．知识产权法的经济分析［M］．北京：法律出版社，1996.
［169］黄武双．英美商业秘密保护中的公共利益抗辩规则及对我国的启示［J］．知识产权，2009（2）：85－90.
［170］科恩．论民主［M］．聂崇信，朱秀贤，等译．北京：商务印书馆，1998.
［171］章一春，王霈．公、私法共同视野下的知识产权垄断制度：兼评《反垄断法》第55条之适用［J］．中国市场，2010（39）：145－149.
［172］杨海．对“商业秘密被定为国家秘密后归国家所有”的质疑［J］．电子知识产权，2012（1）：73－78.

[173] 熊开. 论国家秘密的本质 [J]. 广西社会科学, 2011 (5): 78 - 81.

[174] 解雅婷. 国有企业中商业秘密信息中涉及国家秘密的法律保护 [D]. 北京: 北京交通大学, 2012.

[175] 唐清利, 何真. 财产权与宪法的演进 [M]. 北京: 法律出版社, 2010.

[176] 钟瑞栋. 民法中的强制性规范 [M]. 北京: 法律出版社, 2009.

[177] 石佑启. 论公共利益与私有财产权保护 [J]. 法学论坛, 2006 (6): 74 - 81.

[178] 肖勇. 论国家信息政策法规的制定原则 [J]. 情报科学, 2003 (12): 1328 - 1330.

[179] 王志伟, 赵丽娟, 王艳波, 等. 中医药标准化建设中的一些认识误区分析 [J]. 中医药管理杂志, 2008, 16 (5): 334 - 335.

[180] 曹琳. 地理标志产品的品牌化机制与策略研究 [D]. 济南: 山东大学, 2012.

[181] 单宝. 欧洲、美国、日本实施标准化战略的新动向及启示 [J]. 中国科技论坛, 2007 (6): 140 - 144.

[182] 周丽惠. 我国通信技术标准化中的专利权问题研究: 以标准与专利的冲突为视角 [D]. 武汉: 华中科技大学, 2012.

[183] 李恩昌, 卢希谦. 从科学史的角度看发展中医的基本方法: 兼论近代中医发展缓慢的原因 [J]. 医学与哲学, 1987 (2): 32 - 34.

[184] 程伟. 中医学能得到学理上的合法性辩护吗: 重估中国传统医学的科学价值 [J]. 医学与哲学, 2007, 28 (4): 1 - 2.

[185] 殷放宙, 蔡宝昌. 中医药现代化的哲学思考 [J]. 中医药研究, 2001, 17 (6): 6 - 8.

[186] 杜艳艳, 贾谦. 中医药科学性问题值得关注 [J]. 中国科技论坛, 2007 (6): 115 - 117.

[187] 肖小河, 黄璐琦, 马小军. 论中药和中药现代化的新内涵及其意义 [J]. 中国中药杂志, 2003 (3): 282 - 286.

[188] 肖小河. 论中医理论与中药现代化国际化 [J]. 世界科学技术——中医药现代化, 2004, 6 (1): 37 - 42.

[189] 王莹洁, 张淑华. 中药出口: 艰难开拓 [J]. 中国海关, 2013, 292 (7): 60 - 61.

[190] 柳丹妮, 于志斌. 2014 年 1—6 月份中药商品进出口分析 [J]. 中国现代

中药，2014，16（9）：759－761.
[191] 霍卫. 2013年1—9月份中药进出口贸易分析［J］. 中国现代中药，2013，15（11）：1006－1008.
[192] 王治彪. 中医药产业安全的思考［J］. 北京理工大学学报（社会科学版），2013，15（6）：91－96.
[193] 刘维军，王继斌. 我国中药产品2005—2012年出口结构分析［J］. 现代药物与临床，2013（4）：608－611.
[194] 黄林芳，陈士林. 我国中药资源生物多样性保护问题及对策［J］. 中国当代新医药论丛，2004（10）：304－305.
[195] 王旭东. 中医药文化遗产必须得到有效保护［J］. 中国科技产业，2005（6）：51－52.
[196] 涂瑶生. 中药配方颗粒关键技术与中医药国际化思考［D］. 广州：广州中医药大学，2006.
[197] 刘秀峰. 中国传统医学中的隐性知识及其策略［D］. 武汉：华中科技大学，2008.
[198] 成良斌，牛婧红. 隐性知识产权保护的可能性与实现路径分析［J］. 科技进步与对策，2014（21）：17－22.
[199] 曹新明. 关于权利弱化与利益分享理论之研究：一种新的知识产权理论范式［J］. 中南财经政法大学研究生学报，2007（1）：6－15.
[200] KANE A，ARGOTE L，LEVINE J. Knowledge Transfer between Groups via Personnel Rotation：Effects of Social Identity and Knowledge Quality［J］. Organizational Behavior and Human Decision Processes，2005（96）：56－71.
[201] EMMERT B. Keeping Confidence with Former Employee：California Courts Apply the Inevitable Disclosure Doctrine to California Trade Secrete Law［J］. Santa Clara Law Review，2000（40）：1170－1176.
[202] 徐棣枫，黄斌慧. 商业秘密侵权诉讼中技术事实的查明［J］. 重庆大学学报（社会科学版），2014，20（6）：123－128.
[203] 李明德. 美国的竞业禁止协议与商业秘密保护及其启示［J］. 知识产权，2011（3）：3－9.
[204] 李浩. 民事证明责任研究［M］. 北京：法律出版社，2003.
[205] 最高人民法院民事审判第三庭. 知识产权审判指导与参考（第7卷）［M］. 北京：法律出版社，2004.

[206] 魏玮. 知识产权侵权诉讼中证明责任的分配：兼论商业秘密侵权诉讼中证明责任的分配规则［J］. 西南民族大学学报（人文社会科学版），2008，205（9）：211 – 215.

[207] 李汉军. 国家商业秘密的法律属性：国家秘密与商业秘密的交叉关系及其解决［J］. 南都学坛（人文社会科学学报），2011（6）：73 – 77.

[208] 尹田. 论国家财产的物权法地位："国家财产神圣不可侵犯"不写入物权法的法理依据［J］. 法学杂志，2006（3）：10 – 12.

[209] 毛磊. 保密法，让政府更阳光［J］. 江淮法治，2010（12）：6 – 10.

[210] 孙海龙，董倚铭. 知识产权公权化理论的解读和反思［J］. 法律科学，2007（5）：76 – 85.

[211] 湛中乐，苏宇. 论政府信息公开排除范围的界定［J］. 行政法学研究，2009（4）：36 – 44.

[212] 谢晖. 论规范分析方法［J］. 中国法学，2009（2）：36 – 44.

[213] 崔蒙，范为宇，尹爱宁. 中药标准化发展现状分析［J］. 亚太传统医药，2005（1）：35 – 38.

[214] 张建武. 中药标准化与知识产权战略的协同发展研究［M］. 北京：知识产权出版社，2001.

[215] 何京. 国家技术标准与专利保护的若干问题［J］. 科技与法律，2005，60（4）：26 – 33.

[216] 冯洁菡. 公共健康与知识产权国际保护问题研究［M］. 北京：中国社会科学出版社，2012.

[217] 饶明辉. 当代西方知识产权理论的哲学反思［D］. 长春：吉林大学，2006.

[218] 朱谢群. 美国专利法的"权利重授"制度：兼论该制度对利益平衡观念的诠释［J］. 重庆大学学报，2009（5）：82 – 90.

[219] 刘杰. 知情权与信息公开法［M］. 北京：清华大学出版社，2005.

[220] 徐爱国. 名案中的法律智慧［M］. 北京：北京大学出版社，2005.

[221] 叶世清. 征信的法理研究［D］. 重庆：西南政法大学，2008.

[222] 林晨悦. 浅析商业秘密的公共利益抗辩制度：兼评调和油配方的商业秘密之争［C］//黄武双. 知识产权法研究：第 11 卷. 北京：知识产权出版社，2009：58 – 71.

[223] 邱艾松. 商业银行信息披露的层次与边界［D］. 成都：西南财经大

学，2009.
[224] 丁丽瑛．传统知识保护的权利设计与知识建构［M］．北京：法律出版社，2009.
[225] 王艳翚，宋晓亭．构建中医药商业秘密保护制度探析［J］．中州学刊，2014（7）：61－77.
[226] 王孝涛，曹晖，王一目．中药现代化相关问题思考和建议［N］．中国中医药报，2003－12－3.
[227] 王孝涛．中药饮片产业的继承与现代化发展［J］．中药研究与信息，2002，4（10）：5－6.
[228] 肖小河．关于中药新药研究的几点看法［J］．中国中药杂志，2002，27（1）：4－6.
[229] 张日．海外市场遇冷 中药当归何处［N］．中国中医药报，2013－11－8.
[230] 牛禄青．中药国际化突围［J］．新经济导刊，2013（11）：56－58.
[231] 肖小河，王伽伯，鄢丹，等．转化医学：让中药现代化又快又好走进临床［J］．中草药，2012（1）：1－8.
[232] 刘秀．商业秘密刑事保护的经济学根据及制度安排［J］．法学论坛，2012，29（6）：69－74.
[233] 欧阳德方，潘卫三．实用药品专利［M］．北京：人民卫生出版社，2006.
[234] 李发耀．多维视野下的传统知识保护实证研究［M］．北京：知识产权出版社，2008.
[235] MASKUS K E. The Role Intellectual Property Rights in Encouraging Foreign Direct Investment and Technology Transfer［C］. Duke Journal of Comparative and International Law，1998.
[236] 刘天君．实验科学与体验科学：中西医方法论比较［J］．中国中医基础医学杂志，1996（1）：33－34.
[237] 谢景涛．中医药走向世界的产品策略［J］．经济研究导刊，2011（14）：173－174.
[238] 朱镜羲，曲凯，范东升．谈生物医药领域技术秘密与专利保护模式的选择［J］．中国医药生物技术，2014，9（3）：238－240.
[239] 翁丽红，林丹红．北京同仁堂知识产权战略分析［J］．福建中医药大学学报，2012，22（6）：52－54.
[240] 周琳．商业秘密预防性保护之比较研究［M］．北京：中国社会科学出版

社，2013.
［241］韦之. 论不正当竞争法与知识产权法的关系［J］. 北京大学学报（哲学社会科学版），1999，36（6）：25－33.
［242］杜颖. 日本知识产权保护中的差止请求权［J］. 外国法议评，1999，34（4）：63－67.
［243］赵雷. 论美国法中证据相关商业秘密的保护［J］. 知识产权法，2013（2）：94－100.
［244］胡良荣，易小辉. 冲突与协调：人力资源的有序流动与商业秘密的充分保护——以强化劳动权保障和优化竞业禁止制度为视角［J］. 知识产权，2014（7）：68－73.
［245］张德茗. 企业隐性知识整合及扩散机制研究［M］. 北京：经济科学出版社，2012.
［246］阎天. 劳动者保守商业秘密的法定义务辨析［J］. 北京社会科学，2016（1）：29－36.
［247］郑尚元. 员工竞业禁止研究［J］. 现代法学，2007，29（4）：76－82.
［248］ESTREICHER S，LESTER G. Employment Law［M］. New York：Foundation Press，2008.
［249］傅宏宇. 美国《保护商业秘密法》的立法评价［J］. 知识产权，2016（7）：120－126.
［250］董炳和. 地理标志知识产权制度研究［M］. 北京：中国政法大学出版社，2005.
［251］孙敏洁，曹新明. 专利共有：交易与许可的经济分析［J］. 北京科技大学学报（社会科学版），2011（4）：116－119.
［252］李炳炎. 利益分享经济学［M］. 太原：山西经济出版社，2009.
［253］文希凯. 技术转让与技术许可对我国合同法相关规定的探讨［C］//国家知识产权局. 专利法研究. 北京：知识产权出版社，2015：79－95.
［254］黄武双. 中美法律技术许可使用费条款效力之比较研究［J］. 知识产权，2008（3）：78－85.
［255］吴汉东. 著作权合理使用制度研究［M］. 北京：中国政法大学出版社，1996.
［256］田村善之. 知识产权政策学初探：田村善之论知识产权［M］. 李扬，许清，译. 北京：中国人民大学出版社，2013.

[257] 于金葵. 知识产权制度的本质 [M]. 北京: 知识产权出版社, 2011.

[258] 徐伟, 贾希凌. 论全球化背景下完善涉外经济管制的基本法律问题 [J]. 河北法学, 2007, 25 (3): 84 - 88.

[259] 杜瑞芳. 我国传统医药知识特殊保护制度探讨 [J]. 社会科学家, 2007 (1): 88 - 89.

[260] SHAHAR O. 合同法中的保密利益 [C] //易继明. 私法. 北京: 北京大学出版社, 2001.

[261] 梅夏英. 当代财产权的私法与公法定位分析 [C] //人大法律评论编委会. 人大法律评论 (第一辑). 北京: 法律出版社, 2011: 150 - 165.

后　记

本书是在我博士学位论文和所承担的国家教育部人文社会科学青年基金项目“中医药技术秘密保护制度研究”的最终成果的基础上修改成稿的，也是我自2014年以来有关该问题研究的一个总结成果。

在整理书稿的过程中，博士学位论文写作和课题研究的日日夜夜及点点滴滴在我脑海中不断闪回。在这几年关于中医药技术秘密的研究过程中，特别是在博士学位论文的写作过程中，我的导师同济大学上海国际知识产权学院的宋晓亭教授给予了我最大的支持和鼓励。在我四年多的博士学习期间，宋老师的儒雅、和善给我留下了非常深刻的印象，论文最后的完成，如果没有导师的点拨和指导，是不可能实现的，在此，谨向尊敬的宋老师致以学生最真切的敬意。

在论文写作初期，我有幸得到了同济大学上海知识产权学院的单晓光老师、朱雪忠老师的指导，他们对我论文的写作计划提供了非常宝贵和可行的建议；在修改提纲时，与张韬略老师和同窗饶龙飞的交流，使我醍醐灌顶；整理书稿期间，我得到了南京中医药大学的同事杨勇老师、华东老师的帮助，杨勇老师对书稿中相关资料的分析和完善提出了极富操作性的建议，华东老师不辞劳苦为我分担了书稿校对的繁重工作，好友龙杰、庞玉良也都给予了我积极的精神鼓励和支持，在此向各位老师和朋友表示衷心的感谢。

同时，我还要感谢知识产权出版社的韩冰老师在本书出版过程中给予的大力支持和帮助。

最后，我要深深感谢我的家人，尤其是我的母亲。在博士学习的几年中，我由于忙于学业和工作，疏于照顾自己的女儿，我的母亲替我承担起照顾家庭的重任，代行了我应尽而未尽的义务。我亏欠孩子，更亏欠母亲，很多时候感激的话语深藏心中却表达不出。谢谢我最亲爱的妈妈，没有您的爱就没有我今天的生活，我所有的收获背后都有您无私的付出和辛劳。另外，也感谢我的爱人一直以来对我的支持，你默默的奉献使我可以没有后顾之忧地追逐自己的梦想。

王艳翚

2021 年 3 月于南京仙林